FICHA CATALOGRÁFICA
(Preparada na Editora)
Ramaciotte, Maria Yvonne Santana, 1956-

R13p   *Poderia ter sido diferente* / Maria Yvonne Santana Ramaciotte, Sebastião Martins (Espírito). Araras, SP, 1ª edição, IDE, 2015.
320 p.
ISBN 978-85-7341-645-9
1. Romance 2. Espiritismo. 3. Psicografia I. Título.

CDD -869.935
-133.9
-133.91

Índices para catálogo sistemático:
1. Romance: Século 21: Literatura brasileira 869.935
2. Espiritismo 133.9
3. Psicografia: Espiritismo 133.91

PODERIA TER SIDO DIFERENTE

Um jovem... um grande amor... o erro por uma ilusão...

ISBN 978-85-7341-645-9
1ª edição - janeiro/2015
1ª reimpressão - março/2015

Copyright © 2015,
Instituto de Difusão Espírita - IDE

Conselho Editorial:
Hércio Marcos Cintra Arantes
Doralice Scanavini Volk
Wilson Frungilo Júnior

Projeto Editorial:
Jairo Lorenzeti

Revisão de texto:
Mariana Frungilo

Capa:
César França de Oliveira

Diagramação:
Maria Isabel Estéfano Rissi

INSTITUTO DE DIFUSÃO ESPÍRITA - IDE
Av. Otto Barreto, 1067 - Cx. Postal 110
CEP 13600-970 - Araras/SP - Brasil
Fone (19) 3543-2400
CNPJ 44.220.101/0001-43
Inscrição Estadual 182.010.405.118
www.ideeditora.com.br
editorial@ideeditora.com.br

Todos os direitos reservados. Nenhuma parte desta publicação pode ser reproduzida, armazenada ou transmitida, total ou parcialmente, por quaisquer métodos ou processos, sem autorização do detentor do copyright.

PODERIA TER SIDO DIFERENTE

Um jovem... um grande amor... o erro por uma ilusão...

MARIA YVONNE S. RAMACIOTTE
Espírito SEBASTIÃO MARTINS

romance espírita

SUMÁRIO

UM	9
DOIS	19
TRÊS	29
QUATRO	41
CINCO	54
SEIS	65
SETE	73
OITO	81
NOVE	91
DEZ	100
ONZE	109
DOZE	118
TREZE	128
QUATORZE	137

QUINZE	150
DEZESSEIS	159
DEZESSETE	170
DEZOITO	181
DEZENOVE	194
VINTE	205
VINTE E UM	213
VINTE E DOIS	226
VINTE E TRÊS	240
VINTE E QUATRO	251
VINTE E CINCO	263
VINTE E SEIS	269
VINTE E SETE	280
VINTE E OITO	291
VINTE E NOVE	298
TRINTA	307
TRINTA E UM	313

capítulo
UM

Maurício era um jovem de vinte e um anos, alegre, extrovertido, bonito e de sorriso muito franco, dessas pessoas que não deixam ninguém em paz quando estão presentes e que sempre procuram despertar alegria e contagiar aos que estão à sua volta, com o seu magnetismo e vivacidade. No momento, estava estudando para ingressar numa Faculdade de Medicina Veterinária, curso que sonhara em fazer desde a sua infância, já que detinha enorme paixão por animais.

Sempre fora aquele menino que, enquanto os colegas faziam estilingues para matar passarinhos, ele os recolhia, quando feridos, sendo vaiado, chamado de mariquinhas e pó de arroz. Fazia ouvidos moucos e, penalizado pela má sorte do bichinho, levava-o para sua casa onde, com imenso carinho e dedicação, tratava-o até que estivesse curado. Alimentava-o, conversando com o pássaro, transmitindo-lhe boas energias e soltando-o somente quando tinha certeza de que estava pronto para voar novamente, livre de seus predadores.

Tinha uma enorme sensação de paz e alegria interior quando, após muitos dias de tratamento, via aquela avezinha frágil, que chegara à sua casa quase sem vida, debater-se com força entre suas mãos, pronta para ganhar a sua liberdade novamente.

Seus pais assistiam a tudo aquilo com grande interesse, pois percebiam que Maurício, desde bem pequeno, dedicava-se com zelo e muito amor aos animais, sem contar as incontáveis brigas que tinha com a mãe, dona Eunice, quando ele trazia para casa todos os gatos e cães perdidos que encontrava pelas ruas, achando que podia fazer da casa um grande canil público.

Maurício tinha olhos vivos e transmitia alegria através deles, fazia amizade com muita facilidade pelo seu jeito expansivo de ser.

Levava seu estudo muito a sério, pois sabia que teria de se esforçar muito para ingressar numa Universidade pública, como pretendia, visto que uma Faculdade particular sairia muito mais caro e ele não queria dar mais esta despesa à família. Apesar de os pais terem uma boa situação financeira, certamente teriam de fazer algumas economias a fim de custear o estudo do filho em outra cidade, com moradia, mensalidade do curso, e todos os gastos que implicam em morar sozinho ou mesmo com outros estudantes.

Não, ele já havia decidido, teria que conseguir ingressar em uma Universidade pública, pois não achava justo, mesmo sendo filho único, dar tanta despesa sem contribuir com nada.

Já que não trabalhava, dedicar-se-ia ao estudo em tempo integral. Tinha seu carro desde os dezoito anos, vestia-se com elegância, mas sem exageros, e gostava de sair com os amigos.

Também saía à noite para ouvir um som e paquerar. Na verdade, uma garota em especial mexia demais com os seus sentimentos. Débora era o seu nome e se conheceram desde que ele se mudara num bairro próximo.

A princípio, fora somente amizade, mesmo porque, ela

ainda era uma menina, mas com o passar do tempo, cada vez que a encontrava, ela lhe parecia mais bonita, corpo bem torneado, o que fez crescer seu interesse por ela.

Apesar de ter fama de namorador, já que não ficava muito tempo com ninguém, acabou saindo com Débora algumas vezes, mas seu instinto de não se deixar prender o fez afastar-se.

E fez isso assim que percebeu que estavam ficando sérios demais aqueles encontros. Ele se conhecia o suficiente para saber que um vínculo maior e... pronto, estaria fisgado, já que ela era uma moça encantadora e o atraía demais.

E, mais uma vez, o estudo falou mais alto. Maurício sempre foi da opinião de que não dava para misturar estudo e namoro sério, pois gostava de fazer tudo com muita intensidade, entrar de cabeça mesmo.

Optou por fincar os pés nos estudos, terminar o colégio, prestar o vestibular e, quem sabe, com muita sorte, entrar direto na Universidade.

Mas não deu, e ele teria mesmo de enfrentar um ano de cursinho puxado se quisesse uma Universidade de renome, porém, dentro de si, sentia-se confiante de que valeria a pena um ano de muitas privações, tensões, cansaço, já que, depois, a vitória certamente viria, tinha certeza.

Isso era o mínimo, pensava ele, que poderia fazer para retribuir todo o empenho, carinho e dedicação que seus pais sempre lhe dispensaram, não medindo esforços para vê-lo feliz.

No ano em que Maurício fizera o cursinho, abdicara de passeios e qualquer tipo de divertimento, entregando-se aos livros de corpo e alma. Não queria perder nem mais um ano que fosse em bancos de cursos preparatórios. Seu lugar era dentro da Universidade, pensava.

Seu Jordão e dona Eunice chegaram a ficar preocupados

11

com ele, já que, às vezes, só saía do quarto para tomar um lanche rápido e voltava em seguida. Sua mãe sugeria que saísse um pouco para espairecer, mas Maurício dizia:

— Mãe, não se preocupe comigo, eu estou muito bem, faço o que gosto e para mim, no momento, o mais importante está em conseguir vencer esta etapa da vida. A concorrência é muito grande, e somente os que estiverem muito bem preparados conseguirão entrar; já prestei um vestibular e deu para ter uma ideia do quanto eu estava despreparado. Portanto, se quiser ingressar desta vez, tenho que me empenhar, dando tudo de mim.

E assim foi durante todo aquele ano: para ele não tinha sábado ou domingo, e sua persistência e força de vontade faziam com que ele conseguisse manter com obstinação o seu objetivo.

Finalmente, o dia do exame chegou. Maurício estava muito ansioso, não conseguiu conciliar o sono na véspera do vestibular, teve um sono agitado e, vendo que não conseguiria mesmo descansar como deveria, levantou-se, tomou um banho para tentar relaxar e, depois, voltando ao seu quarto, colocou uma música bem suave que pegara da coleção da mãe, deitou-se e se entregou àquela melodia; em poucos minutos, sentiu-se transportado a outro lugar que não o seu quarto. Seu corpo foi se tornando leve, a cabeça desanuviou-se, ficando totalmente vazia naqueles instantes que lhe pareceram mágicos: era como se estivesse voando pelo espaço, sobre o oceano de um azul infinito que ele tanto amava.

A liberdade que experimentara naquele momento nunca havia sentido antes e era maravilhoso divisar o céu, o mar, as montanhas ao longe, num voo fantástico. Ele já tinha ouvido falar de viagem astral; seria isso que ele tinha feito agora?

Quando voltou para o quarto e para o corpo, sentiu-se revigorado, percebendo que sua energia era outra, sentindo-se bem disposto e pronto para fazer seus exames com serenidade e calma. Tinha a sensação de que não teria problemas em aplicar todo o conhecimento que retivera na mente.

Às sete horas, pegou seu carro e dirigiu-se ao local onde, com muita confiança, prestaria os exames.

Foram longos dias de espera, já que as provas eram divididas em duas fases. Na primeira, ele já havia passado, restava a segunda, e esta estava demorando a chegar. Sua mãe tentava acalmá-lo, dizendo:

– Fique tranquilo, filho! Você já esperou tanto tempo, passa rápido, saia um pouco para se distrair.

Maurício até que tentou, mas não conseguia se desligar. Os próprios amigos, assim como ele, estavam ansiosos, não tinham outro assunto, e parecia que sua angústia aumentava no meio deles, preferindo ficar em casa, relaxando ou assistindo a um filme.

Enfim, prestou os exames da segunda fase e, na maior expectativa, junto aos pais, esperava pelos resultados que sairiam na segunda-feira. Mesmo assim, sem dizer nada a ninguém, deu uma passada por lá no domingo. "Quem sabe – pensou ele –, já não afixaram os resultados?" Porém, estava tudo fechado e vazio, e somente algumas pessoas, que gostavam de passear por ali aos domingos, faziam suas caminhadas.

Voltou para casa e procurou não pensar mais no assunto, afinal, a sorte já estava lançada, o que tivesse que ser seria, e de nada adiantaria ficar o resto do dia se remoendo.

A experiência vivida momentos antes de sua saída para o vestibular fora tão gratificante, que ele imaginara ter sido mesmo uma viagem astral, tanto que resolveu comprar alguns livros que versavam sobre o assunto para tentar compreender melhor o que lhe acontecera, pois queria voltar a sentir aquela sensação de paz e liberdade interior.

Foi daí que surgiu a ideia de ligar para Débora.

Antes, ele não quisera se envolver de modo efetivo com ela, mas, agora, vendo aquele dia tão bonito lá fora, sentiu enorme vontade de vê-la e conversar com ela.

Correndo, subiu as escadas rumo ao seu quarto, pegou a agenda e ligou, mas, ao ouvir o segundo toque, desligou rapidamente o telefone, pois um pensamento pairou em sua mente:

— E se ela estiver namorando? Vai pegar muito mal e vou ficar com cara de tacho!

Mesmo assim, tocou novamente, e foi ela quem atendeu.

— Alô! Com quem gostaria de falar?

— Com a Débora.

— É ela!

— Oi, Débora! — cumprimentou. — Lembra-se de mim? O Maurício...

— Oi, Maurício, claro que me lembro!

— Como vai você?

— Faz um tempão que não o vejo.

— Na verdade, pouco tenho saído. Estava estudando para o vestibular, sabe como é.

— Nem me fale! Logo será a minha vez.

— Pois é, amanhã sai o resultado final, e estou numa agonia louca, o tempo não passa!

— Ah! Foi por isso que você se lembrou de me ligar — brincou ela.

Maurício ficou sem jeito diante daquele comentário, mas resolveu abrir o jogo.

— Não é bem assim, Débora, você, falando desse jeito, me deixa sem graça.

14

— Imagine, Maurício, só estou brincando com você! Fiquei muito feliz por ter me ligado.

— Está um dia bonito, quer dar uma volta comigo? — perguntou ele, meio sem graça, esperando que a resposta fosse afirmativa. De qualquer forma, ficou apreensivo, pois, e se ela estivesse namorando? Se já tivesse outro compromisso?

O coração estava acelerado, e ele percebeu que Débora ainda mexia com seus sentimentos.

O que ele não sabia era que ela, do outro lado da linha, nem acreditava que, depois de tanto tempo, estivesse recebendo dele um convite como esse. Afinal, ela esperara muito tempo por isso; gostava dele para valer, mas nunca quisera forçar uma situação. Percebia que ele não queria nada com ela, que tivera sido só um passatempo, mas envolvera-se mais do que deveria, vindo a sofrer bastante quando Maurício sumiu do circuito. Muitas vezes teve vontade de lhe ligar, mas acabava não tendo coragem.

E agora, ouvindo-o do outro lado da linha, ficou com o coração aos saltos, trêmula e emocionada. Ele a estava convidando para sair.

— Será um prazer enorme sair com você.

— Ótimo!

Maurício animou-se com a resposta, pensando: — "Ela deve estar sozinha".

— Posso passar aí daqui a uns trinta minutos, tudo bem? Podemos almoçar juntos e colocar a conversa em dia. O que você acha?

— Para mim, está ótimo.

— Então, está combinado, passo aí daqui a pouco.

* * *

Débora, ao desligar o telefone, não cabia em si de tanta

alegria. Sabia que revê-lo, depois de tanto tempo, faria seu coração bater mais forte. Correu até o armário e procurou uma roupa alegre e descontraída, pois fazia muito calor naquele dia.

Escolheu um vestido com estampa florida bem miudinha que lhe assentava bem, colocou uma sandália, penteou-se, prendendo os cabelos num coque mais solto, deixando alguns fios a emoldurarem seu rosto e sua nuca, o que a deixava numa mistura de menina-mulher que muito lhe agradava.

Olhou-se no espelho e gostou do que viu. Estava realmente bonita, apesar da descontração que a ocasião pedia.

Foi ao encontro de dona Sofia, sua mãe, que se encontrava na cozinha, conversando com Mário, seu único irmão.

Quando entrou, Mário deu um assovio.

– Aonde vai toda arrumada? – perguntou dona Sofia.

– Mamãe, lembra-se do Maurício? Aquele rapaz, filho da dona Eunice e de seu Jordão?

– Lembro-me sim, filha. Você andou de namorico com ele, certa época, não foi?

Mário deixou escapar uma risadinha marota, exclamando:

– Ah! Já entendi tudo.

– Pare de graça, Mário! – retrucou Débora, sorrindo.

– É ele mesmo, mamãe. Ligou-me e vamos almoçar juntos.

– Ah! Sei. E aonde vocês vão?

– Não sei ainda, mas não precisa se preocupar, mamãe, nós iremos almoçar e depois vamos dar uma volta.

– Isso está me cheirando a reinício de namoro – disse Mário, pilheriando com ela.

– Mário, Mário, não me encha com suas gracinhas, vai ser somente um encontro para colocarmos a conversa em dia.

– Está certo! – concordou ele, com o mesmo ar maroto.

– Se você diz, faço de conta que acredito.

Débora fez menção de correr atrás dele, que saiu rapidamente da cozinha e, já na sala, gritou:

– Boa sorte, maninha! Mas não vá assustar o rapaz de novo, está bem?

– Mamãe! Olhe o Mário! Se alguém o ouve falar, o que não vai pensar?

– Ora, Débora, até parece que você não conhece seu irmão. Ele adora provocá-la, mas, no fundo, torce muito por você e a ama demais. O que quer, na verdade, é que seja feliz.

Débora sorriu, lembrando-se de que o irmão sempre a apoiara em tudo e que, apesar de ser o mais velho, nunca fora um irmão chato, daqueles que pegam no pé e perturbam o tempo todo. Pelo contrário, estava sempre preocupado com ela, e, muitas vezes, passavam horas conversando, tanto que do próprio Maurício ela havia falado com ele, de seu desaparecimento, e ele chegou a incentivá-la a procurá-lo quando disse estar apaixonada, mas não tivera coragem, preferindo deixar as coisas como estavam.

– "Se tiver de acontecer algo entre nós, terá que ser espontâneo" – pensava ela.

E agora, depois de tanto tempo, iria novamente encontrá-lo.

A buzina do carro de Maurício tirou-a de seus pensamentos.

– Até logo, mamãe. Deseje-me sorte – falou Débora, abraçando-a.

– Boa sorte, filha! Vá com Deus e tenha juízo.

– Está bem, mamãe, sei me cuidar.

– Divirta-se!

– Farei o possível. Diga ao papai, ou melhor, não diga nada. Quando eu voltar, converso com ele.

Débora tinha uma ligação muito forte com o pai, talvez até mais do que com a mãe. Desde que ela era pequena, os dois sempre se deram muito bem, e Débora não tinha segredos para com ele. A mãe, às vezes, sentia-se um tanto enciumada de ver a amizade dos dois, pois, a seu ver, por ela ser menina, deveria ser mais ligada a ela, mas era o contrário: Mário era mais apegado a ela, e Débora, ao pai.

Dona Sofia ficava sabendo das particularidades da filha através do marido, que lhe confidenciava o que Débora lhe contava. E com relação a Maurício, sabia o quanto Débora sofrera, esperando reencontrá-lo e namorá-lo, uma esperança que ela nunca perdera.

Parecia que as coisas estavam se encaminhando, ele ligara convidando-a para sair e isso lhe enchera o coração de alegria e esperança.

No seu íntimo, dona Sofia pensou: "Não adianta apressar os acontecimentos desta vida, pois ela própria se incumbe de nos trazer, na hora certa, aquilo que tanto ansiamos ou desejamos.

Na verdade, somos nós que muitas vezes não estamos preparados para viver esta ou aquela situação, impacientamo-nos, querendo resultados rápidos, mas a vida, muito sábia, nos faz esperar pelo momento mais oportuno.

Acredito que se Débora vier a namorá-lo, possa existir uma grande chance de dar certo, já que nenhum dos dois forçou nada".

capítulo
DOIS

Débora chegou ao portão tentando controlar o impulso de correr até Maurício e dar-lhe um grande abraço, porém, ao vê-lo fora do carro, não se conteve e o abraçou com força.

Naquele instante, ambos sentiram uma enorme emoção a envolvê-los, e Maurício teve ímpeto de beijá-la, porém achou imprudente de sua parte.

"O que ela não poderia pensar de uma atitude assim de minha parte? Afinal, faz tanto tempo que não nos vemos."

Achou melhor, então, dar-lhe somente um beijo no rosto e, afastando-se dela para olhá-la de frente, comentou:

– Débora, você está ótima! Cada vez que a vejo está mais bonita, mais mulher.

Ela sorriu para ele, adorando o elogio.

– Você também não mudou nada desde a última vez que nos vimos, e continua o mesmo bonitão.

Maurício olhou bem dentro dos seus olhos e pôde ver o brilho de emoção contido neles.

– "Será que ela não me esqueceu? Será que nossos encontros foram tão importantes para ela como foram para mim?"
Agora não, mas no momento certo lhe perguntaria.

Para ele, estava claro, seu sentimento estivera adormecido ou, quem sabe, posto de lado pelos seus estudos, mas agora, vendo-a ali na sua frente, tinha certeza de que queria ficar com ela, compartilhar suas vitórias ou derrotas, alegrias e tristezas.

Não, ele não mais fugiria do destino, tinha tido várias namoradas, mas nenhuma jamais conseguira tocar lá no fundo do seu íntimo como Débora e, pelo que pôde ver em seu olhar, ela também o queria.

Débora, sorrindo para ele, comentou:

– Que bacana! Vejo que você está de carro novo!

– Ganhei dos meus pais. Eles sempre me prometeram que, quando eu fizesse dezoito anos, teria o meu. E como vê, cumpriram com o prometido.

– Você merece, pois pelo que sei, sempre foi um filho bom, dedicado, estudioso e, sendo filho único, fica mais fácil. Imagine se papai resolvesse fazer o mesmo aqui em casa, ficaria bem mais difícil, já que somos dois.

– É verdade. Nesse ponto, ser filho único tem suas vantagens – respondeu, sorrindo.

O sorriso de Maurício tinha o poder de encantá-la, era um sorriso franco e contagiante, típico daquelas pessoas que conseguem sorrir não somente com os lábios, mas também com os olhos. Como era bom estar ao lado dele novamente, pensava. Tomara que este não seja só mais um encontro como tantos outros que eles já tinham tido no passado.

Maurício, olhando para o relógio, comentou:

– Já passa das doze horas. Prefere dar uma volta antes de irmos almoçar? Ou está com fome?

— Não estou com fome. Aqui em casa, aos domingos, costumamos almoçar mais tarde um pouco.

— Pois então, vamos dar uma volta, primeiro. Aonde gostaria de ir?

— Isso eu deixo por sua conta, afinal sou sua convidada – retrucou, feliz por estar vivendo aquele momento.

— Então, faça o favor de entrar no carro, madame, que vou levá-la a um lugar que, sempre que posso, gosto muito de ir.

E os dois riram da maneira como Maurício abrira a porta do carro, cheio de pompa.

"Ele não mudou nada – pensou ela –, continua o mesmo adorável brincalhão de sempre."

O carro andava suavemente pelas ruas e avenidas da cidade, e os dois iam felizes, rindo de alguma pilhéria que Maurício fazia ou relembrando fatos passados, até que chegaram a um grande parque, onde a grama muito verde e macia convidava todos a se sentarem sobre ela.

Maurício estacionou o carro perto de um lago, cheio de aves que se banhavam prazerosas sob aquele sol de verão, e convidou Débora para andarem um pouco.

— Quero levá-la a um lugar onde eu sempre fico. Muitas vezes, vim até aqui para estudar. É um lugar muito tranquilo durante a semana e me parece meio mágico, com uma energia muito forte que me reequilibra, nem sei explicar muito bem, mas sempre saio daqui renovado e sereno.

Débora o ouvia com muita atenção, satisfeita por estar conhecendo esse lado dele.

— É um lugar muito bonito! – comentou, enquanto caminhavam calmamente por entre algumas árvores.

— Veja você como são as coisas – disse Débora. –

21

Conheço este parque há tantos anos, já estive aqui diversas vezes com papai, e jamais o vi com o olhar que você me descreve. Aliás, em algumas vezes que viemos aqui, cheguei a me irritar, ou porque não encontrávamos vaga para estacionar, de tanta gente que tinha, ou porque estava tão cheio, que acabávamos desistindo e indo embora.

– Então, você não conheceu este parque por inteiro. Mais adiante um pouco, aonde as pessoas não vão com muita frequência, é sossegado e tranquilo, você vai ver.

Os dois caminhavam lado a lado, o Sol estava bastante quente naquele horário, mas nenhum dos dois estava se importando com isso. O prazer pela presença do outro os fazia esquecer e nem sequer perceber o quanto estava quente.

Caminharam mais um pouco até chegarem à outra parte do lago, na qual já existiam diversas árvores espalhadas.

– É aqui o lugar de que lhe falei – disse Maurício, enquanto se encaminhavam para debaixo de uma grande árvore que fazia uma sombra deliciosamente convidativa.

– Venha! – convidou o rapaz, tomando-a pela mão. – Sente-se e respire profundamente. Agora, abra bem os seus braços e espreguice como se estivesse acabando de acordar. Não é uma delícia? Como se sente?

Débora fazia exatamente o que Maurício lhe dizia e de fato experimentava, naquele momento, agradável sensação de muito conforto e calma.

– Você tem razão, Maurício!

– Como podemos ser tão insensíveis às coisas tão simples que a Natureza nos oferece?

– Como eu lhe disse agora há pouco, nunca consegui enxergar a serenidade deste parque.

– É porque você só ficava olhando o periférico dele,

preocupando-se com vaga para o carro ou observando se tinha gente demais, e isso acabava irritando-a, impedindo-a de enxergar as coisas que realmente pertencem a este lugar: este verde exuberante, o frescor destas águas, o Sol radiante que nos oferece gratuitamente toda a sua energia, a serenidade do silêncio que paira neste lado do parque, o canto dos pássaros.

Tudo aqui é muito grande e tem lugar para todos os estados de espírito. Há aqueles que vêm aqui para caminhar, correr, outros para andar de bicicleta, para trazer os filhos para um banho de sol ou jogar pedaços de pão na margem do lago para alimentar os peixes.

Outros vêm para meditar e captar esta energia boa que estamos experimentando agora.

Débora ouvia-o como se o estivesse ouvindo pela primeira vez.

– Maurício, estou impressionada com a sua sensibilidade e penso até que não conhecia você. Sempre me pareceu uma pessoa brincalhona e entusiasmada pela vida, e não podia imaginar que tivesse uma visão tão profunda das coisas.

– Pelo que vejo, você tem muito a me conhecer ainda, Débora, e espero, sinceramente, que nós dois possamos nos conhecer melhor daqui por diante.

E tomando-lhe as mãos, olhou no fundo de seus olhos, que não escondiam a emoção e o encantamento daquele momento.

– É o que mais quero nesta vida, Maurício. Você não imagina há quanto tempo espero por este dia, e quantas vezes sonhei com isso.

Muitas vezes tive ímpetos de procurá-lo, mas tinha medo de ser inconveniente e oferecida. Desconhecia o motivo de seu sumiço e cheguei até a imaginar que você tivesse encontrado alguém e estivesse namorando. Não encontrei ninguém igual a você, ninguém que me fizesse sentir a emoção que me vem do fundo do coração quando olho nos seus olhos, ou mesmo o arrepio na pele quando toco em você.

Diante daquelas palavras, Maurício confessou:

— Hoje, quando me dirigia à sua casa, pude sentir o quanto você é importante para mim, Débora, pois a sensação de euforia, misturada com a alegria de estar indo ao seu encontro, dava-me calafrios no estômago, minhas mãos suavam, e meu coração, ao parar diante de sua casa, parecia que ia saltar pela boca. E fiquei uns dez minutos procurando me refazer da emoção que me tomou naquele instante, antes de buzinar para você sair.

Débora misturava o sorriso com as lágrimas ao vê-lo falar com tanta sinceridade e pureza d'alma, era bom demais o que estava lhe acontecendo e, não se contendo mais, abraçou-o com força, beijando-o com ardor e paixão.

Na verdade, o amor entre os dois já estava ali havia muito tempo, só que permanecia quieto, encoberto e, agora, depois das palavras de Maurício, Débora não mais precisava conter ou esconder o quanto o amava, o quanto sofrera pela sua ausência nas inúmeras vezes que saía de casa, na esperança de vê-lo, na decepção sentida em não encontrá-lo, nas vezes que chegou a pegar no telefone para falar com ele e, depois, sem coragem, colocava-o novamente no gancho, em quantas cartas rasgou sem enviá-las, achando-se tola e romântica demais. Agora poderia dar vazão a todo o seu sentimento, a todo o seu amor.

— Se você se sentia assim com relação a mim, por que parou de me procurar?

— Sabe, Débora, eu sempre soube que você mexia demais com meus sentimentos, por isso me afastei de você. Eu não queria misturar as coisas... eu me conheço... se continuasse a sair com você, não encontraria forças nem coragem para me afastar, pois já estava me apaixonando e, no meu entender, como não sei fazer nada pela metade, isso prejudicaria meus estudos.

Eu pus na cabeça que tinha que entrar numa Universidade pública e sei que, para se conseguir, somente com muito estudo, empenho e dedicação, pois você sabe que a disputa é acirrada demais, e se nós estivéssemos juntos, eu não teria cabeça para me dedicar com a mesma força e raça com que me propus a estudar. Sabe como é, eu ia querer ficar ligando para você a toda hora, iria querer vê-la, e isso me prejudicaria muito.

Você pode até achar tudo isto que estou falando um tremendo absurdo, mas é assim que penso; quando faço algo, mergulho de cabeça mesmo, vou fundo no meu propósito, pois acredito que só assim canalizo melhor minhas forças e minhas energias para o meu objetivo.

Débora ouvia-o embevecida e, apesar do tempo em que ficaram longe um do outro, admirava-o cada vez mais, principalmente agora, que estava tomando conhecimento dos motivos que o levaram a se afastar, e ela olhava-o com muito carinho e respeitava sua posição. Sua determinação era um exemplo a ser seguido, e ela compreendia suas razões, fazendo com que aquele amor que ela já nutria por ele crescesse ainda mais.

Ele tinha objetivos muito claros e definidos traçados para si e seu empenho mostrava o quanto eram fortes e saudáveis os meios de atingi-lo.

— Sabe, Maurício, quanto mais você me fala de si próprio, das suas aspirações, dos seus objetivos, que são tão claros a você, mais cresce a minha admiração e, por que não dizer, o meu amor por você.

Agora, vou lhe contar um pouquinho do que você não sabe. Quando nós começamos a sair, fiquei muito entusiasmada e, mesmo com todo mundo me dizendo que você era um namorador incorrigível e que ninguém havia conseguido prendê-lo,

25

eu tive esperança dentro de mim, achando que comigo seria diferente.

Talvez pela forma como você me tratava e também, como já tinha tido a oportunidade de vê-lo com outras garotas, por perceber que, apesar de estar saindo com elas, estava sempre muito distante, e comigo era diferente, eu sentia sua vibração, sua emoção aflorada, apesar de você tentar dissimular muito bem esses sentimentos.

Quando você me dava um abraço, um beijo, ou mesmo quando seu olhar cruzava com o meu, era impossível não sentir o calor que vinha deles e, às vezes, eu até me perguntava: "Será que o calor que sinto não passa de uma forte atração física?"

Mas, imediatamente, lá dentro de mim, disparava algum dispositivo dizendo que não, que existia algo mais forte.

Quando você sumiu, minha decepção foi muito grande e julguei ter me enganado a seu respeito. Cheguei a pensar em procurá-lo para saber o que tinha acontecido, mas não tive coragem.

Na minha mente, pensava assim: se ele quisesse falar comigo, teria me procurado, e, se não o fez, foi porque fui somente mais uma na vida dele.

Maurício ouvia com muita atenção o que Débora falava. E ela continuou:

— Meu coração já estava apaixonado por você e não namorei mais ninguém, pois todos me pareciam chatos e sem graça, e, quando eu tentava me interessar por alguém, pegava-me tentando traçar um paralelo com você, comparando-o e, então, via que não era por aí o caminho e me afastava.

No fundo, eu esperava e ansiava por nos encontrarmos novamente, pois algo, dentro de mim, dizia-me que isso aconteceria e essa esperança me impulsionava a esperar um pouco mais, e foi o que eu fiz.

E por tudo o que já ouvi de você hoje, sinto-me feliz e com a certeza de que valeu a pena esperar.

Maurício, sem palavras que lhe viessem à mente, acariciou os cabelos de Débora suavemente, trouxe-a para junto de si num abraço forte e beijou-a repetidas vezes. E a jovem, enlevada por esse sentimento muito forte a que agora ela dava vazão, entregou-se aos beijos, transmitindo todo o amor que sentia naquele momento.

Ficaram assim por um bom tempo, admirando a paisagem bonita e fresca do lugar e experimentando as sensações boas e prazerosas daquele reencontro.

– Que tal se fôssemos comer agora? – perguntou Maurício, levantando-se, ao mesmo tempo em que pegava a mão de Débora para levantá-la também. – Não sei por que, mas essa nossa conversa me deu uma fome danada!

– A mim também – respondeu Débora, sorrindo.

E, muito felizes, saíram abraçados em direção ao carro, apreciando a Natureza que os enlevava naquele momento, pois quando se está apaixonado, tudo parece mais bonito, as pessoas parecem mais receptivas, o Sol traz uma fonte de energia e alegria diferente, a ética, de modo geral, muda por completo, tornando as pessoas melhores, mais amáveis e gentis, e a sensação é de que o mundo ficou mais bonito, mais alegre, mais colorido.

As pessoas sorriem à toa, olham mais para o céu, que lhes parece mais azul, tudo aquilo com que diariamente a Natureza lhes brinda, e que raramente prestam atenção, nem sequer enxergam, agora lhes parece saltar aos olhos.

Uma música emociona, o sorriso de uma criança enternece, o canto dos pássaros passa a ser ouvido, enfim, a vida se torna profundamente mais atrativa, as esperanças se renovam e a felicidade que transborda delas é clara e notória aos olhos dos outros.

Porém, nem sempre as pessoas à volta entendem o porquê dessa transformação e, muitas vezes, criticam veladamente e, por não estarem vivendo naquele mesmo estado de prazer e êxtase, acabam por perguntar-lhes:

– O que foi que você viu hoje?
– Parece até que viu um passarinho verde!

Ou, então, vêm com a seguinte exclamação:

– Ih! Hoje não está dando para conversar, eu estou aqui falando, falando, e você, com essa cara aparvalhada, nem parece me ouvir!

Muitas pessoas não se sentem bem ou, até mesmo, não sabem como lidar com essa questão da felicidade do outro, pois é muito difícil, e, por que não dizer raro, encontrarmos pessoas que estão bem resolvidas consigo mesmas e que sorriem felizes ao verem que o outro encontrou a felicidade, e que, do fundo do coração, desejem-lhe que esta alegria se perpetue. Na verdade, essas pessoas que não se sentem bem ao ver o outro feliz, no fundo, nem são invejosas, apenas gostariam também de viver algo semelhante.

Geralmente, o ser humano, no seu egoísmo, sente-se incomodado ao constatar o estado de espírito enlevado, o sentimento, a alegria que vem do outro, afastando-se numa espécie de mágoa ou rancor de que nem ele se dá conta.

E um sentimento da inveja se instala dentro da pessoa, colocando-a na defensiva e fazendo com que arrume um monte de desculpas para sua atitude ou mesmo que tenha pensamentos estranhos a lhe surgirem na mente.

Na verdade, ela não quer ser essa pessoa amarga ou ter esse tipo de sentimento invejoso, mas, muitas vezes, se lhe escapa ao controle.

capítulo
TRÊS

Maurício e Débora sentaram-se no restaurante que, apesar de não ser luxuoso, era muito confortável e acolhedor. Suas mesas, dispostas uma ao lado da outra, com suas toalhas xadrez e garrafas de vinho penduradas junto ao bar, somadas à decoração tipicamente italiana, davam a ele um aspecto de alegria, ao mesmo tempo em que se diferenciava daquelas cantinas barulhentas e mal organizadas.

Uma música suave, de um compositor italiano, tocava como fundo, sem importunar os clientes que conversavam em suas mesas.

— Gosto deste restaurante — falou Maurício —, pois eles servem uma comida deliciosa, muito bem preparada. Espero que goste de comida italiana.

— É a minha predileta, afinal, como boa descendente de italianos que sou, não poderia fugir à regra.

— Eu não sou descendente de italianos, mas, mesmo assim, aprecio por demais seus pratos.

— Você é descendente de quê? — perguntou Débora.

— Em casa é uma mistura. Mamãe é de origem espanhola, papai é brasileiro misturado com português. Ih! É uma salada, mas os dois se entendem que é uma maravilha. Nenhum dos dois segue nenhuma tradição, pois apesar de a mamãe ter vindo muito pequena ainda para o Brasil, ela não se apegou aos costumes da família.

Se você conversar com ela, não diz que é uma pessoa nascida na Espanha, pois o seu português é perfeito e sem sotaque. Conta ela que, quando pequena, vovó insistia muito para que falasse o espanhol, pelo menos dentro de casa, mas ela, apesar de entender perfeitamente, era rebelde nesse sentido, retrucando e argumentando que ela se considerava brasileira e que era esta a língua que falaria, afinal era aqui no Brasil que ela estava vivendo, e não houve o que a fizesse mudar de ideia. Já na parte da cozinha espanhola, ela conserva alguns pratos. Quanto a papai, os seus avós eram portugueses, então ficou muito longe dele qualquer vínculo maior. Eu, de minha parte, adoro comida italiana, apesar de apreciar outras cozinhas também. E você?

— Bem, como já lhe falei, sou filha de italianos, quer dizer, minha mãe veio de lá como a sua, pequena, mas conservou a tradição em muitas coisas, principalmente na parte da comida. Meu pai também é descendente de italiano, porém, mais distante, parece-me que seus bisavós eram naturais de lá.

Em casa, quando se junta toda a família, é um Deus nos acuda! A italianada faz uma folia, uma bagunça, cada um falando mais que o outro. Se você parar para observá-los, durante um almoço, por exemplo, irá se divertir muito.

Cada qual fala de um assunto diferente, as conversas se cruzam, e você, que está de fora, pensa que ali ninguém se entende, pois, além de tudo, falam muito alto, gritam e riem, contagiando a todos. Tem até quem pegue a tampa de uma panela e comece a bater nela, fazendo o maior alarde porque quer a atenção de todos, porém é puro engano achar que eles não sabem o que estão conversando, sabem, e muito bem, pois apesar de todo estardalhaço que fazem, são pessoas que têm uma característica interessante, sendo extremamente interessadas e dão muita atenção ao seu interlocutor, mesmo cruzando as conversas como o fazem.

Não sei se na casa dos outros é assim, na minha casa sempre foram além, porque são pessoas por demais solidárias umas com as outras, alegres e bem dispostas. E eu as adoro!

Nos olhos de Débora via-se claramente o brilho de emoção ao falar dos tios, primos e avós maternos que ainda eram vivos, próximos dos seus oitenta anos.

Almoçaram ao som da música romântica que tocava, e seus olhares se cruzavam cheios de paixão, com a alegria da redescoberta mútua. Palavras tornaram-se desnecessárias, visto que era com o coração que se entendiam naquele momento, aliás, o ser humano tem essa capacidade, da qual quase não faz uso, que é a de falar através do que vem do coração e brota no olhar, tornando-se expressivo e de fácil percepção àquele com quem quer tocar com os seus sentimentos mais profundos.

Ao contrário, quando se dá conta de que os sentimentos estão aflorando e que ficarão expostos, até como autodefesa, ele se fecha, não permitindo que tais sentimentos venham à tona, isto por uma série de argumentos, tais como:

"Tenho medo de ser mal interpretado...".

"Não vou ficar me expondo demais, pois posso me machucar...".

"Ele (o outro) pode me julgar um tolo sentimental...". É o que se ouve com mais frequência.

"Se eu me mostrar muito, se demonstrar o que estou sentindo de verdade, o outro poderá me julgar um ser fraco e me manipular a seu bel-prazer, fazendo-me sofrer, então eu vou me guardar e me fechar, escondendo meus verdadeiros sentimentos, não os deixando fluir livremente."

Só que, com isso, o outro também acaba ficando na defensiva, porque também tem seus medos, e, por esse motivo, deixam de fazer uma troca maravilhosa de boas energias, de amor pleno e saudável, de força vibratória enriquecedora, que somente os faria crescer e se sentirem mais fortes na caminhada a dois.

Terminado o almoço, retornaram à casa de Débora.

– Bem – falou Maurício –, acho que chegou a hora de nos despedirmos e quero lhe dizer que, há muito tempo, não passava um dia tão maravilhoso quanto o de hoje. Redescobri você e estou me sentindo o mais feliz dos homens, pois vejo que também não me esqueceu e que nutre por mim um grande amor.

Não irei mais me esquivar desse sentimento tão forte e mágico que existe entre nós e penso que, daqui para a frente, nós poderemos, é claro, se você quiser, namorar seriamente! E com direito a assistir televisão no domingo, comendo pipoca, que tal?

– Sabe o que me fez ficar caidinha por você, Maurício? Foi esse seu jeito de dizer as coisas de maneira tão séria e, ao mesmo tempo, sempre achando algo engraçado para colocar no meio do assunto.

– É o meu jeito de ser. Desde a infância, papai e mamãe tentaram me corrigir desta minha maneira de encontrar sempre uma piada ou enxergar alguma coisa engraçada, até mesmo onde não existia nada de engraçado. Para eles, isso é um defeito.

Algumas vezes, quando menino, deixei-os em situações embaraçosas, nas quais tiveram que contornar alguma besteira que eu tivesse falado em alguma situação inoportuna. Nem sempre eu desejo fazer piada das coisas, mas parece que, sempre que comento algo, as pessoas acham que tem alguma piada no meio.

Eu me lembro de uma vez em que tomei uma bela surra após voltarmos do velório de uma senhora que morava perto de nossa casa.

Era uma senhora bastante gorda, pesava por volta de uns cento e vinte quilos, ou até mais, e quando chegamos ao local onde o corpo estava sendo velado, aproximamo-nos de seu caixão com todo o respeito, como todo mundo faz.

Os parentes estavam inconsoláveis à sua volta, uns chorando, outros a olhando com profundo pesar. Eu devia ter uns sete anos na época e fiquei olhando para as pessoas ao meu redor sem saber direito o que deveria fazer. Meus pais deram os pêsames aos familiares e prostraram-se ao lado do caixão silenciosamente, achei que estavam rezando por ela.

Então, olhei para dona Isaura no caixão e vi que ela estava bastante espremida dentro dele. Dava para ver claramente que ela estava muito apertada ali dentro e achava que o caixão deveria ser um pouquinho maior.

Nesse momento, ao olhar novamente para o seu rosto, vi que sua expressão estava diferente das outras pessoas que eu já tinha visto mortas. Os seus olhos estavam entreabertos, a boca também aberta com os dentes cerrados e fiquei a imaginar o que ela estaria querendo dizer com aquela expressão e, sem dúvidas, lancei a questão. Tirei minha mãe da sua oração e lhe disse:

– Mãe, olhe só para dona Isaura, eu acho que ela está tentando nos dizer alguma coisa.

– Fique quieto, Maurício! – retrucou minha mãe.

– É verdade, mãe. Olhe bem para ela, acho que está querendo nos dizer que está muito apertada aí dentro. Veja os seus dentes, estão trincando de raiva... Acho que, se ela pudesse, já teria xingado a todos para que providenciassem um caixão mais confortável.

Não preciso nem dizer que todos me olharam incrédulos, e meus pais, pedindo desculpas, afastaram-se comigo, com a ideia de me estrangularem e, de fato, quando chegamos em casa, levei a maior surra do meu pai.

A verdade é que sempre gosto de ver o lado bom da coisa, e até mesmo engraçado, mas não é por isso que caçoo das pessoas. Isso não faço; sempre respeitei a todos.

O que acontece comigo é que, se vejo uma cena engraçada como, por exemplo, se vejo alguém tropeçar, tentar se segurar e, mesmo assim, estatelar-se no chão, não consigo conter o riso diante de uma situação dessas. Depois, até vou ajudar a pessoa a se levantar, mas na hora em que vejo a cena o riso é mais forte que eu.

Sei que não é legal essa minha atitude, mas não consigo mudar isso em mim e até mesmo quando estou falando algo sério, quem me conhece espera sempre que venha alguma piada no meio, e qualquer comentário um pouco diferente já é motivo para as pessoas acharem engraçado.

– Não fique chateado por isso, Maurício, esse seu lado bem-humorado de ver a vida é muito positivo e não vejo como defeito. Está certo que hoje não mais falaria o que disse no velório da dona Isaura, mas não deixa de ser hilário, pois, na verdade, em sua inocência de menino, você expressou o que estava sentindo, só que não foi compreendido pelos demais, que, é claro, nem o poderiam, diante daquela situação. Imagine acharem graça do que você falou, apesar de que eu duvido que, depois de um tempo, eles próprios não tenham dado boas risadas do acontecido.

– É porque você não viu a surra que tomei, acho que nunca vi meu pai tão furioso comigo como naquele dia. Eu sabia que tinha feito algo errado, que não deveria ter dito nada e até tentei me desculpar, mas nada pôde conter a raiva de meu pai, que despejou em cima de mim toda a sua indignação e ira.

— Mas não mude seu jeito de ser, Maurício. Esse seu estado de espírito sempre alegre o faz uma pessoa muito atraente e divertida e é impossível estar ao seu lado e não passar horas agradáveis.

— Você é suspeita para falar isso!

— Não sou, não! Mesmo antes de nos aproximarmos, sempre o observei, assim como ouvi muitas pessoas referindo-se a você positivamente, de que você levantava o astral da turma, que era uma pessoa do bem, educado e muito estudioso.

Maurício sabia que aonde chegava era bem recebido por todos, pois tinha muita facilidade em se comunicar, fazendo logo amizade com todos.

Sua popularidade era grande, mesmo porque, ele não fazia distinção entre as pessoas. Fossem elas de uma classe social inferior ou superior à sua, para ele eram todos iguais, e isso ele fazia questão de demonstrar com seu jeito carinhoso e brincalhão.

— Quando volto a vê-lo? — perguntou Débora. — Por minha vontade, eu ficaria aqui com você, mas já que não posso...

— Amanhã, logo cedo, deve sair o resultado dos exames. Quer vir comigo?

— Adoraria estar ao seu lado nessa hora. Tenho certeza de que você foi aprovado.

— O que lhe dá essa certeza?

— A dedicação, a garra e, principalmente, a sua determinação. Você estudou bastante, é muito inteligente, aprende fácil, por tudo isso, e também porque eu o amo demais e estou torcendo muito. Sei que não é fácil o vestibular, e que a concorrência é muito grande, mas acredito que, do jeito que você se preparou, vai conseguir.

– Deus a ouça! É muito importante para mim esse curso. E sabe de uma coisa? Você é a garota mais maravilhosa e incrível que eu já encontrei, e sou uma pessoa de muita sorte por ter conquistado o seu coração.

Então, abraçaram-se e beijaram-se, trocando juras de amor.

– Está combinado. Amanhã, às oito horas, passo por aqui.

– Está certo, vou esperar ansiosa para que passem logo as horas que irão nos separar. Agora que o reencontrei, não quero perder um só segundo que seja de ficar ao seu lado.

– Assim você me deixa vaidoso demais!

– Estou sendo absolutamente sincera e quero partilhar de todos os momentos possíveis ao seu lado.

Despediram-se, amorosos, envolvidos por aquele amor que crescia a cada momento, iluminando-os.

Quando Débora entrou em casa, estavam todos na sala assistindo à programação do domingo, mas o que eles estavam interessados mesmo era em saber como tinha sido o passeio dela.

– E, então, divertiu-se, filha? – perguntou dona Sofia, sorrindo com ternura, vendo, no ar de felicidade e no brilho dos olhos da filha, que eles tinham se acertado.

Débora correu a abraçar a mãe, louca para contar as novidades.

– Ó, mamãe, estou tão feliz que nem sei por onde começar.

Débora sempre foi uma menina que não tinha segredos para os pais, mas evitava contar tudo na frente do irmão, por ser ele muito gozador, e ela não gostava das gozações que, por vezes, ele fazia, apesar de adorá-lo. De qualquer forma, não queria esperar mais tempo para lhes contar o que tinha acontecido.

— Bem, vou contar-lhes, mas Mário, por favor, sem gracinha, tá bom?

— Está bem, maninha, prometo ficar quietinho – respondeu Mário, cruzando os dedos e levando-os à boca.

E, assim, Débora discorreu para eles o seu dia. Ao terminar, seu pai a abraçou carinhosamente, dizendo:

— Fico feliz, filha, em vê-la assim tão apaixonada e, pelo que percebo, desta vez está sendo correspondida como gostaria. Só não se entregue demais a esse amor. Por enquanto, deixe as coisas se encaminharem. Vocês são muito jovens ainda, e tudo nem sempre é o que parece. Na verdade, filha, o que eu quero lhe pedir é que se cuide, que se proteja para que, se amanhã não der certo, não venha a sofrer demais. Eu acompanhei e sofri com você quando esse moço desapareceu da outra vez.

— Não, papai, desta vez é para valer mesmo. Nós nos amamos de verdade, não estamos nos enganando, e sei que vai dar certo!

— Então, o que mais posso dizer além de desejar que sejam felizes e desfrutem esse amor com muita alegria e felicidade?

— Eu endosso as palavras de seu pai, filha, e é como lhe disse hoje pela manhã, o que tiver que ser será. Se vocês souberem cultivar e tratar bem desse amor que os está unindo, acredito que tenha tudo para dar certo. Ele me parece um rapaz ajuizado, de bons princípios, muito estudioso e, pelo que você nos contou, se a procurou agora é porque realmente sentiu que seria o momento certo. Você tem todo o meu apoio, querida.

O que mais quero nesta vida é ver meus filhos encontrando a felicidade, como um dia eu e seu pai a encontramos.

Tivemos nossos desacertos, sim, como todo casal, mas entre nós sempre houve muito amor, um amor leal e honesto, muita sinceridade e o respeito que nunca deixamos de cultivar um pelo outro, fortalecendo-nos e enriquecendo nosso relacionamento.

A franqueza sempre foi um lema em nossas vidas. Quando um dos dois tinha algo para dizer não esperava para depois, e todas as nossas divergências sempre foram resolvidas com muito diálogo e compreensão, apesar de, em algumas ocasiões, nos exaltarmos numa discussão mais acalorada.

Com isso, solidificamos o nosso amor sobre alicerces muito firmes. Nenhum dos dois jamais mentiu ou tripudiou com o outro, principalmente, em relação à fidelidade.

Ainda quando namorávamos, fizemos uma espécie de pacto, através do qual, se um de nós viesse a se interessar por outra pessoa, jogaria limpo e com franqueza, mesmo que isso viesse a magoar o outro e fazê-lo sofrer, pois seria melhor do que viver no engano. Graças a Deus, estamos juntos há vinte e cinco anos e não passamos por esse dissabor. Seu pai sempre foi o que você vê aqui: cristalino e transparente.

– Sempre a amei, Sofia – disse seu Paulo –, e nunca senti nenhuma necessidade de buscar em outra mulher o que sempre tive a mais absoluta certeza de que encontraria em você. Cada vez que chego em casa e me deparo com você, encanto-me com a nossa cumplicidade, com o estar juntos em todas as situações boas e más que já vivemos ao longo destes anos todos. Sei que posso contar com você em qualquer circunstância, incondicionalmente, e só se eu fosse um louco para jogar tudo isso pela janela em troca de uma aventura qualquer.

Dona Sofia, tocada de grande emoção pelas palavras do marido, abraçou-o, dizendo:

– Sabe, Paulo, é por isso que o amo tanto, por você ser o homem bom e generoso que é, pai exemplar, amigo dos filhos e, para mim, o melhor homem do mundo!

Paulo, recebendo aquele abraço afetuoso, olhou bem dentro dos olhos de Sofia e disse:

— Eu também a amo muito, querida. Você me completa.

Mário ouvia tudo calado, admirando a clareza e firmeza de caráter do pai e, ao mesmo tempo, perguntando-se se ele teria a mesma postura digna, a mesma retidão, quando encontrasse sua alma gêmea, afinal, o pai era um exemplo a ser seguido, tendo em vista o equilíbrio e a harmonia que sempre pairou naquele lar.

Qualquer um via que ali existia paz, alegria, uma energia boa que emanava deles, sempre juntinhos, unidos desde as coisas mais simples e corriqueiras até as mais complexas; as pessoas costumavam até brincar com eles, dizendo que eram unha e carne, ou corda e caçamba.

Débora, enternecida com as palavras do pai, abraçou-o com muito carinho, dizendo:

— Sabe, papai, eu me orgulho de ter um pai e uma mãe assim como vocês e só espero ter a mesma sorte que a mamãe.

— E vai, filha, se Deus quiser!

Nesse momento, o telefone tocou, era Maurício. Débora, então, correu para o seu quarto para atendê-lo, toda entusiasmada.

— Chegou rápido! – disse a jovem.

— Até que não!

— Talvez, eu que não tenha visto a hora passar, pois assim que cheguei, fiquei conversando com meus pais na sala.

— Contou a eles sobre nós?

— Sim, e eles ficaram muito felizes. Aí papai começou a falar sobre ele e a mamãe, e me envolvi tanto que nem percebi a hora passar.

— Você parece se dar bem com eles, não?

— Isso é verdade. São pessoas ótimas, e você vai ter

oportunidade de conhecê-los, bem como constatar o que estou lhe dizendo.

– Eu posso dizer o mesmo dos meus, apesar de que nós não temos grandes papos ou muito diálogo. Eles são mais de fazerem coisas.

– Como assim?

– Estão sempre às voltas comigo, não me deixando faltar nada no que se refere a bens materiais. Mas, muitas vezes, estou meio para baixo, querendo conversar, e eles não entendem isso. O que fazem é correr logo comprar algo, como, por exemplo, uma roupa, um sapato, um acessório para o carro, para me verem alegre novamente. E penso que ajo errado nessa situação, pois, para alegrá-los, faço cara de contente quando me presenteiam, mas não digo que não precisavam gastar comigo e que o que eu queria mesmo era bater um papo amigo, ouvi-los falar de suas experiências ou se interessarem mais por aquilo que estou fazendo ou pretendendo.

O que percebo é que eles têm tanta confiança em mim, acham-me tão ajuizado, tão maduro para minha idade, que não se dão conta de que, às vezes, eu também dou minhas escorregadas, fico deprimido, e gostaria de poder falar desses meus sentimentos, sem receio de preocupá-los, e sim, de que pudéssemos dialogar um pouco mais, pois apesar de ser uma pessoa extrovertida, também tenho meus altos e baixos, e sinto falta disso.

– Pois daqui para a frente, não se preocupe. Quando quiser alguém pra ouvi-lo, eu estarei por perto, está bem?

– Assim você vai me acostumar mal!

Despediram-se minutos depois, confirmando que, no dia seguinte, iriam ver o resultado do vestibular.

40

capítulo
QUATRO

Maurício custou a conciliar o sono naquela noite. Tinha vivido muitas emoções naquele dia e, somadas com a ansiedade que estava sentindo, foi pegar no sono quando já estava amanhecendo.

Levantou-se às seis e meia, meio zonzo ainda, e foi logo para debaixo do chuveiro, tentando despertar e sentir-se mais animado; afinal, a noite não tinha sido das melhores.

Ouviu barulho na cozinha, percebendo que era dona Eunice que preparava o café, e seu Jordão também já havia se levantado. Trabalhando relativamente perto de casa, ele gostava de tomar seu café sossegado e sem correrias antes de ir para o trabalho.

— Ah, Jordão, estou numa gastura que você não imagina! Será que Maurício vai conseguir desta vez?

— Eu confio nele, Eunice, afinal é um garoto muito esforçado, você bem o sabe, e tem tudo para passar no vestibular.

Maurício, depois do banho, sentiu-se muito melhor; a

água morna o refizera um pouco da noite maldormida, porém a tensão na nuca e nos ombros não passava.

"Preciso me controlar. Dentro de poucas horas, tudo isso terá passado. Como é difícil conter esta angústia que fica me apertando o peito" – pensava Maurício enquanto descia para a cozinha.

– Bom dia, mãe! Bom dia, pai!

– Bom dia, filho! Preparei seu café, sente-se e coma.

Maurício estava nauseado, pois o nervosismo sempre fazia isto com ele e a impressão que tinha era de que algo bloqueava a boca de seu estômago. Mas precisava fazer um esforço e alimentar-se.

– Quero só um pouco de café com umas bolachas salgadas. Não estou com fome – mentiu para a mãe.

– Maurício – falou o pai –, não fique assim tão aflito. Nós estamos torcendo por você e, mesmo que o resultado não seja o esperado, não quero que fique se remoendo. Acompanhamos o seu esforço, e ninguém vai recriminá-lo, caso não passe.

Maurício bateu na mesa três vezes, dizendo:

– Isola, pai, estou ansioso, sim, mas sei que fui muito bem no exame. Estou confiante, apesar de minha aflição.

– De qualquer maneira, quero que saiba que nós estamos do seu lado. Vou trabalhar daqui a pouco, mas gostaria que você me telefonasse assim que puder para me contar o resultado, está bem?

– Sim, pai, eu ligarei assim que for possível.

Dona Eunice passou a mão na cabeça do filho carinhosamente.

– Vai dar tudo certo, verá.

Maurício comeu umas bolachas e foi para o seu quarto.

Olhou para o relógio de pulso e, como ainda era muito cedo para sair, ligou o rádio, tentando distrair-se com a música, mas não conseguiu, pois estava por demais desassossegado, resolvendo dar uma volta pela cidade para que a hora passasse mais depressa.

— Mãe, estou indo.

Pegou os documentos, a chave do carro, e desceu.

— Mas é muito cedo, filho, deve estar tudo fechado ainda.

— Eu sei, vou dar umas voltas por aí antes.

Maurício ainda não havia feito nenhum comentário com os pais sobre Débora, com o propósito de não misturar as coisas. Ele sabia que os pais não reprovariam seu namoro, mas ficariam preocupados pelos seus estudos, e preferiu deixar passar algum tempo para lhes contar.

Pegou o carro e saiu pelas ruas, que já tinham um movimento intenso, decidindo dar um pulo ao parque, seu lugar preferido quando se sentia angustiado.

Chegando lá, dirigiu-se ao lugar de que tanto gostava, sentando-se perto do lago. Aquele local tinha um efeito fantástico sobre ele. Por mais acabrunhado que estivesse, ali ele encontrava serenidade e, mentalmente, com os olhos cerrados, repassou em minutos o seu último ano, o dia do exame, as provas finais e, neste instante, algo dentro de si lhe disse:

— Você passou, pare de se preocupar.

Maurício abriu os olhos, olhando para os lados.

"De onde viera aquela voz?"

"Quem falara com ele?"

— "Devo estar ficando maluco, já estou até ouvindo vozes!"

E procurou desviar seu pensamento, lembrando-se do

43

dia anterior em que estivera ali com Débora, e as lembranças o fizeram sentir-se melhor. Então, olhou para o relógio e percebeu que estava na hora de apanhar Débora. Levantou-se rapidamente, partindo em seguida. Ligou o rádio do carro e, tentando não pensar no que viveria nas próximas horas, buzinou discretamente ao chegar em frente à casa da jovem, que saiu em seguida.

– Bom dia, meu amor! – cumprimentou Débora, passando os braços pelo pescoço dele, dando-lhe um beijo no rosto.
– Dormiu bem?

– Dormi nada, estou muito ansioso e não vejo a hora de pôr os olhos de uma vez na lista dos aprovados. Mas você está linda! Pelo visto, teve uma noite ótima.

– Tive mesmo: dormi como um anjo de tão feliz que estava. Há muito tempo, não me sentia assim tão leve.

E partiram a caminho do local onde estaria afixada a lista dos candidatos aprovados.

Tão logo chegaram, foram direto para o mural, no qual funcionários estavam fixando os resultados, e já havia muitas pessoas aguardando.

– Façam uma fila aqui, por favor, para que não haja tumulto – pediu um funcionário, indicando um determinado ponto, já marcado no chão. Maurício, instintivamente, procurou a mão de Débora, apertando-a. Ele era um dos primeiros da fila.

Finalmente, ele estava diante da lista que mudaria sua vida para sempre.

Começou a procurar seu nome, o coração batendo apressado, as mãos tremendo.

– Não estou achando...! – disse, angustiado.

– Calma, Maurício, você está tão nervoso que mal consegue ler.

E foi Débora quem encontrou, antes dele.

– Maurício, aqui está seu nome! – gritou, não contendo a alegria, pulando e abraçando-o. – Você passou! Veja, é você... Maurício do Prado Alencar Mendes.

O rapaz, lendo seu nome, não conteve o choro, deixando extravasar toda a angústia e a aflição dos últimos dias; agora, sua cabeça girava de alegria e lembrou-se dos pais. Precisava ir contar-lhes logo a novidade. Abraçou e beijou Débora repetidas vezes, festejando com ela aquela tão sonhada e esperada alegria. Misturando o riso e o choro, foram saindo para dar lugar aos outros.

Ele não queria levar Débora à sua casa, mas também não queria deixá-la naquele momento tão importante para ele. Então, achou melhor ficar mais um tempo por ali com ela e depois a levaria para a casa dela, sob algum pretexto. Ele não sabia qual seria a reação dos pais se o vissem entrando com uma namorada dentro de casa, sem ao menos ter comentado com eles. Numa melhor oportunidade lhes falaria sobre ela.

Passados os primeiros momentos, Maurício foi se acalmando e colocando os pensamentos no lugar, tentando alinhavar como seria sua vida dali para a frente. Era muita felicidade que estava experimentando de uma vez: primeiro, a descoberta do amor, agora, o ingresso na Universidade tão desejada. Não queria esperar mais para dar a notícia aos pais.

– Débora, não vejo a hora de contar aos meus pais. Você nem imagina como é importante para mim poder lhes dar a notícia de que fui aprovado, de estar dentro de uma das melhores Universidades do país, perto de casa. Meu Deus, isso é bom demais!

– Eu adoraria ficar com você – falou Débora –, mas acho que este momento você deve compartilhar somente com seus pais. Se puder me deixar em casa, depois nos falamos.

— Está bem assim? — perguntou Maurício, sorrindo para ela. — Você realmente sabe das coisas, menina! É por isso que, a cada momento que passa, fico mais apaixonado por você. Eu estava justamente pensando nisso. Não falei sobre nós com meus pais ainda, apenas estou esperando uma oportunidade, afinal, nunca levei nenhuma garota lá em casa e preciso prepará-los primeiro.

Débora ficou pensativa.

— O que foi? Ficou chateada comigo por não ter falado sobre nós?

— Não é isso, é que de repente me passou pela cabeça que eles podem não aprovar nosso namoro. Você acabou de ingressar em uma Faculdade.

— Eu não penso assim, a escolha é minha, e eles, tenho certeza, irão respeitar. Você não os conhece, são pessoas muito boas, só querem minha felicidade, e tenho certeza de que vão adorá-la quando a conhecerem... Sim, porque de vista já a conhecem.

— É um pouco diferente agora. Antes, eu era somente uma colega e pode ser que eles não encarem como algo positivo, pois nós começamos a namorar bem no momento em que vai haver uma importante mudança em sua vida. De repente, podem colocar algum obstáculo pelo fato de você vir a se dividir entre mim e o estudo.

— Vou saber separar muito bem as coisas, mesmo porque, a fase mais crítica de "rachar" de estudar, acredito que já passou. O vestibular é algo massacrante, no qual você não sabe o que irão perguntar nas provas, tem milhões de informações ao mesmo tempo, que acabam até por nos confundir muitas vezes, mas que precisamos retê-las, pois tudo pode ser material escolhido para a prova, então, sua concentração tem que estar voltada para tudo que lhe chega às mãos, é uma loucura. Algumas vezes, cheguei a achar que ia enlouquecer com tanta coisa para estudar ao mesmo tempo.

Agora não, vou estudar sim, pois pretendo fazer um curso sério, mas vou ter meus momentos de folga também, e neles você estará presente. Tenho certeza de que meus pais compreenderão isso muito bem, é só questão de conversar. Não se preocupe, pois logo falarei com eles.

– Você está certo, devo estar me preocupando à toa.

– É que agora que a reencontrei, não quero que nada venha a nos afastar, sei que não aguentaria.

– Nada e ninguém irá nos separar, eu lhe prometo!

– Agora vamos, vou deixá-la em casa.

***

Assim que Maurício abriu o portão da garagem para guardar o carro, começou a buzinar como um louco. Dona Eunice, de avental, enxugando as mãos, apareceu na porta da sala para ver o que estava acontecendo e, vendo a expressão de Maurício, deduziu.

– O Senhor seja louvado! Ele passou!

Maurício desceu do carro e foi correndo ao encontro da mãe, abraçou-a e beijou-a, rodopiando com ela.

– Mãe, eu passei! Estou dentro da Universidade!

A mulher chorava de felicidade, abraçada ao filho, e agradecia intimamente a Deus pela oportunidade dada a ele.

– Precisamos contar ao seu pai, ele também está ansioso por notícia e já ligou aqui duas vezes.

– Vou lhe telefonar.

Maurício ligou para o pai que, não contendo a emoção, deixou que as lágrimas descessem livremente pelo seu rosto. Os colegas que passavam por ele olhavam-no curiosos, meio sem entender o que estava se passando, mas ele nem se importou com isso, pois a alegria que estava experimentando naquele momento era indescritível, transbordava e não dava para segurar no peito, mesmo porque, o orgulho de pai era grande demais para não ser dividido entre os amigos. Desligou o telefone prometendo ao filho que sairia mais cedo para o almoço a fim de lhe dar os parabéns pessoalmente, e saiu a contar a novidade para os demais que ali se encontravam.

A satisfação pessoal em nada se comparava às já vividas por ele em outras ocasiões como, por exemplo, uma promoção ou mesmo um aumento de salário por mérito.

Seu Jordão chegou mais cedo, como prometera. Dona Eunice abrira um champanhe, e os três, felizes, brindaram o grande acontecimento. Maurício sentiu vontade de lhes contar sobre a namorada, mas achou melhor deixar para depois.

Enquanto isso, na casa de Débora, ela contava à mãe a novidade.

– Mãe, estou meio receosa com relação à família do Maurício. Será que eles vão gostar de mim?

– Ora, filha, claro que vão! Você é uma moça de família, de bons princípios, educada, meiga, bonita e inteligente. O que mais um pai e uma mãe podem querer para um filho?

Essa sua insegurança é natural, e todas nós passamos por isso algum dia. Queremos ser aprovadas pelos pais do rapaz, assim como eles também têm a mesma expectativa com relação aos nossos, só que uma coisa tem que ser considerada: nem sempre essa aprovação serve para alguma coisa, pois se tiver que dar certo ou errado o namoro, de nada vale a aprovação ou a reprovação.

Ninguém mais, hoje em dia, acata a decisão ou opinião de pai e mãe nesse sentido, os tempos mudaram.

Antigamente, os pais escolhiam com quem os filhos deveriam se casar e pronto, o assunto estava encerrado e não havia poder de escolha. Hoje, existe liberdade para se conhecer, namorar, e decidir com quem queremos nos relacionar.

Veja o caso de seu irmão quando arranjou aquela namoradinha há tempos. Todos nós sabíamos que ela não era flor que se cheirasse, era malfalada aqui no bairro, ninguém gostava dela, no entanto não teve o que fizesse seu irmão separar-se dela.

Você se lembra de como brigamos com ele, proibimos o namoro, o prendemos dentro de casa. Adiantou? Que nada, ele largou dela somente quando viu com os próprios olhos quem era ela de verdade. Somente quando ela aprontou uma boa para ele, que despertou para a realidade.

Dona Sofia fez ligeira pausa e continuou com suas impressões:

– Além do que, filha, eu conheço dona Eunice e seu Jordão. Você está preocupada à toa, pois não vejo onde poderiam se apegar para colocarem um impedimento em seu namoro com o filho deles.

A fase mais difícil, a das provas, ele já passou. Daqui para a frente, é só ele se planejar direitinho para conciliar suas atividades, mesmo porque, ninguém aguenta viver em cima de livros por tempo integral.

– A senhora está certa, eu sou uma boba mesmo, apenas tenho de perder esta insegurança.

Enquanto isso, na casa de Maurício, os pais conversavam animadamente, fazendo planos para o futuro do filho, enquanto ele ligava para alguns amigos mais chegados para lhes contar a novidade.

– Eunice – perguntou seu Jordão –, que tal se você descesse com o Maurício para a praia para que ele possa descansar

49

um pouco? Afinal, ele não tem aproveitado quase nada ultimamente e acredito que ficaria satisfeito. Vocês iriam à frente e, no final de semana, eu desço. Que tal?

— Acho uma ótima ideia e, se ele quiser, poderá levar alguns amigos.

Quando Maurício desligou o telefone, seu Jordão o chamou para lhe fazer o convite.

— Filho, eu estava aqui conversando com sua mãe, com a ideia de vocês descerem para a praia por uns dias. O que acha?

Maurício fez um ar meio contrariado.

— O que foi, filho? É impressão minha ou você não aprovou a ideia? – perguntou a mãe.

— Não é nada disso, mãe, eu adoro a praia, só que agora prefiro ficar por aqui mesmo.

— Algum motivo especial? – quis saber o pai.

Maurício pensou um pouco e resolveu que aquele seria um bom momento para lhes contar sobre o seu namoro com Débora, mesmo porque, ele detestava ter de ficar dando desculpas e, agora, namorando, ele iria sair mais vezes. Não queria fazer nada escondido, até pelo simples motivo de que não havia a menor necessidade disso.

— Vou contar-lhes mais uma novidade... Vocês se lembram da Débora, filha de dona Sofia e de seu Paulo?

— Sim – respondeu dona Eunice –, até já conversamos algumas vezes com os pais dela. Por quê?

— Nós tivemos um namorico tempos atrás, e agora resolvemos namorar para valer. Ontem, estivemos juntos, conversamos bastante e descobrimos que nos gostamos muito. Na verdade, esse namoro só não foi para a frente, naquela época, porque eu me afastei devido aos estudos para o vestibular, mas agora, que tudo deu certo, não vejo mais motivo para não darmos continuidade, já que estamos apaixonados um pelo outro.

– Apaixonados? – perguntou dona Eunice, surpresa.

– Sim, mãe, estou apaixonado – respondeu Maurício, sorrindo. – Por que o espanto?

– Porque nunca o ouvi dizer algo parecido!

– Pois é, mãe, sempre tem a primeira vez!

Aí seu Jordão tomou a palavra:

– Essa moça não é aquela que, de vez em quando, nós víamos junto com ele, abraçados, no barzinho do Neco, à noite?

– É ela mesma!

– Eu me lembro. É alta, magra, de cabelos lisos, pele bem clara, bonita a moça! Os pais são pessoas muito educadas; é verdade, Eunice, lembro-me de algumas vezes termos trocado algumas palavras.

– Pois é, como já disse, nós nos reencontramos agora, conversamos bastante, descobrimos que temos muito em comum e gostaria de trazê-la aqui em casa para que vocês a conheçam melhor. Tenho certeza de que irão gostar muito dela.

Ela está meio receosa de que vocês não aprovem o nosso namoro, pelo fato de eu ter ingressado na Faculdade, mas eu lhe disse que não tem nada a ver uma coisa com outra, até porque, sei que vou ter mais tempo disponível para poder fazer outras coisas que não seja só estudar.

Nesse momento, dona Eunice argumentou:

– Olhe, Maurício, é claro que nós não iremos colocar nenhum impedimento em seu namoro, somente acho que você é muito novo para ter um compromisso sério! Veja bem, você está indo para a Universidade e, por certo, irá conhecer um monte de pessoas interessantes, fará novas amizades, e namorar sério, em casa, significa abrir mão de sua liberdade. Não seria melhor você esperar um pouco mais para ver se é isso mesmo o que quer, filho?

— Pois é, mãe, já tive esse tempo e confesso que pensei muito antes de tomar essa decisão. Estou, realmente, amando Débora e não vejo as coisas como a senhora. O fato de estar comprometido com ela não me impede de fazer novas amizades que, para mim, são coisas distintas. Sei o que quer dizer com perder a liberdade, mas sei também que não vou me interessar por ninguém, porque estou convicto de que é com ela que quero ficar.

— Sendo assim — respondeu dona Eunice —, não há problemas para nós, e quanto aos seus estudos nem vou dizer nada, pois você sempre foi tão responsável e sensato nesse sentido que seria desnecessária qualquer recomendação.

— E você, pai, quer dizer algo?

— Estou de acordo com o que sua mãe falou: se é isso mesmo que quer, tem nosso total apoio.

Maurício levantou-se e abraçou-os, dizendo:

— Obrigado pela força, eu sabia que vocês entenderiam. Agora, vou ligar para ela e contar-lhe a novidade. Com licença.

Dona Eunice e seu Jordão entreolharam-se, sem nada dizer, até que Maurício ganhasse a escada que dava para o seu quarto.

— Tomara que Maurício não se atrapalhe com esse namoro bem agora que vai para a Universidade — comentou dona Eunice —, mesmo porque, acho uma arrebatada loucura prender-se nessa idade, nos dias de hoje.

— Acho que você está é com ciúmes dele, isso sim! — caçoou seu Jordão. Ele não é tão menino assim como você diz. Na idade dele, eu já estava prestes a me casar com você, esqueceu-se disso?

— Claro que não, mas hoje os tempos são outros!

— Eu não acho que devemos nos preocupar com isso, é só um namoro.

— Sim, mas certamente ele a trará aqui e irá frequentar a casa dela, e isso traz um vinculo maior, você sabe disso.

— Deixe as coisas seguirem o curso natural, Eunice. Ele está feliz, e não me lembro de ter visto o Maurício assim tão radiante. Como ele mesmo disse, vamos deixá-lo curtir essa fase tão boa que está se iniciando em sua vida.

— Acho que você está certo, estou um tanto quanto enciumada, reconheço, mas depois me acostumo.

Seu Jordão, rindo da sinceridade da mulher, abraçou-a, dizendo:

— Sei o que deve estar sentindo, pois é nosso único filho e é natural que fique assim, mas veja, ele já é um homem e está na hora de começar a pensar em algo mais sério, de querer começar a tratar do seu futuro. Até pode ser que ele esteja começando mais cedo que os demais, mas eu não vejo isso como algo negativo, ao contrário, mostra que ele está amadurecendo para a vida.

53

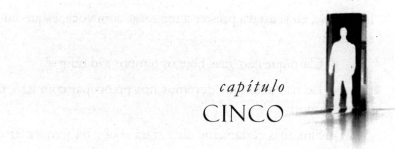

capítulo
CINCO

Nesse momento, Maurício ligava para Débora a fim de lhe contar que havia falado com os pais.

— Alô, Débora?! Acabei de falar com meus pais a nosso respeito. Quer saber como foi?

— Fale, Maurício, não me deixe nesta aflição! O que foi que eles disseram? — perguntou Débora, prendendo a respiração, fechando os olhos e sentindo um calafrio percorrer-lhe todo o corpo diante do que iria ouvir.

Maurício fez um pouco de suspense, pois sabia que a jovem estava por demais ansiosa.

— Sua boba! Pode se tranquilizar, você não vai se ver livre de mim assim tão fácil, eu já lhe disse! Eles compreenderam perfeitamente o que coloquei com relação a nós, estão de acordo e, digo mais, nós teremos total apoio, palavras deles.

— Ó, Maurício, graças a Deus. Eu estava com tanto medo que eles pusessem algum obstáculo, que você nem imagina que alívio poder ouvir isso. Meus pais também ficaram felizes por nosso reencontro, parece que, desta vez, nada irá nos separar.

Conversaram por algum tempo ao telefone, trocaram juras de amor e discorreram sobre assuntos diversos. Na verdade, quando estavam conversando, nem se davam conta do tempo que passava, sentiam inexplicável urgência dentro do coração em compartilhar o que pensavam, sentiam e ansiavam.

Era como se não pudessem ou quisessem perder um minuto sequer. Tinham que aproveitar cada segundo.

Nos dias que se seguiram, Débora e Maurício não se largaram, passando praticamente o tempo todo juntos. Estavam de férias ainda e, sabendo que quando começassem as aulas não teriam como se ver diariamente, aproveitavam para passear, ir ao cinema, andar de bicicleta no parque e beber um chope nos barzinhos badalados do momento.

E à medida que os amigos foram sabendo do namoro dos dois, demonstravam contentamento por eles.

As gozações em cima de Maurício eram inevitáveis, já que ele sempre fora por demais escorregadio entre as garotas. Assim como teve uma ou outra que ficou morrendo de inveja de Débora ao ver que Maurício só tinha olhos para ela.

Débora, nessas ocasiões, sentia-se orgulhosa e seu ego envaidecia-se ao ver os olhares nada discretos de algumas garotas sobre ela.

Olhava para Maurício com cumplicidade quando percebia qualquer clima diferente no grupo em que estavam. A certeza do amor que sentiam lhes dava a confiança necessária para que nada de fora os aborrecesse, ao contrário, até se divertiam diante de algum comentário mais maldoso.

O tempo foi passando, e Débora passou a frequentar a casa de Maurício, dando-se muito bem com seus pais, que aprenderam logo a gostar dela. O seu jeito meigo e carinhoso de tratar Maurício os cativou de imediato. Ela estava às voltas com ele o tempo todo, agradando-o como podia e fazendo-lhe todas as vontades. Dona Eunice, a princípio, sentiu-se um pouco enciumada ao ver os mimos de Débora para com o filho, mas logo compreendeu que deveria ser assim mesmo, pois o contrário, por certo, ela não gostaria de ver.

Em casa de Débora não era diferente: adoravam o rapaz que, com seu jeito especial de ser, logo encantou a todos. Dona Sofia estava sempre a agradá-lo com seus quitutes, enquanto Mário e seu Paulo gostavam de falar sobre futebol e ouvir as piadas que Maurício sabia contar como ninguém, arrancando gargalhadas de todos, já que ele conseguia caracterizar-se com a piada que contava, que, mesmo que fosse fraca, tornava-se engraçada.

As aulas, enfim, começaram, e Débora e Maurício passaram a se ver somente nos fins de semana, mas falavam-se diariamente pelo telefone.

Débora, que fazia o segundo ano do colégio, dividia-se entre a academia de ginástica e as aulas de inglês, tendo ainda dúvidas sobre que carreira seguir.

Apesar de ter uma forte tendência a fazer Odontologia, sabia que, para isso, teria de se esforçar tanto quanto Maurício e, no fundo, não tinha a mesma paixão pelos estudos quanto ele, sem dizer das dificuldades encontradas em algumas matérias como matemática e física, mas isso não era um grande problema para ela, que pensava em tentar o ingresso no curso e, caso não conseguisse, tentaria Psicologia, que também era algo de que gostava.

Nas vezes em que conversou sobre o assunto com Maurício, este a incentivou a pegar firme nos livros e se dispôs a ajudá-la em suas dificuldades nos fins de semana, mas sua vontade, digamos assim, não era tão grande a ponto de trocar o namoro, os passeios, e aproveitar o tempo que tinham para estar juntos, para ficar às voltas com fórmulas e expressões aritméticas.

Ele respeitava sua vontade, não a forçando a nada, pois sabia, por si mesmo, que de nada adiantaria se debruçar sobre livros quando não se tem vontade de estudar, pois o rendimento, muitas vezes, chega a ser nulo.

Ele, por sua vez, estava adorando o curso, que era bem puxado, e estudava com o afinco e a seriedade de sempre, já que tinha avidez por aprender.

Fez muitas amizades e tudo seguia seu curso natural: a vida em si estava muito boa para ele, dava-se bem com os pais e fazia o curso de que gostava.

Seu namoro com Débora ia muito bem, enfim, o que mais podia desejar diante de tantas coisas boas que tinha? Fazia muitos planos com Débora sobre o futuro, quando sonhavam que, depois da conclusão do curso de Maurício, e tão logo ele estivesse recebendo o seu próprio dinheiro, iriam se casar.

Débora também já cursava a Faculdade de Psicologia, na qual vinha se esforçando bastante, pois gostava do curso e sentia que o mesmo estava lhe dando uma visão muito mais ampla do que ela esperava.

O amor que os unia tinha se tornado mais forte com o passar do tempo e, numa tarde de inverno em que passavam em frente a um motel, entre o caminho da casa de ambos, os dois decidiram que aquele era o momento de se pertencerem integralmente. Afinal, já namoravam firme havia mais de um ano e meio e vinham sentindo que precisavam mais do que as poucas carícias que tinham.

Maurício olhou com um olhar sugestivo para Débora ao passar pelo motel e, apesar de ela sentir-se envergonhada, já era maior de idade e estava preparada para aquele momento com ele.

E, dando marcha à ré no carro, o jovem entrou no motel sem maiores problemas.

Apesar de já o ter frequentado com outras garotas, aquele instante foi completamente diferente do que experimentara em outras ocasiões. O amor pulsava em seu coração e tê-la por inteiro não só o deixava excitado, como também fazia com que sentisse os sentimentos misturarem-se dentro de si.

Algum tempo depois, após o total envolvimento sexual, permaneceram ali abraçados, trocando carinhos, e nenhum dos dois sentia vontade de se levantar.

A felicidade entre eles agora lhes parecia completa, e a intimidade na maneira de pensar, própria dos apaixonados, tinha-lhes feito ficarem mais fortes e seguros diante de si mesmos e da vida. A certeza dos sentimentos aflorava agora mais intensamente do que nunca e a cumplicidade entre eles tinha se estabelecido por completo.

Tudo estava maravilhosamente perfeito, e eles achavam que nada poderia abatê-los.

Só que acontecimentos ruins estavam por vir, precipitando-se sobre eles.

Tudo ia muito bem até Maurício iniciar uma forte amizade com dois rapazes e uma garota na Universidade.

A princípio, ele nada percebeu de errado com eles, porém, à medida que o tempo foi passando e a confiança foi se estabelecendo, começou a notar certas atitudes e comportamentos estranhos no grupo.

Resolveu não procurar saber o que estava acontecendo, mas, com o passar do tempo, eles o convidaram para ir até o apartamento de outro rapaz, que não estudava com eles.

De início, ele recusou o convite, alegando que iria sair com Débora, mas, diante de muita insistência, acabou concordando.

– Vamos lá, Maurício, vai ser legal. A Rafaela vai levar mais duas amigas, e você precisa se divertir um pouco, cara – falava Roberto, um dos integrantes do grupo.

– Não sei se devo, eu nunca menti para Débora, vai pegar muito mal se ela vier a saber depois.

– Só se você contar a ela, pois de nossa parte está limpo.

– Vou pensar e amanhã lhes darei a resposta.

– Nós fazemos questão da sua presença, e você não vai se arrepender. Temos feito isso com frequência e está o maior barato.

Maurício imaginou o que acontecia nesses encontros: por certo, eles se embebedavam e, depois, deleitavam-se com as garotas.

Estava sentindo-se tentado a participar, afinal, fazia um bom tempo que estava namorando e não saía com mais ninguém.

Passar algumas horas diferentes talvez não fosse fazer tanto mal assim – pensava, tentando se convencer.

E uma discussão banal entre ele e Débora foi o suficiente para que se decidisse.

– Roberto, pode contar comigo; a que horas vai começar a festa?

Roberto exultou de alegria, pois, trazendo mais um para a festa na casa de Rogério, ganharia alguma droga extra.

– Por volta das dezesseis horas. Está bem para você? – perguntou Roberto.

— Sim, só tenho de arranjar uma boa desculpa para Débora não desconfiar.

— Pois diga a ela que temos um trabalho a desenvolver e que vamos fazer uma pesquisa. Creio que ela acreditará, e, depois, você lhe explica que nos envolvemos tanto com o trabalho que nem vimos a hora passar.

Foi assim, então, que Maurício conheceu Rogério, um traficante com pinta de bom rapaz, falante e envolvente quando queria algo que lhe interessasse, e que promovia essas festas sempre que queria trazer mais alguém para o grupo, sendo que Maurício seria sua nova presa.

Rogério, que morava em companhia de seus pais, já de idade avançada, aproveitava, quando os mesmos viajavam para o interior, para promover as festas, uma vez que eles não aceitavam seu tipo de negócio.

Maurício, por sua vez, estava se sentindo excitado com a possibilidade de sair um pouco da sua rotina, uma vez que se instalara nele a curiosidade e o desejo de viver uma experiência diferente.

Conversou com Débora sobre o trabalho, e ela concordou prontamente com ele, pois nem por sonho poderia imaginar que, por detrás daquela história, havia uma mentira, haja vista que tinha total confiança no namorado.

No horário combinado, Maurício estacionou em frente ao edifício em que Roberto morava com Rogério. Subiu pelo elevador e tocou a campainha.

Foi o próprio Rogério quem atendeu.

— Oi, você deve ser o Maurício...

Maurício, meio sem jeito, sorriu para Rogério, dizendo:

— Sim.

— Pois vamos entrando que o pessoal já chegou e sinta-se em casa, meu camarada — disse-lhe o rapaz, dando-lhe um tapinha nas costas.

Maurício, a princípio, sentiu-se um pouco constrangido, não por não conhecer as garotas, mas, sim, pela situação em si. Ele nunca tinha mentido para Débora e, agora, ali, diante de todos, teve vontade de dar uma desculpa e retirar-se.

Rogério, percebendo que algo se passava na cabeça do novo frequentador, tratou logo de envolvê-lo e enturmá-lo.

— Venha cá, Maurício, quero apresentar-lhe a Valquíria.

— Muito prazer — disse, estendo-lhe a mão, que foi pronta e demoradamente segurada.

— E aqui é a Verônica. Bem... A Rafaela, o Roberto e o Paulinho, acho que você já os conhece.

— Como vai? — perguntou Rafaela, aproximando-se mais do que o normal de Maurício que, instintivamente, recuou.

— Tudo bem!

— Fique à vontade, Maurício, que vou voltar para a cozinha, onde irei preparar uns drinques para nós.

Rafaela procurou conversar, visto que nem'ela o estava reconhecendo, já que ele não tinha dificuldade de se enturmar, mas, naquele dia em especial, sentia-o arisco e desconfiado.

Ninguém havia-lhe dito diretamente o que iria acontecer por ali, mas sua intuição estava bastante aguçada, como que se preparando para qualquer investida.

Tão logo as bebidas chegaram, todos se serviram e, aos poucos, Maurício, com o efeito do álcool, foi se soltando. A música estava tão alta que mal dava para ouvir o que o outro falava, e cada qual foi tratando de arrumar seu par. Valquíria foi quem veio para o seu lado.

61

Dentro da bebida, Rogério tinha colocado um estimulante, o que os deixou agitados e excitados. Maurício, que não estava acostumado, sentiu-se um pouco tonto a princípio, mas agora, com Valquíria ali ao seu lado, insinuando-se toda, ele já não tinha mais pudor ou constrangimento e seu raciocínio lógico se encontrava embotado.

E pensou: "O melhor que tenho a fazer é deixar rolar, mesmo porque, estou me sentindo bem demais para sair deste jogo".

E assim que puxou Valquíria para junto de si, beijando-a com avidez, Rogério apareceu com a droga e com as seringas, numa dose mínima para que Maurício não sofresse grandes alterações e viesse a passar mal, enquanto que todos, muito excitados, procuravam aplicar-se o mais rapidamente possível.

Maurício, a princípio, recusou-se a participar, mas estava tão embalado, ao lado de Valquíria, que recebeu a dose que ela mesma lhe aplicou antes de cair por cima dele, logo em seguida.

O desvario era tamanho, que ninguém ali tinha condições de perceber qualquer coisa que acontecia ao redor.

Maurício, que nunca tinha se drogado, ficou enjoado e zonzo, com a cabeça rodando e sentindo-se mal.

Valquíria, acostumada com a droga, procurou tranquilizá-lo, dizendo que no começo era assim mesmo, mas que depois seria o maior barato.

Aos poucos, foi voltando, ainda sem conseguir raciocinar direito, mas, após alguns minutos, as sensações voltaram, a luz parecia muito mais intensa do que realmente era, o calor que saía do corpo, misturado à excitação do momento, não o deixava pensar em mais nada e a única coisa que desejava era se divertir com a garota que estava ao seu lado e que, também a esta altura, pelo efeito da droga, despia-se diante de todos, dançando freneticamente ao mesmo tempo em que puxava Maurício para junto de si, sem nenhum pudor.

Em poucos minutos, todos ali tinham perdido qualquer tipo de constrangimento que havia no início. Uns ficaram deitados onde estavam mesmo, outros dançavam, despiam-se e se entregavam uns aos outros ao som de música ensurdecedora.

Passada a euforia daquele momento, Maurício foi se acalmando, a lucidez foi voltando, e foi aí, então, que ele se deu conta da loucura que havia cometido.

Vestiu-se rapidamente, olhou ao seu redor e sentiu-se nauseado, porém, não sabia se era pelo efeito da droga ou se era pela cena deprimente e horrível com que ele se deparava ali, naquele amontoado de pessoas nuas, umas desacordadas e outras olhando para o teto como que em estado de contemplação do nada.

— Pai do Céu, o que eu fui fazer? Preciso sair daqui já.

Encontrava-se indignado consigo mesmo. Como podia, ele que sempre fora uma pessoa tão ajuizada e responsável, ter-se metido com aquele tipo de gente?!

Tinha tido a oportunidade de ir embora antes de tudo acontecer, mas foi fraco, deixou que o desejo carnal o dominasse por completo e, agora, sentia-se sujo, zonzo, com um mal-estar geral a lhe tomar conta do corpo, sem a noção de quanto tempo estivera ali.

Mesmo assim, precisava fugir dali, fugir daquelas pessoas, mas o que, naquele momento, não podia pressupor era que jamais poderia fugir dele mesmo ou de sua autocensura.

Sim, pois ele já tinha se julgado e sabia que era culpado.

Sentiu um enorme desejo em correr para junto de

Débora, mas não teve coragem, pois estava um farrapo humano e, se fosse para casa, com toda certeza, os pais perceberiam algo de estranho nele.

Já fora do prédio, foi em direção ao carro, entrou e, segurando a cabeça com as mãos, chorou muito, tentando extravasar aquela angústia deprimente que estava sentindo. Não se conformava com o que fizera, mas o que mais o machucava era o fato de saber que não havia retrocesso no tempo e que, uma vez feito, feito estava.

capítulo
SEIS

Rogério foi o primeiro a sentir a falta de Maurício, procurou-o por todo o apartamento, mas não o encontrou. Então, voltou à sala e, batendo palmas, despertou os que ainda estavam deitados no chão.

– Vamos lá, moçada, a festa acabou. Alguém viu onde o Maurício se meteu? Não o encontro em nenhum lugar.

Foi Valquíria quem respondeu:

– Eu estava meio grogue ainda, mas tive a impressão de tê-lo visto vestir-se e sair. Será que ele não gostou? – perguntou, rindo, maliciosamente.

Rogério ficou sério por um momento, tentando colocar as ideias no lugar.

– Não creio. Talvez ele tenha se atrasado aqui mais do que devia e, por isso, saiu, sem nos avisar.

Mas, no fundo, Rogério estava preocupado com a reação do rapaz. Não o conhecia, porém, pelo pouco que pôde observar, ele pareceu ser bastante conservador e muito severo quanto a certos valores.

— Amanhã, ligo para ele para conversarmos.

Na verdade, Rogério nem sabia por que estava se preocupando com aquele garoto, afinal não era o primeiro que chegava desse modo em sua casa, mas algo o impulsionava a estreitar os laços de amizade com ele, ao mesmo tempo em que, contraditoriamente, sua simples presença ali o incomodara. Algo no seu íntimo lhe dizia que tinha de tê-lo por perto, não podendo perder sua amizade de jeito nenhum. Por outro lado, teve receio de que Maurício viesse a dar com a língua nos dentes e estragasse tudo.

Maurício, por sua vez, assim que se sentiu melhor, deu partida no carro e saiu, meio que sem rumo, pela cidade, não se encontrando ainda em condições de ir para casa.

Perambulou por algum tempo e, quando se sentiu melhor, dirigiu-se para casa.

Deu graças a Deus por seus pais já terem se recolhido, pois não queria ter de olhá-los de frente, afinal, ele tinha mentido para eles também.

Foi, então, para o seu quarto, louco para tomar um banho. Ligou o chuveiro e deixou que a água quente escorresse pelo corpo.

Ao se lembrar das cenas vividas, há pouco, com Valquíria, sentiu-se enojado, pegou a esponja e começou a se esfregar com vigor. O choro aflorou novamente, e ele não tentou segurá-lo; sabia que depois de chorar se sentiria melhor.

Perdeu a noção de quanto tempo ficou ali debaixo do chuveiro, só saindo quando se sentiu limpo.

Enxugou-se, colocou seu roupão, penteou-se, e desceu para tomar um copo de leite, afinal, já passava das vinte e três horas, e não havia comido nada desde a hora do almoço.

Depois, subiu novamente para o quarto e procurou dormir.

Não demorou a pegar no sono, porém teve uma noite conturbada e agitada, cheia de pesadelos, nos quais se viu andando por lugares lúgubres e lamacentos, escuros e gelados, às vezes assustando-se por ver surgir, das sombras, figuras horrendas, deformadas, com vestes rasgadas, cheirando mal, querendo agarrá-lo.

Outras, cobertas de feridas e bichos a lhes andar pelo corpo, arrastavam-se em meio àquela lama.

Teve muito medo, desespero, e sua aflição crescia à medida que tentava encontrar, sem sucesso, a saída daquele lugar pavoroso.

Foi com muito custo que conseguiu divisar uma passagem e, correndo para ela, cansado e ofegante, acabou acordando.

Já sentado na cama, assustado demais com aquele pesadelo, tendo todo o corpo molhado pelo suor, passou a mão pela testa, tentando apagar da mente aquelas cenas que agora se misturavam com as que tinha vivido no dia anterior.

"Meu Deus! Será que estou tendo alucinações? Amanhã mesmo vou procurar Rogério e conversar com ele. Tudo isso me deixou muito assustado. Eu sempre ouvi dizer que quem se droga viaja e passa momentos maravilhosos, mas não imaginei que o depois fosse tão medonho. Será que é isso mesmo ou estou nervoso demais e aumentando a proporção das coisas?"

Procurou se acalmar, deitando-se novamente e tentando reconciliar-se com o sono. Precisava acordar bem disposto no dia seguinte, para que ninguém percebesse nada.

Quando o dia amanheceu, levantou-se já bem disposto e com seu humor de volta. Desceu e os pais já estavam na cozinha, prontos para tomarem o café da manhã.

– Bom dia, pai! Bom dia, mãe!

Foi dona Eunice quem falou.

— Nossa, filho! Você chegou tarde, ontem, nem vi você entrar!

— É, mãe, nós nos envolvemos de tal modo com o trabalho, que nem nos demos conta do adiantado da hora — mentiu Maurício.

O rapaz falava sem conseguir olhar nos olhos da mãe que, entretida com seus afazeres ali na cozinha, nada percebeu. O pai estava lendo seu jornal de domingo e nem sequer ouvia o que os dois falavam, o que fez Maurício agradecer interiormente.

Ele não gostava de ser questionado, pois não estava acostumado a mentir e sabia que pergunta demais o faria ficar embaraçado o suficiente para se entregar de alguma forma.

Apressou-se em tomar seu café e, alegando que iria lavar seu carro, saiu rapidamente da mesa, apanhando seus apetrechos e indo para a garagem.

Estava um dia bonito e ensolarado, e ele gostava de cuidar do carro aos domingos, com bastante calma, pois era meticuloso com a limpeza. Enquanto o carro não estivesse brilhando, ele não sossegava.

Ligou o rádio do veículo, escolhendo uma música suave, pois só de passar por uma rádio que tocava uma daquelas músicas do dia anterior, sentiu-se mal. Precisava esquecer aquele episódio, apagar da memória o que viveu lá e, naquele momento, jurou para si mesmo que nunca mais entraria numa enrascada como aquela.

Como experiência podia ter sido válido, mas a culpa e o remorso, misturados com a indignação dos seus atos, estavam maltratando-o por demais e, decididamente, ele não servia para levar esse tipo de vida.

Resolveu que não tocaria no assunto com ninguém do grupo, deixaria passar em branco e se afastaria deles gradativamente, para que não desse tão na cara.

Mas as coisas nem sempre saem como queremos e, uma vez dentro de grupos como esse, sair tornava-se mais difícil, já que eles tinham muito medo de que, uma vez fora do grupo, a pessoa resolvesse delatá-los e acabar complicando suas vidas.

E estava acabando de limpar o carro quando sua mãe saiu no terraço.

– Maurício, telefone!

– Quem é? – gritou ele.

– É um rapaz, um tal de Rogério.

Maurício gelou ao ouvir o nome, enxugando a mão apressadamente.

– Diga que já vou!

Parou o que estava fazendo e, já no telefone do seu quarto...

– Alô?

– Oi, Maurício, sou eu, Rogério. O que houve com você ontem? Saiu sem se despedir de ninguém. Todos sentiram sua ausência.

– Não foi por nada, não, Rogério.

Maurício ia abrir o jogo com ele ali mesmo, mas pensou melhor e ponderou que não era nem o lugar nem o momento apropriado para essa conversa, resolvendo dar uma desculpa.

– Já estava tarde, e não quis incomodar ninguém.

– Para mim tudo bem, o que quero saber é se você está legal...

– Sim, estou ótimo – mentiu ele, mais uma vez.

– Amanhã, vou até a Universidade e nos falamos, está bem?

— Tudo bem. Até amanhã, então.

Maurício sentiu-se aliviado ao desligar o telefone, pois precisava livrar-se de Rogério o quanto antes. Não queria sua amizade.

Já ia saindo do quarto quando o telefone tocou novamente. Era Débora.

— Bom dia, amor! — falou ela, com voz doce. Pensei que fosse me ligar ontem à noite.

Maurício pensou: "Lá vou eu com mais mentiras! A mentira, uma vez lançada, parece não ter mais fim. Uma coisa acaba puxando outra e mais outra, e não se consegue mais sair dela. Preciso cortar este ciclo vicioso enquanto é tempo, mas não agora".

— Pois é, meu bem, eu pensei em ligar, mas já era tão tarde, que julguei melhor deixar para hoje. Que tal se saíssemos para um passeio diferente hoje? — perguntou, procurando mudar de assunto.

— Que tipo de passeio?

— Bem... Deixe-me ver... Poderíamos pegar a estrada e irmos passar o dia em alguma cidadezinha calma, onde almoçaríamos, daríamos uma volta e, no final da tarde, regressaríamos. O que me diz?

Débora sorriu do outro lado da linha.

— Eu topo.

— Vou acabar de colocar os tapetes no carro, que eu estava lavando, tomar um banho e dentro de uns quarenta minutos passo por aí.

— Combinado... Você é meio maluco, sabia?

— Maluco...?

– Já reparou como gosta de fazer passeios de improviso?

– É que eu não acho legal ficar planejando a semana toda e, de repente, na última hora, dá algo errado, e lá se foi todo o planejamento. Assim, pelo menos, quando dá certo, podemos aproveitar, sem antes termos ficado ansiosos por vários dias.

Maurício tentava, a todo custo, apagar da mente aquele episódio funesto na casa de Rogério e, para isso, precisava sair, respirar ar puro, desanuviar a cabeça.

Tinha certeza de que ao lado de Débora conseguiria esquecer, jurando a si mesmo que nunca mais entraria numa enrascada como aquela.

Já tinha esquematizado tudo em sua cabeça: na manhã seguinte, conversaria com Rogério e, sem procurar ofendê-lo ou criticá-lo, iria se posicionar diante dele, pois não estava mais disposto a compactuar e muito menos vivenciar aquele tipo de experiência. O que viu e sentiu não foi nada animador, nem agradável.

Mas o que ele nem de leve podia imaginar era que Rogério não era aquele camarada bacana e bem intencionado que se aproximara dele com o único intuito de consolidar uma nova amizade.

Na verdade, Rogério era um traficante de drogas, com o agravante de ter sido, numa vida anterior, um grande inimigo seu, e ter-lhe jurado vingança. Agora, Rogério se vestia de bom moço para lhe angariar a confiança e dar o bote no momento oportuno, apesar de não ter consciência disso. Apenas sentia forte antipatia por Maurício.

Desde o primeiro momento em que pôs os olhos em Maurício, sentimentos contraditórios se instalaram dentro dele, deixando-o bastante confuso. Nos poucos momentos em sua casa, em que esteve ao seu lado, sentiu um ódio crescer e uma

71

incompreendida sede de vingança se abateu sobre ele, como se tivesse contas a ajustar, fato que o fez achar que estava ficando maluco. Afinal, acabara de conhecer o rapaz e o que poderia ter contra ele se nem o conhecia?

Por outro lado, Rogério, intrigado com tais pensamentos, começou a se questionar o porquê de estar dando tanta importância àquele desconhecido.

Se o rapaz não lhe trazia bons fluidos, por que se preocupar? Não precisava dele, tinha uma grande clientela.

Por qual razão não o via apenas como mais um?

capítulo
SETE

Na verdade, o que havia acontecido no passado fora muito forte e dramático para Rogério que, em outra vida, chamava-se Pedro e morava num vale, num vilarejo bem pequeno, com a mulher e mais duas filhas, Soraia e Ana.

Soraia contava, na época, com quinze anos de idade, era uma linda jovem e levava uma vida bastante simples no campo, junto à família, onde cuidavam de uma pequena plantação e de algumas vacas de leite.

Sobressaía-se por sua beleza encantadora, e todos, no vale, olhavam-na com cobiça, desejosos de que, algum dia, ela escolhesse algum deles como futuro marido.

Porém, ela era uma jovem tímida e de pouca conversa, dificilmente saía de casa, nem mesmo para participar de alguma confraternização que, vez ou outra, acontecia na paróquia local.

Pedro orgulhava-se da filha que tinha, amava-a mais do que tudo na vida, e sempre se lembrava de que a primeira infância da menina fora marcada por grandes sustos, pois logo após seu nascimento, contraíra coqueluche, que acabou se complicando com uma pneumonia que, por pouco, não a matou.

Em outra ocasião, caiu de uma árvore bastante alta, ficando desacordada por várias horas, tendo convulsões, ocasião em que o médico chegou a desenganá-la, por falta de recursos.

Ela sempre foi o xodó de Pedro, sua menina dos olhos, e era para ela tudo o que fazia, gostava de mimá-la, queria vê-la feliz, sorrindo, e, para isso, não media esforços para agradá-la.

Tinha orgulho por ter uma filha tão bela e de ela não ser namoradeira, pois até aquele momento, ainda não havia manifestado o menor desejo pelos rapazes dali, e isso o deixava aliviado, até porque, tinha muito medo de que, ao se interessar por alguém, vindo a se casar, deixaria de morar ali com ele. E não suportaria viver longe dela.

A própria mulher de Pedro, dona Matilde, por muitas vezes o repreendera, por ter tal veneração pela filha. Ela não achava isso normal e saudável, parecia mais ser uma obsessão aquele endeusamento pela filha, algo doentio.

Com a filha mais nova, o tratamento era distante e frio, levando o casal, por repetidas vezes, a discutir, já que a filha mais nova ressentia-se do tratamento diferenciado que recebia do pai.

Mas Pedro não conseguia modificar tal sentimento e reconhecia ter verdadeira adoração por Soraia, porém não sabia explicar o porquê.

Certa tarde, dona Matilde pediu a Soraia que fosse buscar as vacas que pastavam próximo a um riacho que passava pelas suas terras, e a menina foi.

Chegando lá, encontrou um forasteiro que, distraído,

banhava-se despido dentro do riacho, sem se dar conta de que a menina o olhava por detrás dos arbustos, com curiosidade.

Tão logo percebeu a presença da menina, tratou de sair rapidamente da água, cobrindo-se com a camisa.

Soraia, assustando-se com a agilidade do homem, saiu correndo, mas o forasteiro, que não queria encrenca por aquelas paragens, acabou por correr atrás dela com o intuito de lhe pedir que não contasse aos pais que o vira banhando-se nu por ali.

A menina, ao mesmo tempo em que corria, olhava para trás, apavorada, vendo que o homem estava em seu encalço e, numa dessas olhadas, acabou por pisar num buraco e torcer o pé, não tendo mais condições de prosseguir em sua fuga.

Quando o forasteiro se aproximou dela, num ato instintivo de defesa, Soraia começou a gritar, e o homem, na intenção de fazê-la calar-se, tapou sua boca com uma das mãos, enquanto que com a outra tentava segurá-la, mas ela se debatia para todo lado.

O forasteiro, tendo o domínio da situação, passou a olhar detidamente para aquela menina que, na verdade, não se parecia mais com uma menina, e, sim, com uma mulher a desabrochar; o seu peito arfante saltava para fora do decote, despertando imediatamente o desejo naquele homem, que não pensou nem por um segundo nas consequências de seus atos selvagens.

Arrancou a camisa e, amarrando-a na boca da menina, arrastou-a para perto do riacho novamente, onde estava seu cavalo. Amarrou suas mãos, que tentavam suplicar por gestos para que a deixasse em paz, porém o homem estava cego pelo desejo de possuir aquele belo corpo. Jamais tinha tido a oportunidade de possuir uma criatura tão linda assim e não deixaria escapar a oportunidade.

"Já que o destino – pensava ele – a colocara em seu caminho, não iria desperdiçar essa chance."

Colocando-a sobre seu cavalo, vestiu como pôde as calças, montou e saiu a galope, levando-a de bruços no lombo do animal, procurando um local mais fechado e distante dali, onde poderia saciar-se demoradamente, sem o risco de ninguém o descobrir.

Soraia, pressentindo o que iria acontecer, continuava debatendo-se desesperadamente, sem nenhum sucesso. Chegando num local onde se sentiu seguro, tirou-a do cavalo e, como ela ainda se debatia, disse-lhe, ameaçadoramente:

– Olhe aqui, você vai ficar bem quietinha e fazer tudo o que eu mandar, pois se tentar bancar a esperta, mato você, da mesma forma que mato um cão selvagem! Portanto, seja boazinha e coopere para que ninguém se machuque.

Sem poder reagir ao ataque daquele homem, rude e hostil, Soraia começou a chorar e a rezar, pedindo a Deus que acabasse logo com tudo aquilo.

Mas Deus, naquele momento, parecia-lhe tão distante, que acabou por desistir de fazer mais pedidos e inerte permaneceu enquanto o homem saciava seus prazeres mórbidos com o seu corpo. E os minutos que se seguiram foram para ela uma verdadeira eternidade.

Em dado momento, quando julgou ter tudo acabado, ele tirou-lhe a mordaça, tentando beijar-lhe os lábios, mas o ódio, o nojo e o desprezo que ela sentia eram tão grandes que não titubeou em lhe cravar os dentes afiados num dos lábios, arrancando-lhe um pedaço.

Num grito de dor, o homem saiu de cima dela, ofegante, e, vendo que um pedaço de seu lábio havia sido arrancado e sangrava muito, enlouqueceu de vez.

Começou, então, a espancá-la, até que a jovem perdeu os sentidos, só parando muito tempo depois quando julgou que ela estivesse morta, com o sangue a lhe escorrer em abundância.

"Tenho de fugir daqui, antes que me peguem" – pensou ele.

Vestiu-se apressadamente e partiu em disparada, sem sequer olhar para trás.

Soraia ficou ali, desacordada, entregue à própria sorte, nua, toda machucada, semimorta.

Em sua casa, os pais, já preocupados com sua demora, saíram em sua procura, sem entender o que poderia ter acontecido.

A noite caiu, e as buscas se tornaram mais difíceis, sendo que, a essa altura, os vizinhos, solidários com a família, formaram grupos para sair em busca da menina.

Seu Pedro, rosto vincado pelo medo, pressentia que algo ruim havia acontecido com sua pequena Soraia, mas não podia se desesperar; naquele momento, tinha de achá-la.

O dia já estava amanhecendo quando um rapaz, que fazia parte de um dos grupos de socorro, chegou com a notícia.

– Seu Pedro, encontraram Soraia. Ela está lá do outro lado do morro.

– Ó, meu Deus! Vamos para lá – disse Pedro, aflito.

– Eu acho melhor o senhor me escutar primeiro. Alguém a atacou de modo bárbaro, e a encontramos muito machucada, inconsciente e completamente nua.

– Oh, não! E ela está viva? – gritou Pedro, com toda a sua dor. – Não pode ser verdade! Diga-me que tudo isto é um grande pesadelo.

— Eu sinto muito, seu Pedro — respondeu o rapaz que chegou com a notícia. — Ela respira, porém, com muita dificuldade e não acredito que venha a resistir aos ferimentos.

— Vamos de uma vez! Eu preciso salvar minha filha!

E, enxugando o rosto das lágrimas que caíam, Pedro, buscando forças não se sabe de onde, dirigiu-se para o local.

Lá chegando, correu para junto de Soraia, que estava coberta com as camisas dos dois rapazes que ali tinham permanecido esperando.

— Filha, pelo amor de Deus, fale comigo. Diga-me quem foi o canalha que lhe fez isso? Irei caçá-lo, nem que seja no inferno.

Pedro era sacudido por violentos soluços, abraçado ao corpo frágil, ainda com vida, porém, pelo seu estado, era de se notar que ela não teria mais do que alguns minutos.

— Fale comigo, Soraia, abra os olhos, querida, tente reagir, vou levá-la ao médico, você vai ficar boa, confie em mim, filha.

E nesse instante, num esforço sobre-humano, Soraia entreabriu os olhos, e deles surgiu o brilho de uma lágrima. Já sem força alguma, conseguiu balbuciar:

— Sinto muito, pai, eu não tive como escapar.

E essas foram as últimas palavras da jovem.

Pedro, ao baixar os olhos, viu, ao lado do rosto de Soraia, algo que lhe chamou atenção.

Olhou mais detidamente, chamando os outros que ali estavam.

— Vejam isso, parece um pedaço de carne!

Um dos rapazes, chegando mais perto, observou, dizendo:

— Isso está me parecendo um pedaço dos lábios de alguém.

Imediatamente, olharam para a boca de Soraia que, apesar de todos os ferimentos, estava intacta.

— Então é isso – concluiu Pedro –, ela arrancou um pedaço da boca do maldito!

E o homem, na sua dor infinita, tendo a filha já sem vida em seus braços, coração em pedaços, cego pela revolta e pelo ódio, fez um juramento diante de todos que ali estavam:

— Minha querida, eu lhe juro, por tudo aquilo que é mais sagrado neste mundo, que não descansarei enquanto não colocar as mãos no infame que a tirou de mim. Que moverei céus e terra até encontrá-lo e, quando isso acontecer, ele irá se arrepender de ter nascido um dia.

As pessoas que ali estavam ficaram por demais comovidas com a dor daquele pai, que parecia ter endurecido e congelado o próprio coração, naquele instante tão difícil de sua vida.

A filha, que lhe era tão querida e amada, agora estava ali, sem vida, rosto disforme e pálido; ela, que era toda a sua alegria e orgulho, tinha partido.

Ele nunca mais veria o sorriso travesso naquele rosto, que parecia ter sido esculpido por um grande artista, sua meiguice misturada à timidez lhe emprestavam a graça que lhe ocasionara ser por todos muito querida, e que jamais voltaria a passear por aqueles verdes vales. O brilho dos olhos mais vivos que ele já tinha visto tinham-se apagado, só lhe restava a dor, o ódio e a revolta.

Pedro nunca mais foi o mesmo, tornando-se um homem obstinado, obcecado, endurecido pela dor, percorrendo os mais diversos lugares, por todas as paragens, em busca de uma pista, um sinal que fosse, que lhe mostrasse quem era o assassino de sua filha, fixando sempre a atenção na boca de todos os homens que encontrava, na esperança de ver que faltava um pedaço de lábio em alguma delas.

Vinha esporadicamente para casa a fim de rever o restante dos familiares, mas logo punha o pé na estrada novamente, na ânsia da descoberta, porém toda a sua busca foi em vão.

Ele jamais conseguiu encontrar qualquer sinal ou mesmo indício do homem a quem procurava, morrendo muitos anos depois e levando consigo a sede pela justiça, que quisera fazer com as próprias mãos, sem o conseguir.

capítulo
OITO

O passeio com Débora transcorreu sem grande entusiasmo por parte de Maurício que, por mais que se esforçasse, não estava se sentindo bem, nem física, nem emocionalmente. A única coisa que ficava martelando o tempo todo em sua cabeça era resolver a situação criada por ele mesmo.

No dia seguinte, na escola, viu Rogério, que o esperava encostado em uma parede próxima à sua sala, indo falar com ele.

– Oi, Rogério! Bom dia!

– Como é que é, garoto? Fiquei preocupado com você, saiu lá de casa fugido, sem se despedir de ninguém. O que houve?

– Não foi por nada, não, Rogério, mas nunca havia me drogado antes e, sinceramente falando, detestei a experiência. Estou me sentindo mal até hoje por ter feito o que fiz, pois não paro de me culpar.

– Mas que bobagem, meu amigo! Não aconteceu nenhuma tragédia, você está exagerando. Que mal pode haver em

81

curtir um pouco a vida de maneira mais intensa? Vai me dizer que não foi bom quando estava com a Valquíria? Qualquer um vai ao delírio quando está calibrado. Essa sensação não conta?

Maurício teve de reconhecer que tinha vivido o lado prazeroso da coisa, mas não iria deixar Rogério fazer sua cabeça novamente.

— Pode até ter sido bom em alguns momentos, mas eu não estou a fim de entrar nessa onda. Sei muito bem aonde isso pode me levar e não quero percorrer essa estrada. Tudo bem que foi uma experiência diferente das que eu já tinha vivido... valeu... mas estou fora. Não quero que me leve a mal, respeito seu modo de vida e do grupo, porém não vou voltar a participar.

Maurício sentiu-se bem depois de ter colocado o que pensava. Ia dizer que se afastaria, porém achou melhor e mais conveniente deixar as coisas do jeito que estavam.

Rogério, por sua vez, apesar de contrariado pela decisão de Maurício, também achou melhor deixar as coisas esfriarem, pois sabia que não era hora de insistir e nem mesmo de tentar mudar a opinião dele. Era astuto o suficiente para saber quando devia recuar. No momento certo, saberia como agir.

Aquele era o seu meio de vida, aprendera a ser paciente com algumas pessoas e sabia que insistir na hora errada poderia afugentar a presa, além do que, não queria que ele se afastasse do grupo.

— Espero que isso não vá interferir em nossa amizade — falou, por fim.

— Não, em absoluto! Gosto do grupo, acho que é formado por pessoas legais e... não tem nada a ver... o que estou dizendo é que, quando houver essas reuniões, não irei mais participar.

Era muita inocência de Maurício achar que poderia

conviver num grupo de pessoas viciadas sem fazer parte dele, na verdade, ele se julgava com força bastante para não atender aos apelos dos amigos ou, como diziam, não entrar na onda.

A vida voltou ao normal depois daquele episódio, ninguém tocava no assunto, e tudo foi dado por esquecido.

Mas Maurício, de vez em quando, não conseguia deixar de se lembrar, com certa saudade, do que viveu com Valquíria, naquela tarde, no apartamento de Rogério. Haviam sido momentos e sensações intensas demais para esquecer.

O que o deixava em dúvida era se a garota era mesmo sensacional ou se o fato de estarem drogados é que deu o brilho da coisa.

E, impensadamente, decidiu tirar isso a limpo.

Meio constrangido, procurou entrar no assunto com Rogério, uma vez que tinham estreitado os laços de amizade, tornando-se amigos inseparáveis, perguntando se ele tinha frequentemente contato com Valquíria, o que despertou a atenção do rapaz que, com seu ar malicioso, disparou:

– Ah! Pelo que vejo você não se esqueceu da farra daquela tarde!

– É... Não posso negar, aquela garota é muito fogosa!

– Se você quiser, posso lhe dar o número do telefone dela.

Era exatamente o que Maurício precisava.

– Para falar a verdade, quero sim.

Rogério, mais que depressa, anotou-o num pedaço de papel e, piscando maliciosamente, comentou:

– É isso aí, cara, vá em frente! A vida é muito curta, e devemos vivê-la intensamente!

Maurício, sorrindo e satisfeito, guardou o número do telefone. Iria marcar um encontro com a garota e tirar sua dúvida.

83

Mais uma vez estava se enroscando na teia criada por ele mesmo, instigado por Espíritos maledicentes, que ele mesmo atraíra com essa decisão. Buscando respostas para suas dúvidas, não imaginava a arapuca em que estava se metendo.

Rogério, que tinha grande interesse nisso, antecipou-se a Maurício, promovendo junto a Valquíria um encontro entre eles. Afinal, ela era sua cliente antiga e, por certo, gostaria do que ele iria lhe propor.

— Você vai receber um convite do Maurício para sair e gostaria que aceitasse. Em troca, forneço a droga para que vocês possam usar no dia. Só tem um problema: Maurício não quer mais saber de drogas, então você prepara antes uma bebida, já balanceada, para ele e, quando estiver bem embalado, você completa a dose, entendeu?

Valquíria era moça esperta e havia entendido perfeitamente o jogo de Rogério. Esta seria a maneira pela qual ele viciaria Maurício, que acabaria dependente e futuro comprador. Diante disso, ela resolveu também negociar.

— Bem, já que você está me pedindo, eu posso lhe "quebrar esse galho", mesmo porque, gostei do Maurício, só que eu quero mais algumas doses extras pelo favor. Afinal de contas, se estou entendendo bem, em breve, você terá mais um cliente consumidor.

Rogério avaliou rapidamente se dava para confiar nela, porém, com a sua experiência, sabia que ela, como todos que eram viciados, não tinha o menor escrúpulo em se tratando de conseguir a droga.

— Está bem, mas primeiro você faz o serviço, depois pode passar lá em casa para pegar o seu e me contar como foi.

Acertaram tudo, e Valquíria ficou esperando o telefonema de Maurício, o que ocorreu no mesmo dia. E combinaram de se encontrar naquela mesma noite em seu apartamento.

A jovem, que morava com mais duas garotas, estaria sozinha naquela noite, já que as outras duas teriam compromissos fora. E como tinha que preparar a bebida antes, preferiu que ele fosse ao seu apartamento, para que não desconfiasse de nada.

Na hora marcada, Maurício chegou. Estava um pouco nervoso, mas Valquíria, percebendo seu embaraço, tratou de deixá-lo à vontade.

– Fiquei feliz com o seu convite, pois gostei de você desde o primeiro momento em que o vi. Venha, você parece tenso, sente-se aqui que vou pegar uma bebida para nós.

– Acho que estou precisando mesmo – respondeu Maurício, meio constrangido. Sabe, passei o dia todo esperando por este momento, mas agora que estou aqui, sinto que não deveria estar fazendo isto. Não sei se você sabe, mas tenho namorada, estamos praticamente noivos, e sinto-me um canalha em estar me encontrando novamente com você.

Tinha jurado para mim mesmo que não mais aconteceria, mas, volta e meia, sua lembrança me vem forte e fico excitado só de me lembrar dos momentos que compartilhamos naquele dia, no apartamento do Rogério.

– Ah! Então, você quer repetir a dose? – perguntou Valquíria, com malícia na voz.

– Não exatamente. Não vim aqui para me drogar, e sim para ter aqueles momentos intensos de prazer que você me proporcionou.

Maurício não achou prudente continuar aquela conversa. O que queria era tirar logo a limpo o porquê de ter-se sentido atraído tão fortemente por aquela garota.

Valquíria lhe entregou a bebida, bebendo prazerosamente a sua.

– Venha, sente-se aqui e tome sua bebida, vai relaxá-lo. Vou colocar algo mais confortável e volto num minuto.

Quando Valquíria voltou, vestia uma minúscula lingerie

85

preta, e Maurício, que já havia tomado toda a sua bebida, começava a sentir os primeiros sinais dela.

Valquíria, então, o envolveu, e Maurício passou a sentir novamente a mesma excitação que experimentara da outra vez, deixando-se levar por ela.

Seu corpo chegava a ter formigamentos, estava enlouquecido por aquela garota. A sua inexperiência, misturada com uma grande ingenuidade, não o deixava perceber que tudo ali estava sendo manipulado e que a própria bebida continha estimulantes muito potentes.

Quando Valquíria, que também estava embalada, notou que Maurício estava no ponto, e que sua excitação já estava alta o bastante para não deixá-lo mais raciocinar com ponderação, pegou uma seringa anteriormente preparada, amarrou seu braço com firmeza e, sem vacilar, picou-o, sem que ele sequer reagisse, fazendo, em seguida, o mesmo em si própria.

Passado o primeiro efeito que a droga provocava, entregaram-se àquele momento, numa viagem alucinante e louca.

Uma viagem que, para uma grande maioria, é somente de ida, sem volta, e Maurício estava ingressando nesse caminho, sem pensar nas consequências funestas que essa atitude impensada e irresponsável lhe acarretaria, não fazendo ideia dos sofrimentos e dissabores que viria a experimentar.

Ao final de tudo, teve a mesma sensação de vazio e angústia.

Agora, tinha certeza de que tudo não passava de ilusão e fantasia, a garota nada tinha de excepcional e o que havia acontecido era que, uma vez drogado, ele apresentava facilidade em se expressar, soltando-se por completo, coisa que, no seu estado normal, não acontecia. Apesar de ser uma pessoa extrovertida, até por sua pouca experiência, sentia-se travado.

Uma vez liberto de suas amarras, com o estímulo da droga, extravasava desejos íntimos e secretos, que ficavam contidos.

Passado pouco tempo, Maurício sentiu enorme vontade de ir embora dali e nunca mais retornar, pois já obtivera a resposta para o que ele tinha vindo saber.

E passou a sentir enorme remorso ao se lembrar de Débora; o peso da culpa começara a lhe corroer a alma.

"Devo estar ficando louco, como posso estar fazendo isso com ela?"

"O que está acontecendo comigo?"

"Estou me transformando num farsante mentiroso e canalha e a impressão que tenho é de que ainda irei me arrastar para isso, sem que eu consiga ter forças para deter."

"Que força é esta que está me tirando do caminho do bem e fazendo-me enveredar pelo caminho do mal?"

"Preciso ser forte e reagir a isto, antes que seja tarde demais."

Deu, então, uma desculpa qualquer e foi embora da casa de Valquíria, que ficou sem entender a reação dele.

"Esse cara parece maluco, chega todo afoito aqui em casa, fica numa boa comigo e, de repente, muda de comportamento, nem parece a mesma pessoa!"

O que Valquíria não podia entender era que Maurício estava vivendo uma dualidade, um conflito muito grande dentro de si, pois o lado sensato, ponderado e responsável que sempre teve dizia-lhe para sair daquela situação estúpida em que tinha entrado.

Por outro lado, parecia que alguém lhe soprava ao ouvido que fosse em frente, que seria ótimo viver e experimentar novas sensações e emoções, e que aquilo sim era viver.

Sem se dar conta, Maurício já estava sendo envolvido por Espíritos levianos, que se compraziam e sugavam dele as coisas que ele estava experimentando, deixando-o confuso.

Na verdade, o que eles queriam era isso mesmo: deixá-lo confuso o bastante para poder, com o tempo, dominar-lhe totalmente a mente e, consequentemente, sua vontade.

Por sua vez, tão logo Valquíria se viu sozinha, tomou um banho rápido e saiu, dirigindo-se até a casa de Rogério.

Lá chegando, mais que depressa, Rogério levou-a até seu quarto a fim de que ela lhe contasse como tinha sido.

– Como foi com Maurício?

A moça meneou a cabeça em desaprovação.

– Esse seu amigo deve ser meio maluco. Chegou em casa no horário combinado, todo nervoso, fiz tudo como havíamos combinado, e nem chiou quando eu o piquei. Estava muito louco para ter noção de qualquer coisa naquela hora. Eu acho que ele está se fazendo de rogado, nessa de não querer se drogar, porque... Você acha que uma pessoa que não quer, como ele mesmo me falou, aceita tudo, passivamente? Eu não acredito nisso, não. Bem... fiz tudo direitinho e agora quero receber minha parte no combinado.

Rogério, bastante satisfeito, foi até seu armário, fez um pequenino embrulho e entregou-o a ela.

– Aqui está o que combinamos. Espero que você tenha feito tudo certo mesmo.

– Pois pode ter certeza. Eu duvido que ele pare por aí e, se precisar de mim para mais um serviço, estou às ordens.

– Está certo, se precisar eu a chamo. Agora vá.

Assim que Valquíria saiu, Rogério não conteve a alegria por saber que tudo estava correndo como ele queria e, depois de esperar um pouco, ligou para a casa de Maurício. Já era tarde, mas precisava falar com ele para saber se tinha corrido tudo bem mesmo.

Foi o próprio Maurício quem atendeu.

– E aí, cara, como foi lá com a Valquíria?

– Foi tudo bem, Rogério.

Na verdade, Maurício não tinha a menor intenção de comentar sobre esse assunto com o rapaz, porém, com a insistência do amigo, acabou por falar, deixando transparecer grande desapontamento.

– Não foi tudo aquilo que pensei e acho que eu fantasiei muito sobre ela.

Rogério sabia muito bem aonde queria chegar, assim como sabia como tudo acontecera, pois ele próprio já havia trilhado esse caminho e pretendia poupar Maurício de tantas reflexões inúteis.

– Sabe, cara, eu também já passei por isso, é assim mesmo. No começo, a gente pensa que as pessoas que estão ao nosso lado é que são diferentes quando, na verdade, a mudança só acontece dentro de nós e acabamos por projetar isso nos outros. Com o tempo, vai perceber isso melhor. O bom da coisa é você viver sua experiência e tirar o melhor proveito dela.

Maurício sabia aonde Rogério queria chegar.

– Não, Rogério, para mim já está bom. Eu só queria tirar uma dúvida e já tirei. Daqui para a frente, quero continuar no meu ritmo, no qual sempre me dei bem. Não estou a fim de ficar me encucando, pois esse caminho é perigoso demais. Depois que estamos dentro, imagino ser muito difícil de sair. Eu, pelo menos, já percebi que, depois que me embalo, não tenho forças para resistir.

Rogério exultou ao ouvir isso e pensou:

"Esse garoto está no papo!"

– Está bem, Maurício, você é quem sabe. Sou seu amigo e vou respeitar seu ponto de vista.

Maurício não se deu conta de que Rogério só queria

89

ganhar tempo para não assustá-lo, porém sua ideia sobre como agir com ele já estava traçada em sua mente.

– Até amanhã, então. Nos vemos na escola, está bem?

– Está certo.

– Tchau, e boa-noite.

Maurício ainda estava desassossegado demais para dormir, seus pensamentos estavam revoltos, sentia-se perturbado demais e queria poder conversar abertamente com Débora para lhe contar tudo. Mas como fazer isso sem magoá-la?

Confiava nela, tinham total liberdade um com o outro, mas ela não iria entender a sua traição, nem tampouco que ele havia experimentado, já por duas vezes, o uso de drogas.

E era aí que a coisa o estava apertando, pois, da primeira vez, ele fora pego de surpresa, mas, da segunda, tinha total consciência do que iria acontecer e, mesmo assim, deixou que Valquíria prosseguisse, sem nada fazer para impedi-la.

Com isso, concluía que gostara da experiência a ponto de querer repeti-la, e isso o estava martirizando, corroendo-o por dentro.

Aonde tinham ido parar todos os seus valores e princípios morais sobre tais assuntos?

Ele sempre se mantivera longe desse tipo de gente, afastando-se quando percebia algo estranho no grupo, mas, desta vez, não teve vontade nem força suficiente para tanto, ao contrário, acabou por provocar um segundo encontro que, no fundo, ele mesmo sabia que a garota tinha sido somente uma desculpa. Agora, ali refletindo sobre o que acontecera, ele mesmo chegara à conclusão de que não era tão inocente quanto estava parecendo ser aos olhos dos outros, só não estava querendo admitir que gostara da experiência a ponto de repeti-la.

Resolveu não mais pensar no assunto, não iria comentar nada com Débora e daria o caso por encerrado.

capítulo
NOVE

Na Universidade, as coisas já não iam tão bem quanto antes, Maurício começou a ficar disperso em aula, perdendo tópicos importantes e fazendo com que seu rendimento caísse muito.

E fora de aula, andando com o mesmo grupo, não falavam mais sobre assuntos referentes às matérias, como antes; os assuntos passaram a ser os mais diversos, principalmente a troca de experiências vividas por um e outro, com relação às drogas.

Cada um já tinha experimentado algo diferente e acabava por passar ao outro a informação de como tinha sido, deixando-os curiosos e aguçados para experimentarem também.

Maurício já não era a mesma pessoa, e Débora foi a primeira a notar a mudança, chegando a perceber que ele já não tinha o mesmo interesse por ela.

Vivia inventando desculpas para não saírem, estava sempre ocupado, fazendo trabalhos com os colegas da Universidade e, quando estavam juntos, não havia mais aquele clima de romance e cumplicidade entre eles. Maurício esfriara.

Débora tentou, por diversas vezes, entrar no assunto com ele, falar do que a estava incomodando, porém era logo cortada por Maurício, que agora vivia agitado e nervoso, preocupando-a ainda mais. Tanto, que ela insistiu:

– Maurício, o que está acontecendo? Você anda tão estranho; ultimamente, quase não nos falamos mais, parece estar sempre agitado, nervoso, irritado. O que está acontecendo? Diga-me, nós sempre confiamos um no outro. Está com algum problema? Não quer me contar?

– Pare com isso, Débora, não tem nada de errado comigo. Você é que passou a pegar no meu pé de uns tempos para cá.

– Isso não é verdade. Venho observando-o há algum tempo e sei que está mentindo para mim. Seu comportamento mudou muito, e eu acho que tenho o direito de saber o que está se passando com meu namorado, afinal, estamos quase noivos... Não podemos ter segredos um para com o outro, além do que, você sempre fez questão de me colocar a par de tudo o que acontece em sua vida. A não ser que esteja querendo romper nosso namoro... É isso?

Nesse momento, Maurício levou um choque, pois ele a amava e não queria perdê-la por nada deste mundo, mas não podia lhe contar sobre o que estava fazendo, afinal, tinha certeza de que ela não iria entender.

Tinha se metido nessa enrascada sozinho e teria de sair sozinho também.

– Nem pense numa bobagem dessas, eu a amo mais do que tudo na vida e não saberia viver sem você. Ando meio nervoso ultimamente e deve ser por sobrecarga de estudo – tentou justificar-se.

Mas Débora não era tola e sabia que isso era desculpa. Algo estava acontecendo, e ela iria descobrir.

Se Maurício estivesse com algum problema que não estava querendo revelar, só poderia ser coisa muito séria e grave, e ela não ficaria de braços cruzados esperando as coisas acontecerem. E foi o que fez, começando a vigiar os passos dele, seguindo-o mais de perto.

Chegou a conversar com os pais de Maurício sobre a sua possível mudança, sem deixar que percebessem sua verdadeira intenção, além de ter tido o cuidado de não lhes despertar a curiosidade, caso não tivessem percebido nada.

Mas nenhum dos dois foi capaz de dizer algo de concreto, nem haviam notado qualquer mudança no filho. Vivia cada um em seu mundo, tão absorvidos pelos próprios interesses que não notaram a agitação ou, até mesmo, certa agressividade por parte do filho.

O que não era de se admirar, já que entre eles não havia mesmo um bom intercâmbio, um bate-papo informal, uma troca de ideias. A única coisa que preocupava os pais de Maurício era não deixar faltar nada que fosse para o bem-estar dele: roupas, manutenção do automóvel, dinheiro para as suas necessidades.

Diálogo era algo que não existia naquela casa. Apesar de os pais do jovem serem pessoas boas, generosas, era pouca a preocupação com o filho e até por confiarem muito nele, que sempre fora um moço comportado e responsável, que nunca lhes dera trabalho, acreditavam que a idade de maior perigo já havia passado. Na verdade, o excesso de confiança fora o grande equívoco de dona Eunice e de seu Jordão, que nem sequer imaginavam a dor e o sofrimento que os aguardavam.

E como Maurício não queria preocupá-los e muito menos estimular qualquer tipo de questionamento, afastou-se ainda mais deles.

93

Quando estava em casa, passava a maior parte do tempo em seu quarto, alegando cansaço ou qualquer tipo de atividade da Universidade, no que era totalmente respeitado pelos pais, que detinham cega confiança nele e que jamais poderiam supor que estivesse envolvido com um grupo de viciados, já que as poucas vezes que assuntos desse tipo foram conversados, superficialmente, no passado, ainda em sua adolescência, ele sempre se mostrara avesso a isso, tendo uma opinião muito clara a respeito.

Débora continuava observando-o e ficou muito intrigada ao ver que ele estava "matando aula" junto com outros alunos.

Um deles era Rogério, que ela conhecia de vista, os outros lhe eram estranhos e conversavam animadamente num canto do prédio onde Maurício fazia o curso.

Preferiu não se aproximar, nem deixar que eles a vissem. De qualquer forma, sentiu algo de ruim ali.

Maurício, que sempre fora tão assíduo aos estudos, sentado ali no chão, em pleno horário de aula, com certeza deveria saber se estava tendo alguma aula vaga, por qualquer problema interno.

Dirigiu-se à secretaria do prédio e foi informada de que estava tendo aula normalmente, o que a deixou furiosa e ainda mais preocupada.

– Será que Maurício estaria envolvido com más companhias?

Ela nada sabia a respeito de seus amigos, já que ele evitava falar sobre eles, e começou, então, a questioná-lo nesse sentido, o que o deixou enfurecido.

– Por que essa preocupação agora em saber quem são meus amigos? É um grupo ótimo, gosto dele, e isso basta. Vamos mudar de assunto, tá bom?!

Esse comportamento a deixou mais incitada a descobrir o que estava por detrás daquilo tudo.

No dia seguinte ao que estivera na Universidade, Maurício veio novamente com nova desculpa, a de que não iriam se encontrar no sábado, pois teria de participar de uma pesquisa.

Débora tentou arrancar mais alguma informação, mas o máximo que conseguiu foi saber que seria na casa de Rogério. E estranhou, pois Rogério não cursava Medicina.

Resolveu, então, seguir Maurício para tentar descobrir alguma coisa, mas o que viu, logo que ele desceu do carro e dirigiu-se para a porta do prédio, deixou-a estarrecida.

Ela viu que, quando ele estacionou, uma garota que estava entrando no prédio parou, como se estivesse esperando-o. Isso lhe chamou a atenção e, logo a seguir, viu Maurício abraçar e beijar demoradamente a jovem, sem a menor preocupação com os que estavam passando.

Seu coração parecia querer saltar do peito, e lágrimas desciam pelo seu rosto sem que ela nada fizesse para conter o pranto.

– Então, é isso? Ele vem se encontrar com essa sujeita aqui. O que mais deve estar acontecendo entre eles?!

As perguntas misturavam-se dentro de sua cabeça, tumultuando sua mente e angustiando-a ainda mais.

Iria tirar tudo a limpo, mas precisava acalmar-se primeiro.

Ficou ali, dentro de seu carro, vendo os dois entrarem no prédio, abraçados e felizes. Não demorou muito, e outros dois, que ela já havia visto junto com ele, também subiram.

Ela iria dar um tempo e depois subiria também, pois queria pegar Maurício em flagrante.

"Isso não vai ficar assim, quem ele pensa que eu sou?

Como pode me trair dessa maneira? Há quanto tempo isso vem acontecendo? Meu Deus, dai-me forças para suportar esta dor que está que me rasgando o peito."

E continuou a conjecturar:

"Como Maurício tem coragem de sair com um tipo tão vulgar como essa garota? Nós sempre nos demos tão bem... ele não pode nem alegar que está saindo com ela para se satisfazer sexualmente, já que temos tido intimidades há tanto tempo. Por que isso agora?"

A revolta, o ciúme e a decepção tomavam conta do coração de Débora que, aos poucos, foi procurando se acalmar para ter condições de subir até o apartamento onde estavam.

Ficou ali no carro sem nenhuma noção de tempo. Sua mente era um turbilhão de cenas que se formavam e se misturavam umas às outras e, por mais que se esforçasse, não conseguia conter as lágrimas que teimavam em descer-lhe pela face.

Tentava se preparar para o que iria encontrar naquele apartamento, mas sabia que seria penoso demais encontrar Maurício nos braços de outra mulher. Mesmo assim, encheu-se de coragem e entrou no prédio. Perguntando ao porteiro qual era o apartamento de Rogério, subiu até lá e tocou a campainha.

Escutou música e risos lá dentro, mas ninguém veio abrir a porta. Insistiu novamente, demorando-se com a mão na campainha e, desta vez, a porta foi entreaberta, e outra garota, que ela ainda não tinha visto, perguntou-lhe:

– Deseja algo?

Sem responder, Débora entrou no apartamento sem dar tempo para que a garota reagisse à sua atitude intempestiva, mesmo porque, a jovem estava tão drogada, que nem deu importância a Débora, voltando à sua dança.

O que viu a seguir foi como se um raio a tivesse atingido.

As pessoas ali se encontravam, algumas nuas, outras seminuas, umas bebendo, outras dançando e, logo mais adiante, deitados num canto da sala, estavam Maurício e a garota que ela vira subir com ele.

Débora caminhou com passos firmes até eles, sem que se dessem conta de sua chegada. Olhos crispados pela raiva, ela observou os dois, nus, a trocarem carícias e beijos ardentes. E precisou chamar por Maurício uma, duas vezes, até que ele a escutasse.

Sem entender bem o que estava acontecendo, o rapaz, ao vê-la, deu um salto do chão, procurando a roupa que estava jogada em algum canto da sala.

— Débora, o que faz aqui?!

— Eu é que lhe pergunto. É esta a pesquisa que você sempre diz fazer?!

Nesse momento, Rogério, que já tinha percebido a presença de Débora, veio em socorro do amigo.

— Débora, como está você? — perguntou, tentando conter os ânimos ali.

— Como eu deveria estar, seu canalha, depois de encontrar meu namorado nesse estado deplorável, num antro como a sua casa?

— Veja lá como fala, menina, você está dentro da minha casa — irritou-se Rogério.

Maurício, que já tinha se vestido, pegou Débora pelo braço, dizendo:

— Deixe que eu resolva isso, Rogério. Ela veio atrás de mim. Vamos descer, Débora. Lá fora, eu lhe explico tudo.

— Explicar o que, seu pilantra? — gritou Débora, tirando, com violência, as mãos de Maurício de seu braço. Vou sair

97

daqui, sim, antes que eu vomite aqui dentro! Vocês me dão nojo! Bando de pervertidos! Drogados!

Rogério fez menção de avançar sobre ela, mas foi contido por um rapaz que estava ao seu lado. Os outros continuavam, cada um na sua, sem se darem conta do que estava se passando naquele canto da sala.

Débora saiu correndo dali e Maurício foi atrás dela.

– Espere, Débora, precisamos conversar.

– Eu não tenho mais nada para falar com você, Maurício! O que vi aqui hoje foi forte demais para mim!

O rapaz estava aturdido com tudo aquilo. O fato de ter sido pego de surpresa por Débora era a última coisa na vida que ele poderia supor que aconteceria. Tinha de buscar uma maneira de tentar consertar aquilo.

– Se você veio até aqui é porque tem interesse em mim, pois então, deixe-me explicar tudo a você.

– Explicar o que, Maurício?! Que você é um drogado e que mentiu este tempo todo para mim, em troca de algumas horas de orgia com esse bando de viciados?!

O que você quer que eu entenda?! Que prefere estar aqui nesta pocilga, embriagando-se e drogando-se com aquela vadia, enquanto eu estou em casa lhe esperando?

Não, Maurício, você foi longe demais. Eu nunca poderia imaginar que, um dia, tudo acabasse assim, logo você que sempre foi um cara tão correto e leal, tão certo do que queria na vida e, de repente, descubro que tudo não passou de um amontoado de mentiras.

Onde está aquele cara cheio de vida, alegre, bem-disposto, falante e encantador que eu conheci e por quem me apaixonei?

Sim, porque este que está aqui na minha frente não é o

mesmo homem! O que vejo aqui é um cara destruído, acabado, drogado e alcoolizado, com uma aparência péssima que chega a causar repulsa! Você se transformou num... num rato!

Débora estava descontrolada e chorava muito. A vontade que tinha era de avançar sobre ele e despejar-lhe todo o seu ódio e ressentimento, mas preferiu engolir o resto das palavras que gostaria de dizer e seguiu até o seu carro.

Maurício estava arrasado, pois não tinha o que argumentar, afinal, ela tinha toda razão, e ele tinha sido um crápula mesmo, enganando-a daquele jeito.

Mesmo assim, correu atrás dela, que lhe lançou um olhar de profundo desprezo, dizendo:

– Nunca mais me procure! O que você me fez não tem justificativa, nem perdão. O que mais me dói é saber que eu confiei, que apostei minha vida em você. Tinha a maior admiração, o maior orgulho de ser sua namorada. Fizemos tantos planos juntos, desenhamos tantas vezes nossos castelos de sonhos e, agora, veja a que tudo foi reduzido.

Acabou, Maurício, o nosso sonho morreu! Você o destruiu com a sua leviandade e com suas mentiras! Eu não quero nunca mais ter de olhar para você, pois cada vez que isso acontecer, eu não irei ter este ódio que estou sentindo agora, mas, sim, pena de ver que um cara tão legal, tão íntegro, transformou-se nesse lixo humano, que foi o que você se tornou.

Débora entrou no carro e partiu, deixando o rapaz mais arrasado que nunca. As lágrimas brotavam de seus olhos, numa dor que vinha do fundo de sua alma, e sentou-se na calçada, soluçando, mãos no rosto, tentando esconder sua vergonha.

capítulo
DEZ

"Como eu pude ser tão canalha? Como pude deixar que as coisas chegassem a esse ponto? E agora, o que vai ser de mim? Perdi a mulher que eu amo, e ela nunca vai me perdoar pelo que fiz. Tornei-me um verme desgraçado. Aonde foram parar os meus sonhos, meus ideais, meus objetivos? Perdi-me neste lamaçal, neste caminho escuro, e agora não acho a saída do túnel, não consigo enxergar uma luz sequer."

O desespero tomou conta dele, pois, depois de tudo que havia acontecido, seria muito difícil retomar sua vida e reconquistar Débora.

Subiu de volta ao apartamento, apanhou suas coisas, saiu sem dizer nada a ninguém e dirigiu seu carro em direção ao seu refúgio, para onde se dirigia todas as vezes em que se encontrava aflito e angustiado.

Ao chegar lá, percebeu que Débora estava sentada perto do lago, encolhida e chorando. Aproximou-se e, sem dizer nada, sentou-se ao seu lado.

Ficaram assim por um longo tempo, e foi Maurício quem rompeu o silêncio.

— Sei que você tem todos os motivos do mundo para não querer me ver nem pintado de ouro na sua frente, mas deixe-me, pelo menos, dizer o que estou sentindo. Sei que isso vai fazer bem para nós dois.

Débora continuou impassível, e Maurício prosseguiu:

— As coisas vão acontecendo na vida da gente de uma forma tão rápida, às vezes, que nem sequer nos damos conta do que estamos fazendo com a própria vida, com as pessoas que estão ao nosso lado.

Você tem razão em me dizer tudo o que disse e reconheço meus erros. Muitas vezes quis lhe contar o que estava se passando comigo, mas tive medo de que não entendesse e me deixasse.

Eu a amo muito, você é a única coisa boa que tenho e não quero perdê-la. Fui um egoísta em deixar as coisas tomarem o rumo que tomaram, mas não tive forças para evitar esse caminho tortuoso que tomei.

A princípio, foi só uma brincadeira, uma molecagem mesmo, mas acabei me envolvendo com as drogas e não estou conseguindo mais me libertar delas. Sou um viciado, como você falou há pouco, tornei-me um libertino, meti-me com gente da pior espécie, eu sei.

Hoje, quando a vi em pé diante de mim, pude perceber que distância enorme existe entre nós. Na verdade, eu me afastei do bom caminho, tomei outro rumo e agora me dou conta disso. É até difícil para mim olhar para você, pois me sinto um sujeito baixo demais, sujo e nojento para sequer estar ao seu lado.

Você sempre foi boa para mim, dedicou-me o melhor de si, e eu, na minha mesquinhez estúpida, no meu egoísmo tolo, achando que estava vivendo uma grande experiência, não me dei conta de quanta coisa boa eu estava perdendo, entrando nesse mundo cruel, podre, hostil e solitário.

101

Sei que tudo isso não passa de uma ilusão barata, que não me levou a lugar nenhum, só trouxe-me amargura, dor e infelicidade. Sofro muito, pode acreditar, pois já tentei me libertar do vício, e não consigo. Sinto que estou doente e já pensei até em procurar a ajuda de um terapeuta para ver se consigo sair dessa, mas não quero que meus pais saibam o que está acontecendo. Isso acabaria com eles.

Débora, ajude-me, eu lhe peço, por favor! Eu a amo e não posso viver sem você. Agora que sabe de tudo, dê-me uma força. Sei que também me ama, apesar de tudo que aprontei, mas creia que, em nenhum momento, deixei de lhe querer, só não tinha coragem de abrir o jogo, pois sabia que isso a magoaria muito.

Sozinho, sei que não tenho forças para sair do inferno em que entrei, mas com a sua ajuda, com o seu amor, com o seu apoio, tenho fé em Deus que poderei vencer esta batalha. Sinto-me um perdido hoje, mas confio que, se estiver do meu lado, encontrarei o caminho de volta.

Débora, ouvindo tudo aquilo, comoveu-se e, mesmo estando muito ferida por dentro, sentiu que não poderia deixá-lo à mercê da própria sorte.

Olhando para ele, Débora disse:

— Tenho muito medo do que possa vir a lhe acontecer daqui para a frente e não tenho a menor noção de como eu poderia ajudá-lo, pois não entendo nada sobre droga. Acho que o melhor caminho seria você procurar a ajuda de um profissional nessa área, uma clínica talvez, assim como penso que não deveria esconder de seus pais o que está acontecendo. Sei que eles também o ajudarão. Poderão levar um duro golpe, assim como eu levei, mas eles o amam muito e jamais o abandonariam numa hora triste e difícil como esta. Se quiser, posso ir até lá com você e conversaremos com eles.

Maurício contestou:

— Não posso fazer isso! Seria horrível ter de encará-los e contar-lhes a verdade.

— Maurício, não entendo você. Quer ajuda, mas não confia nas pessoas.

— Não se trata de não confiar. Eu não quero magoá-los, já chega o que fiz com você. Não imagina como estou me sentindo.

— Está bem, o que pretende fazer, então?

— Vou procurar ajuda de um profissional.

— E como vai fazer para pagar? Esse tipo de tratamento deve sair caro!

— Tenho algumas reservas guardadas. Andei vendendo alguns pertences meus, e não gastei todo o dinheiro.

— É com esse dinheiro que você tem se mantido nas drogas?

— Sim. Meus pais, há tempos, chamaram-me para uma conversa, alegando que eu estava gastando demais e queriam saber com o que eu vinha gastando tanto. Desviei o assunto e ficou por isso mesmo. E para não continuar pedindo dinheiro a todo o momento, vendi meu caiaque, minha bicicleta, minha prancha de surfe e mais alguns badulaques.

Além disso, tenho algum dinheiro guardado no banco, que meus pais colocam para mim todo mês. É uma garantia, como dizem eles, no caso de um dia faltarem, e eu não ficar sem nenhum amparo.

— Mas eles irão perceber que está retirando dinheiro dessa conta.

— Não tem perigo, pois sou eu que vou depositar todo mês e o controle dessa conta fica comigo. Eles sabem que eu jamais tirei um centavo sequer dela. Mas agora acredito ser uma emergência e sei que será por uma boa causa. Você vai me ajudar, Débora?

— Vou, Maurício, mas como sua amiga, pois não quero mais me envolver emocionalmente com você. Não que eu tenha deixado de amá-lo, não é isso, mas sei que quanto mais envolvida estiver, mais difícil será para mim tudo isso.

Débora estava magoada demais, o coração em pedaços, uma desilusão misturada à perda de alguém que ela tinha como seu e que lhe abalara todas as suas estruturas emocionais.

Ver no que Maurício tinha se transformado lhe dava profunda tristeza. Ela sabia que, mesmo que ele se recuperasse, nunca mais seria a mesma coisa, pois alguma coisa muito forte dentro dela havia se rompido e se quebrado. Nem mesmo ela sabia definir o que era.

A sensação que experimentava agora a deixava sem ação. De repente, todos os seus planos tinham ido por água abaixo, perderam o sentido, mas mesmo assim tinha que buscar forças em algum lugar para tentar ajudá-lo. Não iria lhe virar as costas num momento como este, mesmo porque, seu amor não tinha se acabado.

Para ele, nada podia doer mais do que a distância imposta por Débora, e ela tinha razão, sabia disso. Como querer que, depois de tudo, ela simplesmente estivesse de braços abertos à sua espera? Impossível!

Ficaram ali por mais algum tempo onde, tantas vezes, aquele mesmo cenário servira de pano de fundo para coroar o amor dos dois. Hoje, estabelecia-se entre eles uma muralha enorme, quase que intransponível.

De repente, não tinham mais assunto para conversar e um mal-estar se estabeleceu entre os dois. Débora, então, levantou-se, dizendo:

— É melhor eu voltar para casa, pois já faz horas que estou fora, e meus pais devem estar preocupados comigo.

— Eu vou até lá com você.

– Não, obrigada, prefiro ir sozinha.

Maurício ia retrucar, porém achou melhor não forçar nada.

– Posso lhe telefonar mais tarde?

– Hoje, gostaria de ficar quieta em meu canto. Preciso refazer-me de tudo isso. Dê-me alguns dias para que eu possa digerir tudo o que aconteceu, depois eu ligo, está bem? Enquanto isso, busque ajuda profissional, se é que você quer mesmo sair dessa vida.

E Maurício nada podia fazer senão aguardar.

– Pode deixar que vou me cuidar, e esperar ansioso pelo seu telefonema.

– Tchau, Maurício.

– Até logo mais, Débora, e, mais uma vez, tente me perdoar, por favor, eu a amo!

Débora parecia estar anestesiada ou, talvez, em estado de choque pelo baque que acabara de levar, e ouvir Maurício dizer que a amava soava-lhe como algo distante e estranho.

Chegando em casa, dona Sofia foi quem primeiro notou o abatimento de Débora.

– Filha de Deus! O que aconteceu?! Já estávamos preocupados com a sua demora.

Débora deixou-se cair exausta no sofá, não contendo o choro que novamente lhe brotava dos olhos.

– Fale de uma vez! Por que está chorando? Você brigou com Maurício?

Como ela poderia lhes contar a verdade? Eles jamais iriam entender o que acontecera. Assim, levantou-se, dizendo:

– Preciso ficar sozinha, mãe, depois a gente conversa, está bem?

– Mas você não está bem, filha, pelo menos, diga-nos o que houve!

– Outra hora, mãe, a senhora vai estar me ajudando muito se não me fizer nenhuma pergunta por ora.

Dona Sofia olhou para o marido, que estava sentado no sofá, como que a lhe pedir que dissesse algo.

– Está bem, filha – falou o pai –, se você se sente melhor assim, não faremos nenhuma pergunta. Quando quiser conversar, sabe que pode contar conosco.

– Obrigada, pai.

Débora pegou sua bolsa e foi para o quarto, onde pôde, enfim, dar vazão a tudo o que estava sentindo.

Chorou, esmurrou o travesseiro, jogou os bichos de estimação, que tinha ganhado dele, no chão, procurando extravasar sua dor e o ressentimento.

Era insuportável a ideia de que tudo tinha se acabado. Ela não aceitava a fraqueza de Maurício e odiava-o por isso, porém o amor que sentia continuava latejando dentro de si. Como conviver com essa dualidade de sentimentos: o ódio e o amor?

Sabemos que esses dois sentimentos andam muito próximos um do outro, e que um pode se sobrepor, dependendo da situação, porém, quando se consegue sublimar o amor e encarar o próximo como um ser humano passível de erros, o amor pode vencer.

E é nessa hora que podemos exercitar nossa benevolência e magnitude, em vez de colocarmos o dedo em riste e acusar o ser humano pelos seus enganos e equívocos, ajudando-o independentemente do que ele tenha nos feito passar.

Não importa o grau de ligação afetiva que possamos ter com ele. Nessa hora, devemos servir de porto seguro no meio desse mar agitado e revolto, transformar a raiva, a mágoa e o rancor em sentimentos de perdão e carinho, envolvendo aquela criatura que, por uma série de circunstâncias, acabou desequilibrando-se, vindo a fraquejar em sua jornada, já que não temos o direito de julgá-la. Sabemos que todo ser, quando reencarna, traz consigo toda a bagagem de escolhas pelas quais entende estar apto a viver, haja vista acreditar que terá forças para suportar suas provas e expiações, o que nem sempre acontece.

Quando ocorre a reencarnação, esquecemo-nos de tudo o que pedimos e aceitamos passar nesta atual vida. Temos o nosso livre-arbítrio, mas nem sempre conseguimos passar pelas provas e superá-las. Sabemos que pode existir toda uma trama envolvendo diversas pessoas, às quais, em outras vidas, provocamos dor e sofrimento, ou fomos desleais, infiéis, ou lhes destruímos lares e famílias inteiras, etc. Cientes disso, pedimos para retornar ao plano terreno, junto a estas pessoas, para superarmos as diferenças, perdoando ou sendo perdoados, procurando aparar nossas arestas e lidando com as diferenças. Mas, no meio de nossa jornada, muitos de nós, influenciados por Espíritos das trevas, os quais, em muitos dos casos, foram nossos inimigos do passado, fraquejamos, vindo a fracassar. Isso faz com que essa pessoa, hoje reencarnada, sinta-se oprimida, desgastada, enfraquecida, deprimida e sem vontade de lutar, com dificuldade em buscar ajuda, seja espiritual, seja terapêutica.

Por isso, devemos estar sempre vigilantes, mesmo que de início seja difícil. Darmos o nosso apoio e atenção nessa hora pode ser de vital importância, podendo até salvar a vida de uma ou mais pessoas.

Isso não quer dizer que a pessoa, recolocada no caminho do bem, não possa querer dar outro curso à sua vida, pois ninguém tem amarras que o prendam eternamente.

Quando se leva um duro golpe de alguém, a quem amamos muito, e conseguimos superar a dor e o ressentimento, em busca de uma solução benéfica para o problema enfrentado, tudo se torna mais ameno e regenerador.

O certo é poder olhar, com boa vontade, para aquele que o feriu e dizer, do fundo de seu coração: eu o perdoo pelo que me fez e sigo o meu caminho ajudando-o de coração aberto, porque, juntos, poderemos encontrar a melhor saída para o seu problema.

Ser generoso e indulgente para com o outro, como gostaríamos que assim agissem conosco, caso a situação fosse inversa, é de suma importância.

Isso é ser caridoso, é amar ao próximo sobre todas as coisas e circunstâncias e, com isso, elevar-se e amadurecer cada vez mais, tornando-se um ser mais forte, capaz de superar qualquer obstáculo, já que se forma, ao redor, um campo magnético, uma energia de amor e positivismo tão poderosos, que se é capaz de atrair Espíritos elevados e muito iluminados, que levam o bálsamo à dor e luz esclarecedora e reparadora ao sofrimento vivido, trazendo assim a regeneração.

Devemos crer que cada vez que estendermos a mão amiga e generosa a um irmão, não tendo a pretensão de julgá-lo e nem tampouco criticá-lo pelas suas ações, as bênçãos de Deus se derramam sobre nós, iluminando-nos, amparando-nos e sustentando-nos nos infortúnios e pesares, dando-nos força e coragem em nosso caminhar.

Os dias foram se passando, Débora sentia-se deprimida, angustiada, e tinha vontade de procurar Maurício, porém, com o orgulho ferido, estando muito magoada, foi deixando o tempo passar. Seus pais logo perceberam que o problema era mesmo com o rapaz, já que fazia uma semana que ele não telefonava, nem aparecia na casa.

Débora sentiu-se, então, na obrigação de dar uma satisfação aos pais, alegando que havia rompido por divergências entre ela e Maurício.

Não entrou em detalhes, e todos foram discretos o suficiente para aceitarem sua explicação, sem maiores comentários.

capítulo
ONZE

Já na casa de Maurício, ninguém sabia do sucedido e, como Débora não vinha com tanta frequência em sua casa, daria para ele tentar uma reconciliação com ela, sem ter que dar maiores explicações aos pais.

O jovem estava muito tenso, angustiado e extremamente agitado. Estava sem o uso de drogas há alguns dias, isso o estava deixando maluco e ele começava a ter crises de abstinência, já não conseguindo levar uma vida normal. Quando não aguentava mais, acabava tomando comprimidos misturados a bebidas para driblar as crises, mas sabia que isto não daria certo e teria que buscar ajuda profissional se quisesse recuperar-se.

Pela primeira vez, os pais notaram que havia algo de estranho com ele e resolveram conversar.

Dona Eunice, notando que Maurício não estava indo para a Universidade, começou a se preocupar com ele, que também não estava se alimentando direito e, quando dormia, tinha o sono muito agitado. Além disso, também perceberam um tremor em suas mãos, que não tinham visto antes.

— Filho, o que está acontecendo? Acho melhor irmos ao médico, estou muito preocupada. Você tem se alimentado muito mal, não dorme direito, nem à Faculdade tem ido. Diga-me o que está sentindo...

Maurício ficou apreensivo pelo fato de a mãe ter notado suas mudanças. Ele não poderia ir ao médico com ela, pois fatalmente seria descoberto, e isso ele não queria.

Resolveu, então, buscar a ajuda de um psiquiatra, o qual lhe sugeriu que fizesse um tratamento de desintoxicação numa clínica para dependentes químicos e alcoolistas, juntamente com o apoio terapêutico, pois assim obteria maiores resultados, e a chance de recuperação seria muito mais segura. Porém, Maurício não aceitou, já que não admitia que ninguém soubesse o que estava acontecendo.

— Olhe, Maurício — disse o médico —, tudo vai depender de sua determinação e força de vontade e vou ser muito franco com você: não é fácil sair do vício e, pela experiência que tenho, será muito difícil recuperar-se sozinho, pois você já se tornou um ser dependente, seu organismo clama pela droga.

Porém, se você tiver firme propósito, um bom acompanhamento terapêutico, farmacológico, e conseguir superar esta primeira fase, que sempre é a mais crítica, sua chance de recuperação será muito grande.

Isso não significa que, após o tratamento, você esteja completamente recuperado, a ponto de não mais necessitar de apoio. Daqui para a frente, terá de se policiar, controlar-se constantemente, pois uma pequena vacilada e terá voltado ao ponto de partida, que chamamos de recaída.

Eu procuro ser bastante realista com meus pacientes, pois não vejo outra maneira de alertá-los para o que vem pela frente.

E, após raciocinar mais um pouco sobre o assunto, continuou:

– Problemas, crises existenciais, angústias e depressões fazem parte do nosso cotidiano, todos sofrem do mesmo mal, só que para o dependente existe o agravante de que, por qualquer motivo, se não estiver muito bem equilibrado e estruturado, centrado em sua determinação de não mais se drogar, ele irá buscar na droga o alívio momentâneo e passageiro, o que acaba por complicar ainda mais seu quadro clínico, não conseguindo assim romper definitivamente com esse ciclo.

O apoio dos familiares ou pessoas nas quais você confia também é muito importante e ajuda bastante, até porque, a pessoa fica mais fragilizada, abalada emocionalmente e mais suscetível às fraquezas.

– Bem, eu não quero que meus pais saibam que estou nesta encrenca e pretendo sair disso sozinho. Foi por isso que vim procurá-lo – disse o rapaz.

– Vou respeitar sua decisão, Maurício, seja ela qual for, porém é minha obrigação alertá-lo sobre as dificuldades que terá em se livrar das drogas, sem um tratamento adequado.

O que quero deixar bem claro é que, em minha opinião, você deveria submeter-se a uma desintoxicação em uma clínica especializada, com todo o apoio terapêutico necessário, já que essas clínicas possuem recursos que dificilmente você encontrará aqui fora.

Nos períodos mais críticos, existe toda uma estrutura montada para contornar as crises maiores, sem dizer que, na maioria dos casos, o paciente se sente mais seguro ali dentro, pois sabe que tudo está focado para a sua recuperação.

Pense melhor em tudo o que conversamos antes de tomar sua decisão final e volte a me procurar, está bem?

Maurício despediu-se, pensativo, pois sabia que o médico tinha razão, mas já tinha tomado sua decisão.

Iria fazer do seu jeito, sem internações, sem alarde, não

iria dar esse desgosto aos pais. Sabia muito bem o quanto isso os magoaria e os faria sofrer.

— Tenho de ser forte e lutar contra a droga, sozinho. Do mesmo jeito que entrei, sairei dessa, tenho certeza.

Maurício julgou que teria forças para retomar suas atividades e sua vida normal sem o devido tratamento, porém, com o passar dos dias, foi vendo que ficava cada vez mais insuportável viver sem as drogas.

Tomava cada vez mais comprimidos e o consumo de bebidas alcoólicas havia aumentado muito, tanto que passava a maior parte do tempo alcoolizado.

Na verdade, transferiu para o álcool e estimulantes o uso da droga injetável.

Seus pais logo perceberam e vieram conversar com ele que, já sem controle emocional, agrediu-os verbalmente, o que caracterizou ainda mais que algo de muito grave estava acontecendo.

— Eunice — pronunciou seu Jordão —, Maurício está muito estranho ultimamente, e eu tenho a impressão de que esse menino está envolvido com drogas.

A mãe teve um sobressalto.

— Deus me livre, Jordão! Bata na boca. Nosso filho sempre foi muito responsável e jamais faria uma coisa dessas. Ele deve estar tendo algum problema na Faculdade ou com Débora e não quer nos contar.

— Eunice, será que não percebe a agressividade dele? Tem abusado da bebida, e sabe-se lá do que mais. Nem banho eu tenho visto esse menino tomar! Você não viu agora: expulsou-nos de seu quarto. Ele está desequilibrado e descontrolado.

A esposa começou a chorar diante das palavras do

marido, pois se preocupava com o filho, mas, nem de longe, conseguia admitir um envolvimento dele com as drogas.

— O que faremos, Jordão? Ele não quer nem ouvir falar em ir ao médico...

— Vamos observar mais uns dias e, se ele não melhorar, vou ter uma conversa, sozinho, com ele.

Maurício, que vinha descendo as escadas, escutou a conversa dos pais. Teria que ser mais cuidadoso, pois eles já tinham percebido.

Passou, então, a ficar mais tempo perambulando pelas ruas, em vez de ficar em casa.

O dia não passava, as horas eram intermináveis, não conseguia mais concatenar as ideias, o mal-estar aumentava a cada dia e precisava de uma dose com urgência. Seria só desta vez, dizia para si mesmo, e foi pedir socorro na casa de Rogério, que se assustou ao vê-lo.

— Nossa, Maurício, o que houve com você, cara? Parece que está doente. Por onde tem andado todos esses dias?

Maurício estava muito abatido, havia emagrecido ainda mais nos últimos dias, tinha os olhos fundos e tremia bastante.

— Rogério, você tem de me ajudar. Preciso de uma dose urgente. Sei que estou devendo para você, mas pode confiar que vou lhe pagar. Na verdade, estou assim porque estou tentando parar com as drogas, mas é difícil demais, cara, e não estou conseguindo segurar essa, sozinho.

Rogério sentiu-se contrariado com as últimas palavras de Maurício, mas não sabia explicar o porquê. Não era nem pelo dinheiro, já que nem estava recebendo, mas não podia deixar que ele parasse com as drogas. Seu instinto o impulsionava a conduzi-lo cada vez mais para aquele abismo cruel.

Dentro de seu coração, havia uma mistura de rancor e

113

ódio, de querer vingar-se dele a qualquer preço e não podia permitir que ele recuasse agora.

"Devo estar ficando maluco – pensou Rogério. – Por que tenho estes pensamentos com relação a ele? Por que não o deixo a mercê de sua própria sorte? Por que sinto esta incontrolável sede de vingança? Ele nunca me fez nada de mal!"

E enquanto preparava a droga para Maurício, questionava-se, sem encontrar respostas para suas perguntas. Enquanto isso, no plano espiritual, sem que nenhum dos dois percebesse, um grupo, cujo líder parecia bem cruel, conspirava com os outros, dizendo:

– Estamos bem próximos de conseguir nosso intento e não podemos decepcionar nosso chefe.

Em rápidas palavras, explicaremos esta passagem. Rogério, que na realidade tinha sido Pedro, pai de Soraia, em encarnação anterior, finalmente encontrara o assassino de sua filha, de nome Geraldo, agora, Maurício. E esse grupo de Espíritos estava ligado à vingança de Pedro, que era o chefe deste grupo.

E antes de sua reencarnação como Rogério, tudo fora combinado no sentido de se vingar de Geraldo, hoje Maurício, assim que este fosse encontrado.

Uma vez Pedro reencarnado, um dos integrantes do grupo assumiu o comando, acompanhando Pedro e Geraldo em suas novas encarnações, como Rogério e Maurício, respectivamente.

Na verdade, Pedro, ao desencarnar, deu continuidade na busca pelo assassino da filha, aliando-se, assim, a um grupo de Espíritos inferiores, que se comprazíam no mal.

Aos poucos, foi-lhes adquirindo a confiança e não tardou para que se tornasse o líder.

Pela sua obstinação em encontrar Geraldo, faria qualquer coisa que pudesse levá-lo até ele, tornando-se um ser desprezível, capaz das maiores atrocidades em troca de alguma informação.

Muito tempo se passou até que houvesse esse encontro, porém, para surpresa de Pedro, ao se defrontar com Geraldo, viu que este também pertencia a um grupo, mas bem mais numeroso que o seu e que, a julgar pelo que percebeu, logo concluiu que tinha uma enorme desvantagem com relação a eles, e que tentar atacá-los para pegar Geraldo seria uma grande tolice, pois estes tinham armas mais poderosas que as suas, e fatalmente seu grupo sairia perdendo.

Soraia, tendo conhecimento de que seu pai vivia em clima de guerra, perseguindo seu assassino, pediu ao mentor que a acompanhava para falar com ele, a fim de lhe pedir que perdoasse aquele homem, uma vez que ela mesma jamais guardara qualquer mágoa ou ressentimento e que muito lhe doía ver o pai envolvido com Espíritos tão maléficos.

Porém, com muita serenidade, foi aconselhado a ela que tal encontro em nada adiantaria, pois Pedro vivia em outra frequência vibratória e não a ouviria.

O ódio havia tomado conta de seu coração, embotando-lhe assim a clareza da visão e do perdão.

Dessa forma, Soraia conformou-se em continuar orando pelo pai e por Geraldo, até que um dia tudo isso estivesse terminado.

O tempo passou, e os três reencarnaram, sendo que Soraia, agora Débora, veio com o firme propósito de pôr um fim àquela guerra, porém Pedro não tinha a menor disposição em acabar com aquilo. O que ele queria mesmo era vingança. Perseguiria Geraldo até fazê-lo pagar pelo mal que lhe fizera, com a ajuda, é claro, de seus comparsas espirituais.

Geraldo, por sua vez, esperava poder compensar todo o mal feito a Soraia, cobrindo-a de carinho e muito amor.

No entanto, sabemos que Deus, em Sua infinita sabedoria, dá ao homem o esquecimento, ao reencarnar, para que possa agir livremente, usando o seu livre-arbítrio, pois só assim as provas e resgates terão o seu devido valor.

Rogério voltou com a dose já na seringa para Maurício que, voraz, sem nada dizer, picou-se.

– Dê-me uma bebida bem forte para eu tomar, Rogério, estou precisando. Há dias que não sei o que é me sentir bem e preciso disto tudo para continuar vivendo; não adianta querer ir contra a maré. Eu não vou continuar neste inferno, longe das drogas, necessito dela, já faz parte de mim.

Rogério, ouvindo as palavras contraditórias de Maurício, sentiu-se triunfante.

– Olhe, Maurício, eu não vejo nada demais em você fazer o que gosta. Também não vejo motivo para que queira parar. Só tem uma coisa: sua conta está alta, e eu não posso continuar lhe fornecendo de graça – disse Rogério, em tom sarcástico.

Na verdade, o que Rogério queria era desestabilizar ainda mais o jovem, encorajando-o a consumir a droga, ao mesmo tempo em que o forçava a quitar suas dívidas. Era uma maneira de deixá-lo mais desesperado e aflito.

– Está certo, Rogério, você tem sido um grande amigo. Eu nem sei como lhe agradecer por estar me dando essa força.

E pediu-lhe:

– Posso ficar um pouco mais? Não gostaria de ficar andando por aí. Queria curtir o meu barato, sossegado.

– Claro – respondeu Rogério –, fique à vontade.

Rogério estava satisfeito com o que via. Realmente, aquele garoto, ali à sua frente, nada tinha a ver com o rapaz que ele conhecera meses atrás, alegre, vigoroso e cheio de vida. Este se transformara em um farrapo humano, capaz de ser confundido com um andarilho de rua, sujo, fedorento e maltrapilho.

Maurício nem de longe podia imaginar a trama que havia por detrás de tudo aquilo, e que Rogério seria a última pessoa neste mundo a ajudá-lo de verdade.

Havia toda uma influência maléfica de Espíritos que desejavam semear o sofrimento e a dor e que, para isso, influenciavam Rogério para que prosseguisse com o plano já estabelecido por eles, assim como influenciavam, com a mesma intensidade, levianamente, os pensamentos e atitudes de Maurício, que se tornara um verdadeiro joguete em suas mãos, não tendo mais condições de reagir ao mal que o estava escravizando.

Se neste momento da vida, Maurício fosse uma pessoa vigilante, se tivesse um vínculo forte com Deus, se sua fé fosse grande, muito se poderia fazer por ele, porém, por sua negatividade, imprudência e distanciamento das coisas do Alto, abriu-se uma porta enorme para que tais Espíritos agissem livremente, não permitindo que Espíritos superiores se aproximassem dele para ajudá-lo. Não que estes não estivessem por perto, observando e tentando fazer algo, mas, pela sua forma de pensamento, suas atitudes, suas ações, ele mesmo fechou qualquer passagem para receber as boas influências e inspirações.

De acordo como pensamos, agimos e direcionamos nossas vidas é que teremos o mérito e o merecimento de sermos amparados e sustentados por bons Espíritos, por existir um campo vibratório favorável e saudável.

Se não há esse campo positivo, a pessoa não consegue perceber e captar o que lhe é passado de bom.

capítulo
DOZE

Débora, por sua vez, esperou o momento em que sua mãe estaria descansando dos afazeres domésticos para conversar sobre o que a estava afligindo.

Contou em detalhes tudo para a mãe, que a ouviu calada, sem tecer comentários enquanto a filha narrava os acontecimentos. Somente quando Débora concluiu foi que dona Sofia se pronunciou:

– Sabe, filha, é muito triste tudo o que está acontecendo entre você e Maurício, pois nós aprendemos a gostar dele como se fosse um filho, e creia que é muito difícil aceitar os fatos como eles nos vêm, mas a realidade está aí e não podemos fugir dela.

Avalio o quanto você deve estar sofrendo neste momento, mas imagino o quanto esse rapaz também está, já que ninguém poderá negar o quanto ele sempre a amou e tudo fez para fazê-la feliz.

Mas parece que o destino traçou caminhos diferentes para vocês. Mesmo assim, penso que você deva refletir melhor sobre tudo isso e procurar ajudá-lo.

E com todas as dificuldades existentes, ninguém irá lhe pedir que continue um namoro que já desmoronou, no entanto, acredito que, por tudo o que vocês viveram juntos, este não seja o momento de virar as costas a ele. Agora, mais do que nunca, ele necessita de apoio, carinho e amizade, e acho que você é a melhor pessoa para estar ao seu lado.

Pode parecer absurdo o que vou lhe dizer, mas acredito no amor que Maurício sente por você. Reconheço que ele errou muito, fazendo-a sofrer dessa forma. Mas quem somos nós para julgá-lo? Sabe Deus que motivos levaram esse menino a se meter com este tipo de gente?

Eu acredito muito nas forças do bem e do mal e no que cada um de nós deve passar nesta vida de expiação e de provas.

Diante disso, penso que forças do mal levaram Maurício a se desviar dos caminhos do bem, pois veja, filha: um rapaz bom, estudioso, alegre e saudável, de repente, ver-se envolvido numa teia maligna dessas... Dá para pensar que forças ocultas estão se movendo para arrastá-lo dessa maneira.

Débora ouvia, com muita atenção, tudo que a mãe lhe dizia. Sabia que ela era uma pessoa muito ponderada e que suas colocações tinham muita sabedoria, e, mesmo assim, retrucou:

— Mas, mãe, eu não vou conseguir fazer o que me pede. Já tentei passar por cima do que aconteceu, mas é mais forte do que eu... Estou muito magoada, sim, mas é mais do que isso, algo se rompeu dentro de mim.

Posso estar sendo egoísta, mas sei que, se ficar ao seu lado, vou sofrer ainda mais, pois não vejo como eu poderia ser útil a ele!

Mãe, o Maurício está completamente corrompido pelas drogas e por aquelas pessoas.

— Acredito no que diz, filha, mas, mesmo assim, é agora a hora de ajudá-lo. Ponha o seu orgulho ferido de lado, seja

119

superior aos deslizes dele e o encare como um ser humano que errou, sim, mas que está querendo resgatar e corrigir seus erros. Tanto é verdade que ele está lhe pedindo ajuda, e você não deve negá-la.

Ponha-se um pouco em seu lugar. Como podemos saber o que realmente aconteceu para um rapaz de tão boa índole e caráter ter sucumbido assim ao mundo das drogas?

Não, filha, não vamos julgá-lo, isso não nos compete.

Débora abraçou a mãe num gesto de agradecimento, enxugou as lágrimas, e falou:

— A senhora tem razão, e vou procurá-lo para conversarmos

— Faça isso, filha, tenho certeza de que se sentirá melhor.

Débora estava disposta a ficar do lado de Maurício, mas antes tinha de resolver uma pendência com Rogério, pois precisava afastá-lo. Alguma coisa lhe dizia que ele fora a grande perdição do namorado.

Ela nunca simpatizara com ele. Desde a primeira vez que o viu, não sentiu confiança. Algo em seu olhar denotava maldade e, mesmo sem conseguir definir bem o que se passava, sentia que ele era o pivô de toda a tragédia que estava acontecendo em suas vidas.

Arrumou-se e foi à casa de Rogério para ter uma conversa com ele e, por pouco, não encontrou Maurício, que havia saído há pouco de lá.

Rogério abriu a porta surpreso.

— Ora, veja! A que devo a honra de sua visita, Débora? — perguntou, com um sorriso sarcástico. Por pouco não encontra o Maurício aqui.

Débora sentiu um calafrio percorrer-lhe o corpo ao ouvir tais palavras.

— O que ele veio fazer? – indagou Débora, temendo pela resposta.

— O que você acha? – retrucou Rogério, em tom de provocação.

E Débora, tentando controlar a raiva que sentia daquele homem, respirou fundo, no intuito de se acalmar.

— Olhe, Rogério, é bem por isso que vim aqui falar com você. Não posso imaginar o que se passa dentro de um sujeito como você, e também não estou interessada.

Desde que o conheci, senti em você algo de ruim e destrutivo. Hoje sei que estava certa em minha intuição, pois, realmente, conseguiu destruir Maurício, nossa relação e tudo de bom que havia nela.

Sinto um profundo desprezo por você, por ser tão nojento e sem escrúpulos e, às vezes, chego a pensar que nem foi por dinheiro que se aproximou de Maurício. Parece que você se satisfaz em destruir pessoas boas como ele, por simples prazer.

Sei que de nada vai adiantar esta conversa, mas pelo menos eu vou me sentir melhor por estar pondo para fora o que penso.

Um monstro é o que você é, e o seu lugar é atrás das grades.

Rogério, que até então ouvia a tudo calado, irritou-se, dizendo:

— Escute aqui, mocinha, não vou admitir que entre em minha casa para me falar desse jeito e nesse tom. Não sou homem de ser ameaçado, portanto, cuidado com suas palavras!

— Não tenho medo de você, Rogério! Saia da vida do Maurício, deixe-o em paz! Ele está tentando sair do buraco em que você o jogou. Tenha pelo menos a dignidade, se é que conhece o significado dessa palavra, de se afastar dele.

121

– Não vou mais ouvir seus desaforos! Saia já da minha casa, sua insolente!

– Vou sim, mas não sem antes deixar bem claro que jamais irei perdoá-lo pelo mal que nos fez. Tínhamos tudo para sermos felizes, e você chegou para nos trazer a dor, o sofrimento e a desunião, mas Deus é grande e, certamente, está vendo tudo o que fez. Um dia, sei que pagará por tudo isso.

Rogério, não mais contendo sua ira, levantou-se, abriu a porta e gritou:

– Rua! Saia já daqui! Não quero ouvir mais uma palavra!

Débora saiu calmamente, sentindo-se melhor.

Mesmo sabendo que ele não se afastaria de Maurício, pelo menos, tinha dito a ele o que estava engasgado em sua garganta.

Rogério, por sua vez, transtornado pelas palavras de Débora, andava de um lado para o outro da sala, esbravejando mentalmente.

"Idiota! Estúpida! Quem ela pensa que é? Devia ter-lhe esbofeteado e a tirado daqui como uma cachorra vadia! Por que não reagi como deveria?"

Rogério não se conformava por ter ouvido tantos desaforos sem responder à altura. Isso não era do seu feitio, por muito menos já tinha posto gente para correr de sua casa.

Laércio, o líder do grupo que acompanhava Rogério, procurou acalmá-lo, sussurrando ao seu ouvido:

"Deixa para lá, meu camarada, ela não é importante agora, o que importa mesmo é que estamos conseguindo atingir o nosso objetivo. Devagar, ele está perdendo tudo o que conquistou e, mais cedo do que você espera, estará vingado."

Rogério foi se acalmando com tais pensamentos e resolveu deixar aquela discussão, que tanto o tinha aborrecido, para lá.

Mas quando Maurício voltou no dia seguinte, encontrou-o muito furioso.

— Olhe aqui, garoto, estou furioso! Sua namorada veio aqui em casa ontem e me disse um monte de besteira. Se pensa que vou tolerar esse tipo de coisa, está muito enganado. Parece até um maricas que precisa de mulher para defendê-lo.

— Peço desculpas por ela – disse Maurício, bastante aborrecido com a atitude de Débora.

Ele que já estava numa situação constrangedora com Rogério, agora, diante dessa interferência, só teria sua vida, já bastante confusa, ainda mais atrapalhada.

— Prometo conversar com ela, e isso não vai mais se repetir.

— Nem precisa, pois ela foi suficientemente drástica comigo e creio que não mais voltará. E, mudando de assunto, trouxe algum dinheiro para acertar o que me deve?

A pergunta pegou Maurício desprevenido.

— Hoje não, Rogério, mas amanhã lhe trago, com certeza.

— Pois, então, amanhã conversaremos.

— Ei! Espere aí, amigo, não vai me deixar na mão...

— Vou sim, estou furioso com os últimos acontecimentos e não quero conversa fiada. Se manda!

Diante da frieza de Rogério, Maurício viu que de nada adiantaria tentar conversar para conseguir a droga. Saiu irritado, com muita raiva de Débora.

"Ela não tem esse direito de ficar se intrometendo em minha vida!" – pensava ele, enquanto se dirigia para casa, bastante nervoso.

Ao chegar, recebeu o recado da mãe de que Débora havia ligado. Subiu rapidamente para o quarto e ligou para ela. Iria

123

dizer-lhe umas verdades, mas, ao ouvir a voz dela, mudou de ideia.

— Oi, Débora, como vai? Você me ligou?

— Liguei, sim, pois gostaria de conversar com você, é possível?

— Quando?

— Pode ser hoje, se estiver desocupado.

— Sem problemas, agora estou sempre desocupado.

Débora percebeu a ironia na voz dele, porém preferiu dar uma de desentendida.

— Passe em minha casa, estarei esperando.

— Já estou indo.

Uma fagulha de esperança tomou conta do coração de Maurício.

"Estaria ela pensando em voltar pra mim?"

Ao mesmo tempo, veio-lhe um pensamento, o qual era dito, ao seu ouvido, por Laércio.

"Que voltar para você, nada. Quem vai querer um sujeito inútil como você? Ela só está fazendo isso para não ficar com a consciência pesada, por isso quer ajudá-lo. Mas como sabe, você não tem mais jeito, não há mais remédio, o melhor que faz é pôr um fim a essa palhaçada de vez. Sua vida não vale mais nada. Não vê como se sente sem as drogas agindo no seu corpo? E quanto tempo acha que Rogério vai segurar sua dívida? Acabe de uma vez com tudo! Será melhor para todos!"

Maurício esmoreceu diante de tal pensamento, pois era bem assim que se sentia: "um inútil", sem valor.

Procurou afastar tais pensamentos e saiu apressado para se encontrar com Débora.

Foram ao lugar de sempre, por ser tranquilo e discreto, e quase não se falaram durante o trajeto.

Débora, sem rodeios, foi direto ao assunto.

— Maurício, pensei muito em toda a nossa situação e conversei com mamãe a respeito de tudo.

Maurício teve um sobressalto.

— Você contou tudo a ela?

— Contei. Ela é minha mãe, é uma pessoa generosa, muito sensata, e precisava de seus conselhos.

— Ah! Então quer dizer que vai fazer o que sua mãe lhe pediu?

— Maurício, não distorça minhas palavras, nem torne as coisas mais difíceis do que já estão. Estou aqui com a melhor das intenções. Quero lhe ajudar, pois imagino como está sendo sua vida.

Maurício, num misto de irritação e sofrimento, cortou o que Débora estava falando.

— Débora, poupe suas palavras e seu tempo. Eu sou um caso perdido, cheguei a procurar um médico e até tentei me afastar das drogas, mas não dá. Passo muito mal, fico desesperado e a vontade que tenho é de sumir do mapa. Sei inclusive que esteve na casa do Rogério...

— Sim, estive. Ele precisava ouvir umas verdades que eu tinha para lhe dizer.

— Pois é... Com isso, você me deixou numa situação mais complicada ainda porque, agora, ele ficou com raiva e não quer mais me fornecer o que preciso enquanto eu não acertar o que estou lhe devendo.

— Maurício, pelo amor de Deus, não estou entendendo.

Primeiro, você me pede ajuda e, agora, me diz que eu estou atrapalhando. Você quer ou não quer se tratar?

– Não quero mais, já vi que não dá. Meu caso não tem solução. Estou no fundo do poço e não tenho mais como sair; fiz várias tentativas, mas foram em vão.

– Nós já conversamos a esse respeito. Você tem que se internar numa clínica para receber o tratamento adequado. E é claro que sozinho não dá.

– Já decidi, Débora, não vou me internar, não vou gastar dinheiro à toa, mesmo porque, tem os meus pais e não posso dar esse desgosto a eles. Depois de tudo que fizeram por mim, seria um golpe muito duro. Olhe o jeito que estou ficando, a cada dia que passa me sinto pior, além do que, estou devendo uma quantia muito grande em dinheiro para o Rogério. Mesmo que tirasse todo o dinheiro que tenho guardado não conseguiria saldar a dívida.

– Pois não pague e use esse dinheiro para seu tratamento. Se for o caso, nós o denunciaremos à polícia. Como traficante, ele pode ficar uns belos anos na cadeia.

– Você deve estar maluca! O Rogério não trabalha sozinho, tem seus comparsas e podemos sofrer retaliações.

– Não tenho medo, e a única coisa que eu quero agora é ver você bem, curado, livre dessa prisão.

Maurício, num gesto de carinho, afagou os cabelos de Débora, dizendo:

– Agradeço tudo o que está querendo fazer por mim, mas conheço meus limites. Sei que não vai dar certo, e, por favor, Débora, não quero que fale nada com meus pais.

– E não será pior quando eles descobrirem por si mesmos e virem que não haverá tempo de fazer mais nada por você? Ponha a mão na consciência, Maurício, você vai acabar se matando em pouco tempo.

— Pois eu até acho que essa seja a melhor saída para mim... Meus pais sofrerão menos. Só preciso tomar coragem para acabar com este sofrimento de uma vez.

— Eu não acredito no que estou ouvindo! Você está mesmo pensando em se matar?

— Vai ser melhor para todos.

— Pois eu não vou permitir que faça uma loucura dessas! Vou conversar com seus pais, você querendo ou não! E vai ser agora. Chega de tanta maluquice! Se você não se ama, têm os que o amam, e não tem o direito de pegar sua vida e desfazer-se dela assim, afinal, não a encontrou dentro de uma lata de lixo! Como pode ser tão duro com você mesmo deste jeito?

Decidida e indignada com as palavras de Maurício, Débora levantou-se e foi em busca de um táxi. Maurício correu atrás dela, mas foi inútil.

E o abatimento foi tomando conta dele, ao mesmo tempo em que era influenciado por Ratrus, antigo inimigo do pretérito, a se entregar de vez, incitando-o a se drogar para fugir do inferno que se tornara sua vida.

Dizia também que era fácil acabar com a própria vida, sugerindo-lhe várias alternativas de morte, rápida e indolor.

Com essa influência malévola, o rapaz sentia o mal-estar crescer e começava a apresentar tremores, suar frio, ter palpitações e tontura, porém, sem qualquer orientação a esse respeito, acreditava ser esse mal-estar apenas decorrente da falta da droga, enquanto que a ideia de suicídio crescia em seu peito.

capítulo
TREZE

Angustiado, aflito, sentindo-se muito mal e muito perturbado, Maurício resolveu conversar com Rogério e pedir-lhe ajuda.

Iria tentar negociar sua dívida para que este continuasse a lhe fornecer a droga até que tivesse coragem de dar um rumo definitivo à sua vida.

Mas, para sua surpresa, ao chegar à portaria do prédio de Rogério, o porteiro barrou-o, dizendo ter ordens de não deixá-lo subir, o que o deixou furioso.

– Pare com esta palhaçada, cara, eu sou amigo do Rogério!

– Eu sei, mas ele próprio me passou essa ordem, e eu não quero confusão aqui no meu serviço. Por isso, acho melhor o senhor ir andando, senão vou ter de tirá-lo à força.

Maurício, tendo o homem à sua frente, a lhe impedir a passagem, furioso e descontrolado, começou a insultar o porteiro e a todos que por ali passavam e que não conseguiam entender todo aquele tumulto. Sabia que Rogério estava em casa e, certamente, pelo escândalo que estava fazendo, imaginou que estivesse ouvindo. E como não parava com os palavrões e ofensas, o porteiro, muito irritado, pegou-o pelo braço, forçando-o a sair dali.

O rapaz, vendo que não conseguiria mesmo subir, foi para o meio da rua e olhou para a janela do apartamento de Rogério, avistando-o lá.

E Rogério lhe sorriu cinicamente, fazendo-lhe um gesto obsceno, afastando-se em seguida, o que deixou Maurício mais agitado e irado.

"O que irei fazer agora?!" – perguntou para si mesmo enquanto caminhava em direção ao seu carro, estacionado do outro lado da rua.

Sua vontade era de esmurrar o primeiro que aparecesse à sua frente.

Entrou no carro e saiu dali em alta velocidade, não se importando com os outros veículos que circulavam pelo local naquele momento.

Sua cabeça doía terrivelmente, tinha náuseas, dores no estômago, mas, mesmo assim, não pegou o caminho de casa. Estava transtornado, imaginando que, naquele momento, Débora estaria contando tudo a seus pais.

Sem raciocinar direito, cego pelo ódio que estava sentindo naquele instante, acuado por toda aquela situação, pegou uma rodovia de trânsito rápido, pois queria sumir dali, ir para bem longe, desaparecer mesmo.

Em sua mente, começaram a passar *flashes* de sua vida: viu-se ainda menino, cuidando dos passarinhos, de suas brincadeiras de criança, sua vontade em se tornar um médico veterinário, sua alegria e disposição pela vida, o dia em que conhecera

Débora, ainda uma menina, de como os pais confiavam nele por ser sempre tão ajuizado. Fatos e cenas foram, então, surgindo à sua frente.

As lágrimas desciam-lhe na face sem que se desse conta de que, a cada instante, o carro pegava mais velocidade. Um desespero enorme foi lhe tomando, abriu todo o vidro para que o ar entrasse no carro, pois se sentia sufocado. O mal-estar que sentia era insuportável, porém não parou o veículo.

"O que foi feito de mim?" – indagou-se. – "Eu me acabei, me destruí, logo eu que era alegre, feliz e de bem com a vida, tornei-me este trapo de gente. Como poderei encarar meus pais?"

"Logo eles que esperavam tanto de mim... Também perdi o grande amor da minha vida, meus estudos, que sempre foram tão importantes... E hoje perderam o sentido."

Os pensamentos desencontrados iam e vinham num turbilhão, como se tivesse um grande redemoinho a girar dentro de sua mente.

E sem pensar nas consequências de sua imprudência, num gesto impensado, arremessou o carro, em alta velocidade, na traseira de um caminhão que seguia lentamente à sua frente, indo parar embaixo dele, transformando seu carro numa massa de ferros retorcidos.

Maurício teve morte instantânea.

Sem entender bem o que estava acontecendo, e pelo estrondo enorme que se seguiu, o motorista da carreta parou imediatamente e desceu correndo para ver o que havia acontecido.

O que veio a seguir é o que normalmente acontece quando há um acidente dessas proporções. Pessoas pararam para ver o que tinha acontecido, outros acorreram no sentido de tentar ajudar, enquanto que o motorista da carreta, ao se deparar com aquele carro retorcido, vendo que havia uma pessoa presa entre as ferragens, começou a gritar num gesto de desespero. Transtornado, dizia não ter tido culpa de nada e, enquanto alguns tentavam acalmá-lo, outros chamavam a polícia, que não demorou a chegar.

O local estava bastante tumultuado, e os policiais procuravam afastar as pessoas para que pudessem fazer o trabalho de remoção do corpo que, imediatamente, foi constatado como morto.

– Gostaria de lhe fazer algumas perguntas – indagou o sargento que acompanhava o caso, dirigindo-se ao motorista da carreta que, mais calmo, balançava a cabeça, sem compreender até aquele momento por qual motivo aquele automóvel viera parar debaixo de seu caminhão.

– Não sei o que aconteceu. Eu vinha aqui, como o senhor pode ver, pela direita, o caminhão está carregado, muito pesado, e a minha velocidade era bem baixa diante dessa circunstância. A estrada estava calma, com pouco trânsito... Eu não consigo imaginar o que pode ter acontecido de fato, pois ele tinha mais duas pistas livres, pelas quais poderia passar, no entanto, não o fez.

– Pode ser que tenha tido um problema mecânico ou que tenha passado mal, não se sabe ainda, mas tenho minhas dúvidas – falou o sargento. – Pelo estado em que ficou o carro, ele deveria estar vindo em alta velocidade.

– Isso é verdade – concordou o motorista –, mas é uma reta só aqui, ele tinha estrada para desviar de mim, e não passava ninguém naquele momento, eu juro para o senhor!

– Fique calmo, sabemos que não foi culpa sua, pois levantamos testemunhas que vinham logo atrás, e disseram a mesma coisa que o senhor está nos dizendo.

E já chamamos a polícia técnica e o corpo de bombeiros,

pois não dá para tirá-lo de lá sem ferramentas, vão ter que serrar o automóvel.

Enquanto isso, Maurício, zonzo, sentindo muitas dores e tremores horríveis, olhava ao redor.

Ele que julgava que, com a morte, todo o sofrimento acabava, via perplexo que seu corpo estava preso no meio daqueles ferros retorcidos. Pessoas falavam, nervosas umas com as outras, no sentido de remover o acidentado logo dali para que o trânsito pudesse fluir; os bombeiros chegaram apressados e logo se puseram a trabalhar.

Maurício tentou sair do lugar onde estava, mas sentiu-se mal, achando que fosse desmaiar de tanta dor. Teve que se sentar no chão e, para seu desespero, depois de mais recuperado, levantou-se, tentando reagir e ir embora dali, mas sentia-se preso àquele lugar.

Apesar de zonzo, tinha consciência do que tinha feito e não se arrependia nem um pouco. Só não podia supor que não teria os seus problemas resolvidos e que, a partir dali, começaria uma longa etapa de dores e de sofrimentos ainda maiores aos que passara enquanto encarnado.

– Meu Deus! – comentou um dos bombeiros com seu colega. – Este rapaz nem deve ter sentido a morte!

– Sabe o que eu estou achando? – opinou o outro. – Para mim, esse cara entrou aqui de caso pensado.

– Como assim?

– Penso que ele quis se matar. Não acredito em falha mecânica ou qualquer outra coisa.

– Mas ele podia estar embriagado.

– Como, embriagado? Se fosse assim, estaria exalando cheiro de bebida, e eu não estou sentindo nada. Você está?

– Não.

– Não disse?

– Seja como for, é uma coisa muito triste um rapaz tão jovem acabar dessa maneira.

Os bombeiros, enquanto trabalhavam na remoção do corpo de Maurício, conversavam. E Maurício escutava com atenção o que falavam. E, procurando acalmar-se para ver se melhorava do mal-estar, começou a pensar:

"Será que fiz tudo errado de novo? Será que a morte não nos traz alívio e paz...? E quem serão essas pessoas mal-encaradas, sujas e maltrapilhas que não param de me encarar, com cara de poucos amigos? Parecem até urubus cheirando carniça."

Nesse momento, tendo captado os pensamentos de Maurício, o líder do grupo, que atendia pelo nome de Ratrus, dirigiu-se a ele, com hostilidade.

– Cuidado com o que pensa, garoto! Nós não somos urubus, não, mas você, sim, pode se considerar uma desprezível e nojenta carniça!

Maurício, assustado, recuou uns passos, mostrando-se confuso e com medo daquele sujeito com cheiro fétido e aparência horrível.

– Quem é você...? Como pôde ouvir o que eu pensava? O que deseja de mim?

– Bem se vê que não sabe mesmo de nada! Turma, vamos ter de mostrar a ele como são as nossas leis!

E, voltando-se para Maurício, sentenciou:

– Vamos levar você conosco.

– Mas eu não quero ir com vocês – retrucou, enquanto os outros faziam um círculo à sua volta, deixando-o ainda mais amedrontado.

— Você não tem querer, sou o chefe aqui! Eu dou as ordens, e todos obedecem!

Maurício olhou ao seu redor e percebeu que já haviam terminado o trabalho de resgate de seu corpo em meio às ferragens.

— Olhe, eu agradeço por estarem preocupados comigo, mas quero ir embora sozinho. Não sei ao certo o que vai ser de mim, estou confuso, mas sei que prefiro estar sozinho.

— Isso não será possível — respondeu Ratrus —, nós iremos com você, seremos seus acompanhantes daqui por diante ou, melhor dizendo, seus guardiões, dia e noite.

Disse isso soltando uma gargalhada, que foi acompanhada pelos outros que ali estavam.

Um deles, que rastejava, com o rosto todo disforme, parecendo mais um monstro, veio por trás de Maurício, segurando-o com as mãos molhadas e grudentas, de um visgo gelado que a recobria, o que fez Maurício gritar de horror e saltar para a frente.

Todos riram prazerosamente da atitude dele.

— Deixem-me em paz, por favor. Já disse — reagiu Maurício.

— Ora, vejam! Ele está nervoso conosco! — exclamou Ratrus. — Vejo que vamos nos divertir um bocado com você!

Enquanto isso, na casa de Maurício, Débora já havia contado aos pais do rapaz a respeito dos problemas que ele estava vivendo com as drogas.

Estes choravam, desolados por não saberem bem o que fazer e, principalmente, por se sentirem culpados e impotentes diante da gravidade do que acabaram de tomar conhecimento.

Débora sentia-se mais aliviada depois de tê-los posto a

par de tudo, pois precisava ajudar Maurício e, agora, com o conhecimento de seus pais, seria mais fácil.

— Sei o que estão sentindo — falou Débora —, eu mesma, quando tomei conhecimento de tudo, vi meu mundo desmoronar.

— Você deveria ter nos contado antes — disse chorosa dona Eunice.

— Eu quis, mas Maurício me proibiu, dizendo que eu não devia me intrometer, o que achei justo naquele momento, mas agora que ele está num beco sem saída, pensando até em suicídio, não pude mais guardar isso comigo.

Acredito que vocês, como pais, são as pessoas mais indicadas para ajudá-lo neste momento tão difícil, principalmente por ele achar que deve poupá-los de dissabores e decepções. Tratem-no como a um filho que ainda necessita de vocês e não o considerando como alguém cheio de virtudes, sem erros e, o que é pior, isento de falhas. Ele precisa disso.

— Você está certa, Débora — concordou seu Jordão —, faremos o que está nos dizendo e talvez tenha razão no que diz. Nós nos preocupamos demais em não deixar faltar nada de material a ele. Apesar de levarmos uma vida regrada, dentro do nosso limite financeiro, sempre fizemos questão de que ele tivesse o melhor, e erramos aí, achando ser ele muito ajuizado e que não precisava de conselhos ou respaldo nosso nesse sentido.

Na verdade, nós nunca tivemos uma conversa clara com relação a tóxicos com ele, pois julgávamos desnecessário e este foi o nosso maior erro. A falta de sensibilidade e de diálogo acabou nos distanciando dele e, se formos pensar bem, Maurício é ainda muito jovem, portanto, passível de se deixar levar por coisas e pessoas de mau-caráter, como estas que o arrastaram.

Julgávamos ter ele uma estrutura mais forte, capaz de se

safar sozinho dessas armadilhas da vida. Vamos esperar ele chegar e falaremos com ele. Deus há de permitir que nosso filho se desvencilhe desse tormento em que se transformou sua vida e que tanto está nos fazendo sofrer.

Dona Eunice, mais conformada pelas palavras que ouvia do marido e de Débora, não via a hora de poder abraçar o filho, de lhe dizer o quanto o amava e que estaria sempre ao seu lado, em qualquer circunstância.

capítulo
QUATORZE

Por sua vez, Maurício, envolvido por uma densa fumaça, via seu corpo afastar-se na viatura policial do Instituto Médico Legal. Estava atordoado, sem entender como se encontrava seguindo a viatura.

Lutava para enxergar com clareza, porém a visão estava turva, tinha náuseas e o mal-estar não passava.

Vendo que o grupo o acompanhava, resolveu pedir ajuda aos policiais que faziam o transporte do seu corpo, mas não foi ouvido, e essa sua atitude deixou Ratrus mais furioso ainda.

– Você é muito estúpido, garoto, será que não sabe que eles não podem nos ver ou ouvir?

Maurício baixou a cabeça, sentindo-se um estúpido, pois da mesma forma que nunca vira um Espírito, seria difícil que alguém o visse agora.

E resolveu perguntar a Ratrus por que o estavam perseguindo, o que foi prontamente respondido com sarcasmo.

– Você não se lembra de nada, garoto, mas logo irá

recordar-se de fatos importantes e que traçaram o seu destino. Agora, cale essa boca que não estou a fim de papo!

— Por favor, diga-me o que eu fiz de errado para vocês! Sinto que não gostam de mim! Eu sei que errei, entregando-me ao vício e se me matei foi justamente para me ver livre do inferno que virou minha vida, mas sei que não fiz tudo sozinho. Rogério me colocou nesse caminho! Eu o odeio por isso e juro que ele vai pagar caro pelo que me fez! E me vingarei, pois me fez perder tudo o que eu amava na vida.

Sem esperar pela reação de Ratrus, Maurício foi pego de surpresa ao sentir um duro golpe em suas costas, fazendo-o gritar de dor enquanto seu corpo caía ao chão, contorcendo-se sem fôlego.

— Isso é para você saber que não admitirei que fale novamente nesse tom e desse modo sobre nosso amigo Rogério! Se tem alguém aqui que não presta, esse alguém é você!

Procurando refazer-se, Maurício, com esforço, levantou-se, perguntando:

— Como assim, amigo, vocês conhecem Rogério? Não estou entendendo.

— Já disse para parar com essa matraca, não tenho de lhe dar satisfações. Uma coisa é certa: não vai se ver livre de nós. Você é nosso prisioneiro e vai conosco!

Dentro de si, Maurício via crescer um misto de medo e angústia pelo que lhe aconteceria, sentia que aquelas pessoas eram más, que não iriam ajudá-lo, e ainda conseguiam saber o que estava pensando. Sabia que não teria como se livrar delas sozinho e se indagou:

"Será que eu saí de uma prisão para cair em outra?"

Ratrus olhou-o com desdém e ódio, fingindo não ter captado o que ele pensara. Fez um sinal e dois deles se aproximaram de Maurício, que tentou se desvencilhar daquelas mãos geladas e viscosas que eles possuíam, esperneando e gritando:

— Soltem-me, deixem-me em paz, soltem-me!

Desta vez, levou alguns socos e pontapés até que parou de gritar e deixou-se imobilizar por aqueles horrendos homens. E por mais que tentasse enxergar com nitidez, não conseguia e, a cada nova agressão, mais fraco se sentia. Ainda teria de permanecer o mais próximo de seu corpo material, tendo em vista ainda possuir laços que os mantinham ligados.

No outro lado da cidade, o telefone na casa de Débora tocava insistentemente.

— Já vai, já vai! – dizia dona Sofia.

— Alô?!

— Boa tarde, com quem falo? É da casa de dona Débora?

— Sim, é a mãe dela quem está falando.

— Ela está?

— No momento não, quem está falando?

— Aqui é da polícia.

— Meu Deus! Aconteceu alguma coisa?

— Estamos ligando, pois encontramos esse número de telefone na carteira da vítima e achamos melhor contatar a pessoa do telefone primeiro.

— Vítima? De quem o senhor está falando? Estou ficando nervosa!

— Houve um acidente com um rapaz de nome Maurício do Prado Alencar Mendes. A senhora é parente dele?

— Não, minha filha foi namorada dele. O que aconteceu?!

— Ele sofreu um acidente e faleceu.

— Santo pai misericordioso! Não!

— A senhora poderia nos fornecer o endereço da família dele para que possamos dar a notícia?

Dona Sofia, completamente aturdida pela notícia, procurou raciocinar.

— Onde estará o endereço agora? O senhor, por favor, me dê o endereço daí que eu mesma avisarei a família, acho melhor.

O policial também achou mais conveniente e informou a dona Sofia o endereço do Instituto Médico Legal onde se encontrava o corpo, esclarecendo ainda os trâmites legais para a retirada do mesmo.

Dona Sofia anotou tudo e desligou, sem mais conseguir conter as lágrimas que lhe caíam pela face.

— Meu Deus, como dar uma notícia destas a Débora? E aos pais dele? Que crueldade, meu Deus, com esse rapaz! O que será dessa mãe quando vier a saber?

Dona Sofia, então, procurou se conter, concentrou-se e fez sentida prece, pedindo por Maurício, ligando em seguida para o marido, no trabalho.

— Oi, Paulo, desculpe-me interrompê-lo em seu trabalho, mas é que aconteceu algo horrível e vou precisar de você.

— Fale logo, Sofia, o que houve?

— Foi com o Maurício. Ligaram-me, agora há pouco, da polícia. Ele sofreu um acidente com o carro e não resistiu.

— Meu Deus, que tragédia! – murmurou Paulo, do outro lado da linha. – Você está sozinha?

— Sim.

– Estou indo imediatamente para aí. Se Débora chegar antes de mim, não diga nada a ela. Tenho muito medo de sua reação.

– Está bem, eu o aguardo.

Paulo desligou e saiu imediatamente, avisando que não mais retornaria naquele dia.

Chegou junto com Débora, que estava fechando o portão quando ele estacionou em frente à casa, o que causou estranheza nela, pois aquele não era o horário de o pai estar ali. Esperou-o para entrarem juntos.

– Oi, pai, que faz a esta hora do dia em casa? Aconteceu alguma coisa? Algum problema?

Paulo tinha uma relação muito franca com a filha, não era de dar voltas com ela, mas, pela primeira vez em sua vida, não sabia o que responder de pronto.

– Pai, o que houve? Perdeu a língua?

– Não, filha, vamos entrar para conversarmos.

Débora, ao entrar em casa, percebeu que sua mãe estava com os olhos vermelhos de chorar. Bastante intrigada indagou:

– Mãe, o que aconteceu? Por que o papai está em casa a esta hora? Você está chorando! Podem me dizer o que esta havendo?

Foi então que Paulo falou, procurando manter a calma.

– Filha, não sabemos ainda como foi, mas não adianta ficarmos com rodeios. Maurício acidentou-se e não resistiu aos ferimentos. A notícia foi dada à sua mãe, que ficou encarregada de dar a notícia aos pais dele.

Débora sentiu o chão faltar, precisando apoiar-se para não cair.

141

— Filha, você tem de ser forte agora, pois os pais dele precisam ser avisados e acredito ser você a melhor pessoa a lhes dizer isso.

Os olhos de Débora estavam turvos pelas lágrimas, e o peito doía como se tivesse sido atingido por uma faca. As palavras não saíam, sentindo-se paralisada.

Dona Sofia, percebendo a dificuldade da filha, aproximou-se carinhosamente, abraçando-a.

— Chore, filha, chore bastante. Desabafe, que só lhe fará bem.

Débora agarrou-se à mãe, como que suplicando:

— Mãe, isso não pode ser verdade, deve haver algum engano — dizia, entre soluços, inconsolável.

— Como eu queria que fosse um engano, filha, como eu gostaria de poupá-la de tanto sofrimento, mas não há engano, infelizmente.

Passado algum tempo, com Débora mais refeita do choque, Paulo falou:

— Filha, precisamos ir até a casa dele, e você tem de ser forte. Sei que estou pedindo muito, mas, nesta hora, pense que os pais dele irão precisar de todo nosso apoio e solidariedade.

— Papai, eu acabei de vir de lá, onde os deixei muito abalados, pois tive de lhes contar que Maurício estava envolvido com drogas e que não estava conseguindo se livrar do vício sozinho.

Estive com Maurício hoje, conversamos bastante, e ele demonstrou-se muito amargurado, não encontrando ânimo para se tratar, chegando a me dizer que preferia a morte a continuar vivendo no inferno em que se transformou sua vida. Diante disso, foi que resolvi falar com os pais dele.

— Você disse a ele que iria lá?

— Sim, disse. Papai! Será que eu fui responsável por esse acidente?

— Ora, filha, deixe de bobagens. Se você mesma acabou de dizer que ele estava pensando em suicídio, não deve nem de leve culpar-se pelas atitudes dele, afinal, cada um age de acordo com a sua vontade.

— Mas ele pode ter ficado transtornado por saber que eu iria falar com seus pais.

— Pare com isso, Débora, não vou permitir que se torture por isso! Já não chega o que está sofrendo, ainda quer mais?

— Você tem razão, papai, não posso me culpar. Tentei ajudá-lo como pude, mas ele não quis, ou melhor, não conseguiu se ajudar, nem aceitar a minha ajuda. Mas, apesar de tudo, não deixei de amá-lo e está doendo muito tudo ter se acabado assim.

E Débora recomeçou a chorar.

— Sei o que deve estar sentindo, filha, mas precisamos ir, pois a hora está passando.

E assim, assentindo com a cabeça, Débora rumou com o pai para a casa de Maurício, sendo recebida por seu Jordão, que considerou a visita inesperada de Débora com certa inquietação.

— Seu Jordão, desculpe-me vir sem avisar, mas tinha de ser pessoalmente o que vim lhe dizer.

Pressentiu que algo grave havia acontecido, pois notou que a moça tinha os olhos inchados de chorar, e Paulo, seu pai, não estava à vontade.

— Entrem, por favor, vou chamar Eunice. Ela deitou-se, um pouco depois que você saiu, para ver se relaxava enquanto Maurício não chega.

143

— Acho melhor conversar com o senhor primeiro, pois o que tenho a dizer é muito difícil e nem sei como dar essa notícia ao senhor.

— Fale de uma vez, Débora, pois até eu estou ficando nervoso. O que aconteceu? Algo com o Maurício? Fale!

Débora pediu a Deus, naquele momento, que lhe desse força, pois sabia o quanto seria doloroso. Tendo o pai ao lado a lhe sustentar, adquiriu coragem e começou a falar.

— Ligaram em minha casa enquanto eu estava aqui com vocês, foi minha mãe quem atendeu, estavam me procurando, pois encontraram o meu nome e o número do meu telefone na carteira do Maurício. Bem... Ele sofreu um acidente, seu Jordão, e não adiantaram nada para minha mãe de como aconteceu.

Débora, com a voz embargada e com lágrimas nos olhos, continuou, enquanto engolia em seco, tentando encontrar as palavras certas, mas sabia que, nessa hora, nada parece certo, e o que quer que se diga não diminui a dor de quem recebe a notícia da morte de um ente querido.

— A verdade é que Maurício sofreu um acidente com seu carro e não resistiu aos ferimentos. Ele está no Instituto Médico Legal e pedem que alguém da família vá para lá imediatamente.

Seu Jordão, ao ouvir as últimas palavras de Débora, sentiu-se sem forças, precisando se apoiar num móvel para não cair. Paulo, percebendo a palidez e o choque em Jordão, correu para ampará-lo, fazendo-o se sentar.

— Jordão — disse-lhe Paulo —, sei que nesta hora nada que eu diga vai fazê-lo sentir-se melhor, o que eu lhe peço é que chore, grite, esperneie, mas, pelo amor de Deus, não se prostre, pois precisa reagir a tudo isso, homem. Sua mulher vai precisar de você mais do que tudo agora.

Seu Jordão, porém, parecia estar longe dali, olhos fixos no vazio, sem demonstrar qualquer reação que fosse.

Por sua vez, Débora, sem conseguir mais conter o choro, deixou as lágrimas caírem e, sem procurar impedi-las também, abaixou-se ao lado do pobre homem, afagando-lhe as mãos.

– O senhor tem de ser forte agora – falou, usando as mesmas palavras que ouvira do pai momentos antes. – Dona Eunice não vai conseguir suportar dor tão grande se não estiver ao seu lado. Todos nós estamos sofrendo muito e precisamos um do outro. É horrível o que estamos vivendo, mas, infelizmente, é a nossa realidade e temos de enfrentá-la.

E, vendo que seu Jordão continuava impassível, sacudiu -o, num gesto de desespero e angústia.

– Fale comigo, por favor. De nada vai adiantar o senhor ficar aí desse jeito, temos de cuidar da parte burocrática, pois somente liberarão o corpo depois que alguém da família for até lá, ou o senhor vai deixá-lo lá, para ser enterrado como indigente?

– Débora! – censurou seu Paulo. – Está sendo dura demais!

– Papai, ele tem de reagir, do contrário, como vai ser?

– Você também está nervosa, eu sei, mas vá com calma.

Seu Jordão, olhando Débora, sem nenhuma expressão no rosto, levantou-se, dirigiu-se ao quarto onde a mulher estava descansando e acordou-a.

– Eunice, precisamos conversar.

A esposa acordou assustada, pois havia tomado um calmante antes de se deitar.

– O que foi? Maurício chegou?

Seu Jordão soltou um longo suspiro.

– Não, ele não chegou e nem vai chegar.

– O que quer dizer com "não vai chegar"?

E a mulher sentou-se na cama, num sobressalto.

– Nosso Maurício não vai mais chegar, pois...

O soluço cortou o que estava dizendo, fazendo romper a comporta que seu Jordão, até aquele momento, conseguira conter.

Dona Eunice, fulminada como que por um raio, levantou-se num salto da cama, pondo-se diante do marido, que chorava copiosamente, segurando o rosto entre as mãos.

– Que história é essa de não voltar mais?! Fale, homem!

– É isso mesmo que você ouviu, pois nosso filho está morto.

– Não é verdade, diga que é mentira, Jordão! – gritou dona Eunice, com histeria, perdendo totalmente o controle de seus nervos.

Seu Paulo, ao ouvir tamanha gritaria, subiu a escada correndo, sendo seguido por Débora, que já havia se controlado novamente.

Entrou no quarto e seu coração de pai doeu ao ver cena tão sofrida, pois, naquele momento, pôs-se no lugar daqueles pais, desesperados com a perda de seu único filho.

Procurou acalmá-los, na medida do possível, pedindo a seu Jordão, um pouco mais calmo, que se controlasse para irem até o Instituto Médico Legal.

Débora chegou perto de dona Eunice, abraçando-a, fraternalmente.

– Oh, Débora, por quê...? Por que Deus permitiu que isso acontecesse com o meu menino? Logo ele, tão cheio de vida, alegre, estudioso, cheio de planos, e vocês se davam tão bem. Como essa desgraça pôde abater-se sobre nós?

— Eu também não tenho explicação, dona Eunice, apenas sei que tínhamos tudo para sermos felizes, mas, depois que a droga entrou na vida dele, nossos planos de felicidade foram destruídos, e Maurício perdeu o amor pela vida, pelos estudos, acho que até por mim.

A sensação que eu tinha quando estávamos juntos, nos últimos tempos, era a de que estava ao lado de uma pessoa que eu não conhecia, completamente diferente do Maurício pelo qual eu me apaixonei e que compartilhou comigo tantos momentos maravilhosos.

Tornou-se amargurado, ressentido e triste consigo mesmo. Era como se a sua fragilidade diante das drogas o tornasse um ser desprezível, incapaz de se recuperar ou de fazer alguém feliz, passando a se depreciar por completo. Acho até que isso matou o Maurício que nós conhecemos e amamos tanto, muito antes desse acidente horrível.

Dona Eunice ouvia a tudo calada, tentando entender o que estava acontecendo.

Pela primeira vez, dava-se conta de que o filho havia se modificado nos últimos tempos, tornara-se introspectivo, quieto, às vezes agressivo, assim como se afastara muito dela e do pai.

No entanto, em nenhum momento sequer, passou por sua cabeça que o filho estivesse atravessando um problema tão sério.

Nem ela ou seu Jordão tiveram perspicácia ou sensibilidade suficiente para perceber que algo grave estava acontecendo. Para ela, o nervosismo dele advinha de alguma dificuldade com os estudos e jamais poderia supor que ele estivesse envolvido com más companhias e drogas.

A confiança depositada nele era tão grande, que jamais cogitou tal possibilidade, e, quando seu Jordão tentou levantar

147

a questão pelas atitudes e comportamentos agressivos adotados pelo filho nos últimos dias, ela reagira com veemência, não admitindo sequer conversar sobre o assunto.

Na verdade, quando o assunto é dependência às drogas e ao alcoolismo, as pessoas têm muita dificuldade em tratar e conversar a respeito, pois é muito difícil, para um pai, admitir que seu filho esteja se drogando ou bebendo.

Nos dias de hoje, ainda vemos comportamentos como os de dona Eunice e seu Jordão, de se recusarem a falar sobre o assunto, ou até mesmo de encararem o problema de frente.

Na casa do vizinho pode acontecer, na minha não!

E é aí que se comete um grande erro, julgando que seu filho ou filha seria incapaz de cometer ou que estaria isento de tais vícios.

Todos estão sujeitos a sucumbir diante das provas impostas pela vida, principalmente o jovem que não tem um bom alicerce, bases sólidas, conscientização do que pode vir a acontecer se entrar por esse caminho, na maioria das vezes, sem volta ou, melhor dizendo, com inúmeros obstáculos e sofrimentos a serem vencidos.

Maurício era um jovem que até tivera uma boa formação dentro de casa, mas faltou a comunicação e o diálogo necessários entre ele e seus pais.

O excesso de confiança depositado nele e o fato de os pais acreditarem ser impossível o filho desviar-se do caminho do bem fizeram dele uma grande vítima das circunstâncias.

Por isso é que dizemos ser de vital importância que os pais se inteirem sobre o assunto, conversem sem medo, sem censura ou constrangimento com seus filhos, orientando-os e esclarecendo-os sobre os perigos existentes no vício das drogas e do álcool.

Sabemos ser uma árdua tarefa; derrubar tais barreiras cheias de tabus e preconceitos não é fácil, mas o diálogo franco e aberto é ainda a melhor maneira de se enfrentar o problema antes que ele se instale, já que aos pais compete, como missão, receber um filho, fazê-lo crescer no bem e desenvolver-lhe a responsabilidade, abrindo-lhe os olhos para as ciladas que a vida, muitas vezes, coloca-nos no caminho.

Cultivando a fé, tornamo-nos mais fortes e menos suscetíveis a erros e enganos.

Quando nos fortalecemos numa fé inabalável, no amor que Deus nos dedica, na abertura de nossas antenas receptivas, que nos ligam aos bons Espíritos, guardiões e mentores, que nos seguem pela vida afora, acabamos por receber boas intuições e conselhos.

Vivendo de acordo com os preceitos do bem e da caridade, praticando o bem e suportando, com humildade, resignação e aceitação, os desígnios de Deus, criamos ao nosso redor um campo energético positivo e salutar, capaz de vencer os mais difíceis obstáculos e provações.

Podemos observar que nos grupos de jovens que frequentam uma comunidade sadia, em que se desenvolvem programas educativos, com orientadores, onde estes jovens estão engajados numa série de atividades voltadas para criar, entre eles, um ambiente salutar, alegre, descontraído, e também de seriedade para os estudos, religiosos ou espirituais, dificilmente se vê um desses jovens se desviarem para caminhos obscuros.

Um acaba sendo espelho para o outro, servindo de exemplo a ser seguido.

capítulo
QUINZE

Retomando a história...

Débora ficou fazendo companhia a dona Eunice enquanto Paulo acompanhou seu Jordão para tratar do reconhecimento do corpo, da necessária documentação e do enterro de Maurício.

Durante todo o velório, houve muita tristeza e comoção por parte de amigos e parentes, que vieram trazer aos pais do jovem a sua solidariedade e pesar.

Afinal, Maurício era muito querido por todos, havia crescido naquela rua, em que tinham por ele uma grande admiração e amizade.

Débora esteve ao lado de dona Eunice e de seu Jordão o tempo todo, junto ao caixão, que estava lacrado, ficando à vista somente uma parte do rosto de Maurício e, mesmo assim, todo enfaixado, devido ao esmagamento craniano que sofreu.

Rogério relutou bastante em ir até lá, pois sabia que encontraria Débora, tendo receio de que ela fizesse algum tipo de escândalo ao vê-lo.

Mas uma força interior o impulsionava a ir.

Ao entrar na sala em que se encontrava o corpo de Maurício, o primeiro olhar que encontrou foi o de Débora, que o fez sentir o sangue gelar nas veias.

Não entendia o que havia de errado naquela garota, que o impressionava tanto. Seu olhar ficou a observá-lo o tempo todo, e Rogério sentia claramente que era um olhar acusador, que o fazia sentir-se mal. Mesmo assim, aproximou-se dos pais de Maurício, dando-lhes os pêsames, olhou para o caixão e pôde ver parte do rosto de Maurício. E, levantando o olhar, sentiu-se congelar pela fúria que vertia dos olhos de Débora.

Rogério não conseguiu sustentar seu olhar, afastando-se rapidamente para fora da sala.

Sentia-se um intruso naquele lugar, mas, ao mesmo tempo, em seu coração, existia um sentimento de vitória e de tarefa cumprida, de alívio mesmo.

Quando Maurício, Espírito, deparou-se com Rogério no saguão do velório, o que levou certo tempo, pelo seu estado, pois tinha enorme dificuldade para enxergar, começou a gritar furioso, tentando aproximar-se dele, mas foi contido bruscamente por Ratrus, que o pegou pelo braço, fazendo-o ajoelhar-se e gemer de dor.

— Chega de histeria — ordenou Ratrus —, você não pode fazer nada contra ele e, mesmo que pudesse, não deixaríamos.

E Maurício, agora já livre dos últimos fios que o ligavam ao corpo, foi levado por Ratrus e seu grupo para uma espécie de caverna fria, úmida, escura, e que tinha um cheiro insuportável.

Por várias vezes caiu no chão, cheio de buracos, por não enxergar direito, e sentia que o solo era um charco só e que o cheiro fétido deveria vir dali.

Sua fraqueza aumentava e sentia que iria desfalecer a qualquer momento, porém Ratrus, ao perceber que Maurício não tinha mais condições, jogou sobre ele um líquido gelado que, ao cair em suas feridas, fazia-o gritar e se contorcer de dor.

— Tenha misericórdia, eu lhe peço. Por que está fazendo toda esta barbaridade comigo? Eu não aguento mais tanto sofrimento. Será que não percebe que não tem sentido estarem me judiando desta maneira, sem ao menos eu saber o porquê de tudo isso? Diga-me o que eu fiz a vocês para estar passando por tudo isto!

— Saberá, mas não agora. No momento oportuno, revelarei. Por enquanto, quero que sinta cada pedaço do seu corpo queimar e doer, mas você ficará consciente, não deixarei que desmaie. E isso é só o começo! Amarrem-no!

Se Maurício tivesse orado com fé e pedido a Deus, nosso Pai misericordioso, que se apiedasse dele, pedindo-Lhe socorro através da oração sincera, por certo teria recebido ajuda de um mensageiro, que o esclareceria do mal que havia feito para si próprio ao atentar contra a própria vida. Porém, como premeditou sua morte, friamente, não foi socorrido pelo plano espiritual que ampara o Espírito na hora de sua desencarnação.

Casos como o de Maurício acabam ficando assim, à mercê de Espíritos maus e perversos, como Ratrus e seu bando.

Diante das circunstâncias em que ocorrera a sua desencarnação, Maurício não pôde ser socorrido e levado a um pronto-socorro espiritual para receber, por Espíritos esclarecidos, o devido tratamento para o seu refazimento, e ficou em poder do grupo de Ratrus.

Muitas vezes em que ocorre o suicídio, o Espírito não tem seu desligamento feito de imediato, tendo assim que passar por toda a aflição e desespero de ver o seu corpo carnal decompor-se lentamente, passando assim por toda a sorte de sensações e situações, pelo período que ainda tivesse de estar encarnado, se não tivesse atentado contra a própria vida.

Maurício, vendo-se amarrado, passando por todo tipo de humilhação por parte daqueles Espíritos, fechou os olhos, pedindo que aquele pesadelo tivesse fim.

— Seja o que for que eu fiz a vocês, imploro que me soltem e me deixem ir. Já sofri bastante em suas mãos.

— Ainda nem começamos! — respondeu Ratrus, chicoteando-o novamente.

O jovem sentiu-se desfalecer por várias vezes, diante de tanta tortura e selvageria, e, quando pensava que iriam parar com tudo aquilo, Ratrus recomeçava uma nova sessão impiedosa. Quando já não tinha mais qualquer parte do corpo que não fosse uma ferida só, Ratrus decidiu conversar com ele.

— Agora que está bastante machucado — falou —, sentindo na pele a dor de ser mutilado e aviltado, você saberá por que está em nossas mãos, recebendo tal punição. Farei com que se lembre de todas as atrocidades que fez, e verá que merece estar passando por tudo isto. Nós o seguimos há muito tempo, e nada do que lhe aconteceu foi por acaso. Você pensa que o Rogério tem culpa em seu desencaminhamento. De certa forma, é verdade, mas ele teve todo o nosso apoio. Só esperávamos pelo momento certo para agirmos. Se tem algum animal peçonhento aqui, esse alguém é você, que não teve um pingo de piedade ao macular a filha de Pedro.

— De que está falando? Quem é Pedro? O que fiz à filha dele? Vocês devem estar enganados, pegaram a pessoa errada, não sou quem estão pensando, deve haver algum engano!

— Cale-se, seu crápula estúpido, e apenas escute! Você não se lembra do que se passou, mas eu vou avivar a sua memória.

153

E, assim, Ratrus foi minuciosamente falando da época em que Maurício era um forasteiro de nome Geraldo, que perambulava pelas cidades, cometendo roubos e atrocidades com pessoas boas e inocentes, destruindo lares e trazendo sofrimento a muitas famílias.

Aos poucos, Maurício foi visualizando o seu passado. Era como se o véu que o recobria fosse sendo puxado aos poucos, fazendo-o rever e relembrar-se de fatos vividos por ele, com a mesma intensidade de quando os cometera.

À medida que Ratrus falava tudo ia se clareando em sua mente, até que chegaram ao ponto em que seu algoz queria: o momento em que Geraldo havia estuprado e matado Soraia, a filha de Pedro, de maneira cruel e violenta, e Maurício reviveu tudo o que se passou naquele dia fatídico.

– Pare com isso! – implorou Maurício. – Prefiro continuar sendo espancado a ter de reviver isso. É doloroso demais para mim!

– Não, nós faremos todo o trajeto juntos, pois você não destruiu só a vida de Pedro e a de Soraia, mas a minha também.

Eu era Miguel, um rapaz loucamente apaixonado por Soraia, e só estava esperando que ela tomasse um pouco mais de idade para pedi-la em namoro e casar-me com ela. Sabia que ela também gostava de mim, apesar de só nos olharmos a distância, e aí apareceu você, um monstro malfeitor, e fez o que fez. Garanto que, quando cometeu aquele crime, não se arrependeu de nada.

Na verdade, Miguel acabara se unindo a Pedro no plano espiritual por estarem na mesma frequência vibratória, com o coração cheio de ódio e sedentos de vingança. Assim, engendraram um plano para colocarem em prática quando chegasse o momento oportuno.

– Agora chegou a hora de acertarmos as nossas contas.

Esperei muito tempo por este momento! Vingarei Soraia, por mim e pelo seu pai, que não pode estar aqui por motivos que já deve imaginar.

– Rogério foi o pai da garota? E ela? Quem é? Deve odiar-me mais que vocês!

– Não. Soraia jamais o odiou pelo que fez a ela, até o perdoou e seguiu outro destino. E hoje está reencarnada como Débora.

Maurício levou um choque com essa revelação, ficando confuso.

– Oh, não! Isso não é possível! Como pode ser Débora? Ela me amava, nós iríamos nos casar.

– Pois é, mais uma vez você provou ser um canalha da pior espécie, fazendo-a sofrer novamente, só que de outra maneira. Ela reencarnou junto a você e a Rogério, na esperança de ver desfeitas, de uma vez por todas, a rivalidade entre vocês, e também para que resgatasse, junto dela, o mal que lhe tinha feito, podendo agora dar-lhe amor, carinho, atenção, enfim, fazendo-a feliz. Mas não, você novamente se desencaminhou na vida e, mais uma vez, sucumbiu, desta vez, ao vício e, acovardando-se, buscou o suicídio. Como vê, Débora é e pensa muito diferentemente de nós.

– Mas vocês me ajudaram a cair no vício.

– Sim, nós tínhamos uma missão e cumprimos o que tínhamos prometido. E livramos Débora de você.

E, divertindo-se, Ratrus esclareceu, sarcasticamente:

– Mas se você fosse alguém com princípios fortes de vida, se tivesse ouvido o seu anjo protetor e possuísse outra vibração, não teríamos como nos achegar a você, pois teria uma espécie de escudo protetor que nos repeliria.

155

E foi bem fácil conduzi-lo, pela sua falta de vigilância, pela sua imprudência e, principalmente, pelos seus atos, que nós influenciamos, sim, mas que, em sua total fraqueza de caráter, não ofereceu nenhuma resistência.

Caso tivesse um sólido alicerce como base de vida, não teríamos conseguido o nosso intento.

— Mas eu sempre fui um cara bom, nunca fiz mal a ninguém! Pelo contrário, gostava de ver as pessoas felizes e procurava levar a todos, que comigo conviviam, a minha alegria.

— Só que lhe faltou o principal, garoto, que seria a sua força de fé, servindo como escudo contra nós. Essa, para nossa sorte, não foi cultivada por você, nem pelos seus pais, que estavam muito preocupados em mimá-lo e dar-lhe coisas que, no entender deles, seria o que o faria feliz. Também erraram para nossa sorte. E vamos deixar de conversa fiada e continuar de onde paramos!

Maurício, vendo a armadilha em que tinha caído, começou a chorar convulsivamente. Não queria acreditar ser ele tão vil e repulsivo e, ao mesmo tempo, tão estúpido e ingênuo.

Mas Ratrus, sem nenhuma compaixão pelos seus sentimentos, levou sua vingança em frente.

Voltou a falar, e as imagens do passado vieram-lhe novamente, como se estivesse assistindo a um filme.

Agora, o remorso o corroía por dentro, o sentimento de culpa que sentiu quando Débora o pegou em flagrante na casa de Rogério aumentou ainda mais, por tudo o que acabara de saber.

— Ah! Se eu pudesse voltar para reparar o mal que fiz... Mas como eu podia saber que tudo isso havia acontecido?

— Agora não adianta chorar e descabelar-se! O que está feito está feito e não volta mais. Será meu escravo aqui e fará tudo o que eu mandar. Nada que faça irá mudar sua condição de devedor.

Depois de visualizar tudo o que fez, Maurício sentiu-se arrasado, o pior dos seres.

Jamais imaginara passar por tudo aquilo e, amargurado, com um misto de sentimentos, que iam do remorso à culpa, foi-se encolhendo onde estava, prostrando-se e sentindo-se o mais pequenino dos seres.

Nada mais que Ratrus fizesse ou dissesse a ele faria qualquer diferença, pois já tinha o suficiente para viver miseravelmente os seus dias.

E as coisas começavam a fazer sentido; passagens vividas vinham-lhe à mente, deixando-o pior do que já estava se sentindo.

Como queria poder pedir perdão a Débora e até mesmo a Rogério por todo o mal que lhes fizera? Ele estava morto, e eles, vivos. Como comunicar-se com eles?

Nesse mesmo tempo, uma onda de revolta foi crescendo dentro dele, fazendo-o blasfemar contra Deus.

"Se Deus fosse bom como sempre ouvi dizer... Como pôde permitir que eu me desviasse novamente do caminho do bem? Por que não me ajudou a enxergar as coisas com clareza?"

E berrou, revoltado:

— Eu não acredito nesse Deus! Se fosse justo, ajudaria as pessoas e não as deixaria sucumbir, como me deixou.

Maurício estava descontrolado. Não estava preparado para suportar de uma só vez tantas revelações, e Ratrus sabia disso. Mas precipitar as coisas fazia parte de seus planos de ação contra aquele homem que, para ele, não passava de um verme miserável, que deveria queimar no fogo do inferno.

Maurício perdeu a noção de tudo, resmungava sozinho e, mesmo desamarrado, não saía do lugar em que estava. Era como se estivesse acometido por um tipo de loucura demoníaca.

Sem contar que, mesmo desencarnado, devido ao precário estado em que se encontrava, continuava sentindo muita falta das drogas e da bebida. Com isso, nos poucos momentos em que parecia mais lúcido, sofria terrivelmente, voltando novamente a ter alucinações. E muitas das pessoas, a quem tinha feito mal no passado, povoavam sua mente, agora doente e desorientada.

E, assim, passaram-se muitos meses em que, sendo seu próprio juiz, criara tantos demônios e monstros a lhe molestar, que não tinha um minuto sequer de descanso ou paz.

Ratrus assistia a tudo sem intervir, pois sabia que não havia nada pior do que ser crucificado por si próprio, pelos seus atos insensatos.

Mesmo na condição de ser um Espírito vingativo e cruel, Ratrus conhecia muito bem as leis que regiam o plano espiritual, mas mesmo assim, sentia-se feliz em estar do lado oposto ao bem.

Gostava de ser um líder e de ter servos a trabalhar para ele, pois o poder lhe fazia bem, não tendo a menor vontade de seguir Espíritos de outras esferas que, por muitas vezes, vieram ter com ele, tentando levá-lo a trabalhar para o bem da humanidade.

E ele jamais lhes deu ouvido, perdendo assim grandes oportunidades de se regenerar.

capítulo
DEZESSEIS

O tempo passava, e dona Eunice tornou-se uma mulher triste e depressiva. Sonhava frequentemente com o filho, vendo-o num lugar frio e sombrio, não muito diferente de onde ele se encontrava na realidade.

Esses sonhos costumavam deixá-la ainda pior, pois era como se soubesse que o filho não estava bem e que sofria.

Em muitas noites acordava sobressaltada, gritando por Maurício, como se quisesse arrancá-lo de algum lugar em que estava preso.

Seu Jordão levou-a ao médico, que lhe prescreveu calmantes no sentido de melhorar seu sono, mas de nada adiantaram.

A angústia de seu Jordão também piorava a cada dia, não sabendo mais o que fazer para ajudar a esposa.

Foi assim que, certo dia, no trabalho, conversando com um colega, que sabia de todo o seu infortúnio, ficou sabendo de uma reunião muito boa que ele frequentava com a mulher e que tinha como propósito ajudar pessoas que se encontravam naquela situação, pela perda de um ente querido.

— Jordão, você nunca comentou nada com relação ao que vou lhe dizer, mas por tudo que tem me contado, acho que seria muito bom se levasse dona Eunice a esse lugar que lhe falei. Chama-se Centro Espírita Amor e Caridade, não fica longe daqui e, sinceramente, acredito que vai ser muito bom para vocês dois. Tenho certeza de que lá encontrarão conforto para aliviar suas dores. Sei que nada poderá apagar a perda de um filho como Maurício, mas penso que não podem continuar levando essa vida de sofrimento, sem buscar ajuda.

Além do mais, por tudo que já li e aprendi lá, essa dor e o inconformismo de vocês podem estar inclusive prejudicando o seu filho, pois seus sentimentos acabam gerando energias negativas, que acabam por cercear a evolução dele. Eu não sei explicar muito bem, mas é mais ou menos assim. Converse com dona Eunice e veja se ela gostaria de ir até lá.

Terei o maior prazer em levá-los para uma primeira visita. Se gostarem, só lhes fará bem, caso contrário, mal não irá fazer.

Seu Jordão considerou o que o amigo estava dizendo e resolveu aceitar a ajuda.

Estava cansado de lutar sozinho e também se sentia profundamente triste por tudo que acontecera, mas sabia que tinha de seguir sua vida, apesar de tudo, o que não estava acontecendo com a mulher, que se entregou àquela dor, não se importando com mais nada.

Às vezes, tinha a nítida sensação de que ela queria estar morta também, o que o deixava mais angustiado, pois se sentia impotente para ajudá-la.

— Acho que tem razão, vou levá-la até lá. Sei que precisamos de ajuda, e esta certamente virá em boa hora, pois não sei mais o que fazer para ajudar a Eunice. Tenho pavor só de pensar que, qualquer hora dessas, ela faça alguma besteira; vive dizendo que gostaria de morrer para ir para junto do filho.

— Bem, nem sempre isso acontece, Jordão. Cada um de nós vai para onde tem o devido merecimento, de acordo com as nossas obras e atos terrenos.

Quanto a Débora, desde a morte de Maurício, também não conseguia ser a mesma. Por vezes seguidas, tinha a sensação de ouvir Maurício chamando por ela, o que a deixava muito perturbada. Chegou a comentar com sua mãe, que a orientou a rezar bastante por sua alma, rogando a Deus a paz para ele.

— Sabe, mãe, pensei que fosse mais fácil esquecê-lo, mas me sinto tão angustiada e triste que, às vezes, chego a pensar que Maurício não está bem, sem contar que dói demais saber que nunca mais o verei. Eu tinha tanta esperança de que ficaríamos juntos e felizes... Que superaríamos o passado, mas não tivemos nem tempo para tentar reconstruir nossa vida. Foi tudo tão rápido!

— Sabe, filha, como já lhe disse outras vezes e torno a repetir, eu acredito muito no destino e sempre coloquei tudo nas mãos de Deus, pedindo que fizesse o melhor para todos. Assim como também sei que todos nós temos a livre escolha, e nem sempre escolhemos de acordo com os ensinamentos de Jesus.

Quanto ao Maurício, gostava muito dele, você sabe. Quando reataram o namoro, julguei que você estivesse encaminhada, pois, olhando para vocês, ninguém diria que não tivessem sido feitos um para o outro.

No entanto, os fatos não ocorreram como nós planejávamos.

Agora, filha, já faz alguns meses que Maurício se foi e penso que está na hora de retomar sua vida. Seus amigos têm ligado, convidando-a para sair, e vejo que tem recusado.

— Mãe, não sinto vontade de sair, nem de me divertir!

— Pois faça um esforço e saia. Distrair-se um pouco, conversar com os amigos, só lhe fará bem.

– Vou tentar, mãe, mas se eu me sentir entediada, volto para casa imediatamente.

– Tudo bem, mas, pelo menos, tente.

– Na verdade, morro de vontade de visitar os pais dele, mas tenho medo de não ser bem recebida. Afinal, desde o enterro de Maurício que não vejo a sua família.

– Pois é muito fácil: ligue para eles, veja qual será a reação e diga que gostaria de vê-los. Duvido que a tratarão mal, afinal, sempre gostaram de você.

– Pois é, vou fazer isso!

Débora animou-se com a ideia de ir visitá-los, vê-los depois de tanto tempo e entrar na casa em que Maurício viveu por tantos anos lhe traria certo alento ao coração.

Quem atendeu ao telefone foi dona Eunice, ficando contente ao falar com Débora e saber que ela iria visitá-los logo mais à noite.

Seu Jordão aproveitou esse momento, um pouco mais descontraído da esposa, para conversar com ela sobre o Centro Espírita, que o amigo os havia convidado.

Tinha de ter certo cuidado, pois sabia que ela era avessa a esse tipo de coisa.

– Eunice, hoje, conversando com um amigo lá no trabalho, fomos convidados para irmos assistir a uma reunião num local em que ele frequenta.

– Que lugar é esse?

– É um Centro Espírita que ajuda pessoas que perderam entes queridos, como nós.

– Nem me fale nesse tipo de coisa. Você bem sabe que eu não gosto disso, apesar de respeitar e até já ter lido alguma coisa a respeito.

— Pois eu acho que nós deveríamos ir. Eu já não aguento mais ver você chorando pelos cantos da casa. Conversando sozinha no quarto do Maurício, como se ele ainda estivesse lá. Tenho certeza de que isso só está lhe fazendo mal e a ele também, que deve ficar perturbado pelo fato de você não deixá-lo descansar em paz.

Dona Eunice começou a chorar novamente; desta vez, com profunda mágoa, pelas palavras do marido.

— Não fale assim comigo, Jordão! Parece até que não tem coração. Eu sinto saudade de meu filho, sim, ele me faz uma enorme falta, sofro muito pela sua ausência.

— E você acha que eu não sinto? Acontece que imagino que ficar pelos cantos da casa, chorando, só faz perturbar seu descanso, e é por esse motivo que quero levá-la nesse Centro. Para que juntos possamos nos esclarecer sobre o assunto e para que consigamos ajuda e alívio para o nosso sofrimento. Até porque, pela perícia que foi realizada, nada foi encontrado que justificasse a forma horrível do acidente, o que nos leva a crer que Maurício tenha se suicidado. E esse seria mais um motivo para buscarmos ajuda, pois, pelo que meu colega comentou, as pessoas que se suicidam podem ficar vagando pelo mundo, sem paz e descanso, pois não conseguem ser imediatamente resgatados.

— Mas por que essa crueldade?

— Não é crueldade. Segundo os espíritas, suicidas antecipam seu retorno para o Plano Espiritual quando a ninguém, somente a Deus, cabe estabelecer a hora da partida de cada um de nós. Tal transgressão acarreta um distúrbio ao Espírito. Se isso aconteceu com nosso filho, ele deve estar sofrendo em algum vale sombrio e necessita de nossa ajuda.

Diante de tais argumentos, dona Eunice pronunciou-se, agora com um pouco mais de aceitação:

— Não quero nem imaginar que meu filho possa estar sofrendo assim, Jordão. Pode marcar que iremos buscar ajuda. Sei que também necessito de auxílio. Às vezes, penso ouvir Maurício me chamando e sinto que é um chamado aflito e angustiante, que me dá calafrios na espinha, toda vez que isso acontece.

Outro fato que não lhe contei é que, inúmeras vezes, tenho sonhado com ele. É um sonho confuso, desconexo, mas vejo um lugar frio e escuro e sinto que Maurício está por ali. Tento me aproximar e não consigo, mas sinto sua presença, o que me deixa aflita e angustiada. Chamo por ele e, apesar de sentir fortemente sua presença ali, naquele lugar horrível, não ouço resposta, nem o vejo. E tenho acordado banhada de suor e passo o dia com uma sensação de dor imensa, que vai me apertando o coração, o que me deixa ainda mais amargurada do que estou.

— Por que não me contou isso antes?

— Não julguei que você pudesse fazer algo para me ajudar.

— Eu realmente não posso, mas, certamente, há quem possa. Vou ligar agora mesmo para meu colega e ver quando ele pode nos levar lá.

E o marido se dirige ao telefone.

— Alô, Franco, aqui é o Jordão. Desculpe-me estar ligando agora, mas acabo de falar com Eunice sobre o Centro Espírita. Gostaria de saber quando você poderia nos levar lá.

— Amanhã mesmo se quiserem — respondeu o amigo.

— Ótimo, amanhã está perfeito. Obrigado, Franco.

— Não por isso, Jordão. Tenho certeza de que gostarão de lá. É um local simples, mas com um trabalho muito sério. Bem, ficamos assim, então. Poderemos nos encontrar às dezenove horas em frente à firma.

— Não prefere que eu o pegue em sua casa, Franco?

— Absolutamente, mesmo porque, é caminho.

— Combinado, então. Boa-noite!

— Boa-noite, Jordão!

Débora chegou na hora combinada e foi recebida com muito carinho por seu Jordão e dona Eunice. A emoção pairava no ambiente e os olhos de todos ficaram úmidos pelo reencontro.

Conversaram sobre trivialidades de modo geral, e Débora não tocou no nome de Maurício, pois achou que não era oportuno.

Foi dona Eunice quem puxou o assunto:

— Sabe, Débora, desde que Maurício se foi, eu nunca mais consegui me recuperar. Sinto tanta falta dele, que quando você chegou tive a impressão de que ele entraria junto com você por aquela porta.

— Imagino como se sente, dona Eunice, pois muitas vezes, quando toca o telefone em casa, dá-me um frio no estômago como se, de repente, fosse ele do outro lado da linha.

— Eu também sinto muito a sua falta.

— Mas como diz minha mãe, não devemos alimentar este tipo de ilusão, pois assim não o deixamos ficar em paz.

— Mas era justamente sobre isso que falávamos minutos antes de você chegar – comentou seu Jordão.

— Amanhã à noite, iremos a um Centro Espírita em que um amigo do Jordão, lá da firma, convidou-nos – disse dona Eunice. – Ele acha que vai nos fazer bem, uma vez que tenho tido sonhos estranhos com Maurício e não consigo me conformar com sua morte.

— Sabe, dona Eunice, eu também, às vezes, tenho a sensação de ouvi-lo me chamar e confesso que tenho ficado bem perturbada com isso. Minha mãe me orientou a orar bastante por sua alma, mas, mesmo assim, a sensação de mal-estar que sinto é tão real que chego a sentir calafrios pelo corpo.

— Iremos amanhã ao Centro, caso queira ir conosco... — convidou Jordão.

— Obrigada, seu Jordão, mas eu morro de medo dessas coisas. Prefiro ir à igreja e continuar rezando por ele do meu jeito.

— Você é quem sabe. Fica o convite e, se mudar de ideia, é só nos falar.

No dia seguinte, no horário combinado, seu Jordão e dona Eunice encontraram-se com Franco e sua esposa e puseram-se a caminho do Centro.

Ao chegarem lá, dona Eunice, que parecia bastante nervosa e ansiosa, teve ímpetos de voltar atrás, porém seu Jordão, com firmeza, levou-a para o interior do imóvel.

A casa era simples, porém, acolhedora. As pessoas que ali aguardavam o início dos trabalhos permaneciam em silêncio, sentadas em cadeiras enfileiradas; a maioria, em prece.

Na mesa, havia dez médiuns em profunda concentração e mais dois na porta de entrada da sala, recebendo os que ali chegavam e orientando-os.

Dona Eunice, seu Jordão, Franco e sua esposa entraram e também se sentaram. Dona Eunice olhava ao redor como que procurando algo, e seu Jordão, percebendo o nervosismo da mulher, pegou em sua mão, procurando, com voz baixa, acalmá-la.

— Eunice, não precisa ter medo, estamos aqui nesta casa de oração para buscarmos alívio ao nosso sofrimento e conforto para o nosso filho, com nossas preces, caso ele esteja necessitando. Tenho fé em Deus e acredito piamente que encontraremos aqui o consolo para o nosso coração, tão amargurado e inconformado. Vamos nos recolher em preces, pedindo a Deus que derrame sobre nós a Sua bênção e misericórdia.

Dona Eunice, ouvindo as palavras do marido, entendeu estar ele certo e procurou fechar os olhos e, sinceramente, de coração aberto, pela primeira vez desde que Maurício morreu, conseguiu proferir uma prece que saiu do fundo de seu coração, pedindo a Jesus que os ajudasse naquele momento de tanta dor e sofrimento.

O plano espiritual, que já atuava dentro daquele ambiente, veio em auxílio de dona Eunice e de seu Jordão, derramando-lhes fluidos balsâmicos e reparadores, fazendo-os sentir, de imediato, grande bem-estar.

O trabalho teve início, e um dos membros que ali se encontrava, à cabeceira da mesa, levantou-se e proferiu sentida prece, pedindo a Jesus permissão para que a sessão tivesse início e que todos que ali estavam pudessem, de acordo com o seu merecimento, ser fortalecidos e amparados pelos Espíritos que trabalhavam naquela casa.

Imediatamente, um dos médiuns se manifestou, dando, assim, passividade para o mentor espiritual que dirigia o trabalho.

— Boa noite, meus irmãos, que a paz de Jesus se derrame sobre nós como uma cachoeira de luzes multicoloridas e que estas possam atenuar nossas aflições e pesares.

Que os amigos que vêm aqui pela primeira vez possam sentir a acolhida de amor e carinho de todos nós, e que nossos amigos de jornada possam também encontrar a paz que aqui vieram buscar.

Dona Eunice, emocionada com as palavras daquele

dirigente, teve vontade de chorar e não conseguiu conter as lágrimas, que lhe caíam pela face. Era como se essas lágrimas, pela primeira vez, estivessem levando toda a sua mágoa e seu ressentimento.

Seu Jordão prestava muita atenção àquelas palavras e procurava sintonizar-se com Deus.

A casa seguia o seguinte critério: primeiramente, seu dirigente abria os trabalhos com uma prece, seguida da leitura de um trecho de *O Evangelho Segundo o Espiritismo*. Logo após, era dada a permissão para que Espíritos, que ali se encontravam, pudessem se manifestar.

Dois dos médiuns psicografavam e os demais se manifestavam, dando passagem através da fala, para que Espíritos necessitados, sofredores e outros, que até ignoravam terem desencarnado, pudessem, através desse trabalho, ser encaminhados pelos membros espirituais da casa, depois de esclarecidos sobre sua real condição, a colônias de tratamento e esclarecimento.

Digo isso, pois muitos desses Espíritos, que por vezes estão acompanhando uma pessoa que foi até aquela casa por problemas os mais diversos, nem sempre estão perto desta pessoa pelo simples fato de lhe querer fazer mal, e sim por pura falta de conhecimento e esclarecimento sobre sua real condição, assim como há também Espíritos que sabem perfeitamente o que estão fazendo e agem premeditadamente.

Não raro encontrarmos Espíritos que sequer sabem que desencarnaram, outros se colam às pessoas para vampirizá-las, pois encontram nela satisfações de que, quando encarnados, gostavam e, como ainda estão muito ligados às coisas terrenas, valem-se daqueles que ali estão em meio a vícios mundanos. É bom que se diga que pessoas com vício, usuários de drogas, álcool, barbitúricos e outros se tornam presas fáceis nas mãos de Espíritos inescrupulosos.

Como é o caso daquele que se droga, bebe ou leva uma vida desregrada e promíscua.

Inevitavelmente, tais Espíritos ficam junto da pessoa, sugando suas energias e emanações, desvitalizando-a e desequilibrando-a, pois entendem que assim eles podem usufruir do que consideram como prazeres da vida, trazendo, dessa forma, inúmeros problemas àquela pessoa.

Quando dizemos isso, gostaríamos de alertar a todos para que fossem mais vigilantes em seus hábitos cotidianos, que procurassem estar mais atentos, buscando ajuda quando se sentirem fracos e perturbados, pois tal fraqueza e transtornos de pensamento nem sempre possuem uma causa orgânica, e, sim, espiritual, pois quando o Espírito se aproxima a fim de vampirizar, acaba sugando também a energia da pessoa, ao mesmo tempo em que sopra ao seu ouvido, insistentemente, palavras encorajadoras para que dê continuidade ao vício, que irá alimentar seus prazeres.

Naquela casa, um trabalho muito edificante era feito por aqueles trabalhadores, encarnados e desencarnados que, unidos na mesma fé e caridade, buscavam tranquilizar, orientar, esclarecer e encaminhar os que ali vinham em busca de paz e consolo.

Depois, todos que ali estavam eram preparados pelo dirigente da casa a mentalizarem Jesus, pois seria dado o passe espiritual.

O trabalho era finalizado com um *Pai Nosso*, seguido de sinceros agradecimentos por mais uma tarefa concluída.

capítulo
DEZESSETE

Ao término da reunião, as pessoas foram saindo, e Franco conduziu dona Eunice e seu Jordão para apresentá-los ao dirigente e aos membros da casa, sendo acolhidos amorosamente.

– Gostaria de externar aos senhores que chego a esta casa pela dor e pelo sofrimento e espero, sinceramente, poder ter o merecimento de ser ajudado – disse seu Jordão.

Seu José, o dirigente, atenciosamente, convidou-os para que se sentassem e lhe contassem qual o motivo da visita.

– Nós perdemos nosso único filho, há alguns meses, num acidente automobilístico. Ele fazia medicina veterinária e era um ótimo filho. Infelizmente, ficamos sabendo, tarde demais, através de Débora, sua namorada, que ele havia se envolvido com drogas e que nós não havíamos conseguido perceber o que estava bem debaixo do nosso nariz.

O que mais nos atormenta é saber que, pelo que tudo indica, ele atentou contra a própria vida, impiedosamente. Se tivéssemos olhado para ele com mais atenção, certamente teríamos detectado há tempo que ele havia mudado seu comportamento, evitando, talvez, a tragédia.

E, desde então, nunca mais tivemos um minuto de sossego. Nossa dor tem nos arrastado para o fundo do poço, sem que consigamos sair dele ou sequer enxergar uma luz que pudesse nos resgatar.

Todos ouviam emocionados, com lágrimas nos olhos, as palavras de seu Jordão, enquanto dona Eunice, de cabeça baixa, chorava também, sem nada dizer. Seu José, que ouvia detidamente cada palavra daquele pai infeliz, colocou a mão em seu ombro, dizendo:

– Meu caro amigo, o senhor e sua esposa são muito bem-vindos nesta casa, e considero natural toda essa amargura e sofrimento que estão sentindo, afinal era o filho amado e adorado de vocês. Porém, gostaria de fazer uma observação: pelas poucas palavras proferidas pelo senhor deu para notar o quanto se culpam por tudo o que aconteceu, e é neste ponto que gostaria de poder esclarecê-los.

Nestes muitos anos dedicados ao Espiritismo e a esta casa, vi, presenciei e aprendi muita coisa e posso assegurar-lhes que não devem continuar se culpando pelo que aconteceu. Nós que estamos aqui, neste mundo de expiação e de provas, temos o grave defeito de trazermos para nós as coisas ruins que acontecem a um ente querido e não nos perdoamos por termos falhado, por termos sido omissos ou desatentos a ponto de não evitarmos uma tragédia.

Temos sim, no caso daquele ser que nos é confiado a criação, o dever de educá-lo na senda do amor e da verdade, buscando plantar, desde a sua mais tenra idade, bons princípios, respeito ao próximo, lealdade, honestidade, caridade e, a meu ver, vocês fizeram isso de todo o coração, e com muito amor e dedicação.

É certo que, muitas vezes, pecamos por querer dar aos filhos muitos bens materiais, preocupamo-nos em construir uma base segura para o futuro, mimando-os mais do que deveríamos, mas, ao fazermos isso, estamos desprotegendo-os das ciladas e da realidade que a própria vida nos traz diariamente, quando as pessoas nem sempre têm boas intenções e bons ensinamentos.

Ao invés disso, poderíamos estar lhes mostrando que o mundo lá fora não é o recanto séguro e acolhedor do lar. Existem inúmeros perigos e armadilhas prontas a nos pegar, caso não estejamos preparados para percebê-las e nos desviarmos de seu curso.

E à medida que os preparamos e os alertamos para tais perigos, na verdade, estaremos fortalecendo-os para que não caiam e para que não se deixem seduzir aos tantos apelos viciosos que existem neste mundo.

Não que não seja válido buscarmos o melhor para aqueles a quem amamos, mas é justamente por amá-los que devemos estar sempre vigilantes e torná-los vigilantes também.

Nesse momento, seu Jordão interveio.

– Eu pensei que estava dando o melhor para ele...

– Tenho certeza que sim, seu Jordão e, por isso, não deve se recriminar. Se não fez melhor é porque não tinha maiores conhecimentos e também, porque não dizer, um melhor preparo. Com isso, não estou querendo dizer que os fatos ocorridos não teriam acontecido. O que quero dizer é que, uma vez fortalecidos, tornamo-nos mais ágeis e, muitas vezes, conseguimos escapar de tais arapucas. Há um dito popular que diz: – "O que não nos mata nos fortalece!" Eu, particularmente, acredito nessa premissa.

Também devemos levar em consideração que, quando reencarnamos, esquecemo-nos do que nos propusemos a realizar nessa nova oportunidade que nos foi dada, e é aí que está o nosso mérito, pois uma vez esquecidas as promessas e propostas a serem cumpridas, teremos mais facilidade em nos deixarmos envolver com os prazeres mundanos e cairmos em tentação. Se conseguirmos triunfar, será por nosso mérito, sinal de que, realmente, estamos nos melhorando e crescendo espiritualmente.

Deus, nosso Pai, é misericordioso conosco e nos dá a oportunidade de reencarnarmos para cumprirmos nossas missões e tarefas, resgatando assim nossa dignidade, muitas vezes, perdida.

Seu José fez pequena pausa e recomeçou;

– Sei que é difícil para um pai, para uma mãe, aceitar a desencarnação de um filho, principalmente da forma trágica como se deu com o filho de vocês. Sabemos que compete somente a Deus decidir a hora em que cada um de Seus filhos deve partir e, quando essa resolução é tomada pela pessoa, ela terá de responder pelo seu ato impensado.

Cabe a nós, uma vez conhecedores de Suas leis, leis estas que estão ao alcance de todos, procurarmos segui-las a fim de obtermos nosso crescimento e nossa evolução espiritual, a cada dia que estamos na Terra. Portanto, a resignação e a aceitação dos desígnios de Deus devem fazer parte de nossa jornada nesta vida.

Reconheço não ser fácil, porém não se culpem mais. Vamos procurar ajudar esse Espírito com muita oração, pedindo a Jesus que tenha misericórdia, e que ele, o filho de vocês, possa ser ajudado pelo plano espiritual.

Dona Eunice, pela primeira vez, criou coragem, dirigindo a seguinte pergunta a seu José:

– Por que eu tenho a sensação de que Maurício não está bem? Inúmeras vezes, tenho sonhado que ele está num lugar frio e sombrio e que sofre muito. Chego a ouvir o seu pranto e o seu lamento, o que tem me angustiado ainda mais.

Seu José pesou bem as palavras e respondeu:

— Porque é muito provável que, pelo fato de ter cometido suicídio, não tenha conseguido ser socorrido pela equipe de auxílio que trabalha nessa esfera, resgatando aqueles que desencarnam e levando-os, de acordo com o seu merecimento, a uma espécie de pronto-socorro espiritual. Pode ser que Maurício ainda esteja ligado à matéria, o que é comum nesses casos. Mas vamos pedir ajuda do plano espiritual e aguardarmos com bastante fé que eles possam nos orientar.

Bem, eu poderia ficar horas conversando com os senhores, mas, infelizmente, o adiantado da hora nos obriga a deixarmos mais esclarecimentos para outro dia.

Espero, sinceramente, ter podido ser útil a vocês e que possam refletir bastante sobre minhas palavras, pois tenho certeza de que, a partir desta nossa conversa, a ótica com relação ao que vêm passando irá se modificar, com a graça de Deus.

Vão em paz e procurem estabelecer um horário em um dia ou uma noite da semana para lerem um pouco o *O Evangelho Segundo o Espiritismo*, procurando refletir sobre o tema que poderá ser escolhido de modo aleatório. Adquirir essa rotina os ajudará em muito.

Uma boa noite a todos.

Seu Jordão, muito emocionado, segurou as mãos de seu José, dizendo-lhe:

— Muito obrigado por suas palavras... Nem sei como lhe agradecer.

Faz muito tempo que não me sentia assim. Pela primeira vez, desde a morte de Maurício, eu consigo enxergar as coisas por outro ângulo, sentindo-me de certa forma mais aliviado do que quando aqui cheguei, apesar de saber que Maurício possa não estar tão bem como gostaríamos. Mas agora, pelo menos, com mais esclarecimento, tudo faremos para ajudá-lo, esteja onde estiver.

Dona Eunice, mais reservada, coração ainda apertado, assentiu com a cabeça, concordando com o marido, porém preferiu ficar quieta, pois sabia que, se começasse a falar do filho, voltaria a chorar e, apesar de ninguém ter-lhe dito, em seu íntimo, algo lhe dizia que deveria conter as lágrimas e, principalmente, o desespero.

Despediram-se, saindo em direção à rua e, próximo aos carros, seu Jordão abraçou o amigo, dizendo:

— Obrigado, de coração, Franco. Você não sabe o bem que nos fez, trazendo-nos aqui hoje.

— Eu também gostaria de lhe agradecer — falou dona Eunice —, pois é bem como o seu José falou: não devemos nos revoltar, achando que Deus não olhou por nós. Na verdade, acho que, pela falta de conhecimentos básicos, nos desesperamos quando uma tragédia como esta se abate sobre nós, pois achamos que coisas ruins só acontecem aos outros, mas, hoje, vejo que não é bem assim.

Senti-me muito bem nessa casa, acolhida mesmo, e as palavras de seu José me calaram fundo. Tenho certeza de que ao Jordão também. Tenho fé em Deus de que aqui nós conseguiremos ser auxiliados e ajudar Maurício a ter muita paz, como o senhor disse, esteja onde estiver.

— Fico muito feliz com isso e será um prazer poder ajudá-los. Fiquem certos de que gostarão muito daqui. Apesar de ser uma casa simples, os pensamentos dos voluntários são bastante elevados, e tenho visto muitas pessoas, nestes anos todos, chegarem alquebradas, tristes e mesmo desesperadas e saírem, depois de algum tempo, felizes, pois acabaram encontrando uma nova razão de viver.

— Bem, nós vamos indo — falou seu Jordão. — Na semana que vem, estaremos aqui novamente, se Deus quiser.

— Tenham uma boa noite, procurem refletir e aplicar o que ouviram hoje. E podem ter a certeza de que se sentirão mais fortalecidos. Vocês verão.

— Amanhã mesmo comprarei o *O Evangelho Segundo o Espiritismo*, e daremos início ao que nos foi proposto.

— Ótimo, seu Jordão, é assim que se fala.

E enquanto seguiam para casa, seu Jordão e dona Eunice, mais animados, iam conversando sobre a experiência vivida.

De fato, fez muito bem a eles a ida àquele Centro Espírita.

Enquanto isso, Maurício continuava do mesmo jeito. Ratrus continuava a torturá-lo, o que fazia com que, em suas crises de alucinação, visualizasse monstros querendo devorá-lo, sentia que bichos andavam pelo seu corpo, mordendo-lhe a carne, o que o fazia se debater e gritar, em total desespero.

E Ratrus, que era um poço de maldade, divertia-se com tudo aquilo, julgando que poderia subjugá-lo enquanto seu ódio o consumisse.

Mas sabemos que Deus, que tudo vê e tudo sabe, sempre intercede a nosso favor no momento certo.

Uma vez que seus pais começassem a canalizar suas energias e vibrações para o lugar certo, juntamente com essa corrente benfeitora, que já começava a se formar para ir à procura dele, através dos trabalhadores do bem, as coisas começariam a se modificar.

Ratrus já não ficava mais o tempo todo ao lado de Maurício, no entanto, havia sempre alguém do seu bando, vigiando-o.

Rogério continuava levando a mesma vida de sempre com relação ao tráfico de drogas, só que agora Ratrus estava sempre ao seu lado, procurando deixá-lo a par do estado de Maurício, fato que vinha perturbando demais sua mente, uma vez que Ratrus soprava-lhe ao ouvido os acontecimentos, e o rapaz começava a achar que estava ficando louco. Ouvia claramente uma voz dizendo-lhe verdadeiras atrocidades, que ele sabia não partirem de sua mente, e começava a pensar que alguém poderia estar fazendo algum trabalho para perturbá-lo.

Chegou até a pensar em procurar um vidente, alguém ligado a esses fenômenos, para saber se tinham feito alguma coisa, mas acabou abandonando a ideia.

Desde a morte de Maurício que essa voz o estava incomodando insistentemente. Chegou a pensar até que o próprio Maurício podia ter voltado para assombrá-lo. Já tinha ouvido falar em casos assim.

Só de pensar nisso sentia um calafrio percorrer-lhe a espinha. Não gostava de mexer com essas coisas, pois tinha certo receio de influências do além.

Chegou a comentar sobre esses fatos com um amigo mais chegado, que lhe recomendou rezar quando isso acontecesse, mas ele não gostava de orações e procurou deixar essa história de lado.

O tempo foi se passando, e a voz parecia mais nítida, fato que fez Rogério ficar muito assustado e procurar um vidente que o amigo havia recomendado por ser "dos bons".

Rogério, ao chegar à casa do vidente, foi conduzido até ele, que atendia numa sala, bem no fundo da casa.

– Entre, moço! – falou o homem, de forma hospitaleira.
– Em que posso ajudá-lo? O moço parece assustado, parece até que viu assombração!

– Ver eu não vi, mas tenho ouvido vozes que têm me deixado bastante nervoso e, porque não dizer, com muito medo. Não tenho medo de gente, nem de bicho, mas de assombração eu tenho! E é por isso que estou aqui. Um amigo meu o recomendou e me disse que o senhor trabalha bem e poderia me ajudar.

– Tudo bem... Mas conte-me como tem acontecido, ou melhor, com que frequência tem ouvido essas vozes e desde quando...

– Na verdade, ouço uma voz só, que parece ser da mesma pessoa. Ele me diz coisas horríveis e assustadoras, que eu não conseguiria nem reproduzir.

– Pois tente.

– Bem, há alguns meses, um colega, de nome Maurício, morreu num acidente de automóvel. Dizem as más línguas que parece que ele se matou, enfiando o carro debaixo de uma carreta. Pode até ser verdade, pois, pouco antes, ele passou em minha casa, e eu não quis recebê-lo. Havíamos anteriormente nos desentendido, e vi, pela janela, que ele parecia transtornado. No dia seguinte, soube que tinha morrido.

Minha reação foi, no mínimo, intrigante para mim, pois no meu íntimo, fiquei feliz com a notícia. Sei que sou um cara duro quando preciso, mas daí a ficar feliz com a morte de um cara que parecia ser legal, apesar de meio ingênuo demais, coisa que não aprecio nas pessoas... Não compreendo...

O senhor acha que pode uma coisa dessas?

– Ficar feliz com a morte de alguém?

– Pois eu confesso que fiquei e, apesar de uma discussão

muito séria que tinha tido com sua noiva, fui até o velório. É certo que não consegui ficar nem cinco minutos lá, pois o olhar dela sobre mim parecia me cortar e me lançar labaredas de fogo. Mesmo assim, saí dali triunfante, nem eu sei o porquê!

– Que tipo de problema você teve com esse rapaz? Ele morreu com raiva de você?

– Não gostaria de falar sobre isso.

– Pois, então, não posso lhe ajudar. Eu preciso saber o motivo da rixa! Você é quem sabe, moço. Eu trabalho assim. Em cima das informações que o consultante me passa é que faço o meu trabalho.

– Está bem, vou contar então, mas antes o senhor terá de me prometer que o que vou falar aqui ficará guardado com o senhor.

– Não precisa nem pedir, pois nada do que meus clientes me revelam sai destas quatro paredes.

E, assim, Rogério colocou o médium a par de tudo o que havia ocorrido, inclusive sobre os pensamentos absurdos que vinha tendo ultimamente sobre uma suposta situação de como Maurício se encontrava.

– Seu Rogério, por tudo que me contou, é certo que esse moço levou consigo muito ódio do senhor e que poderia querer se vingar agora, mas uma coisa nessa história não se encaixa.

– E o que seria?

– Que a voz que vem escutando não é a dele, e sim de alguém que está com Maurício em seu poder. Será que o senhor não foi a algum antro para encomendar uma recepção para ele, quando passasse para o outro lado? Isso é muito mais comum do que pode imaginar!

– Eu não! – exclamou Rogério. – Está certo que tinha

179

muita vontade de ver ele mal e ferrado, mas nunca entrei num lugar desses para pedir nada.

— Pois, então, vou ter de tomar algumas providências para tentar descobrir quem está do seu lado, soprando ao seu ouvido.

— Como é?

— O que estou querendo dizer é que deve ter algum Espírito, pelo jeito, da pesada e muito maldoso, que está com esse moço Maurício. Vamos tentar trazê-lo até nós para sabermos para quem ele está trabalhando e por que vem falando com você.

O senhor venha logo mais a noite, que hoje é dia de trabalho, para tentarmos descobrir.

Rogério pagou a consulta, prometendo voltar à noite, pois estava decidido a acabar com essa história de uma vez por todas.

Então, ligou para o amigo e pediu-lhe se podia ir com ele, pois tinha medo de ir sozinho, afinal nunca havia entrado num lugar assim antes e, se o fazia agora, era porque de fato estava muito assustado e perturbado com o que vinha acontecendo.

Sandro, o amigo que havia lhe dado a indicação, aceitou o convite, até porque, ele era um antigo frequentador da casa e sabia como as coisas funcionavam, o que deixou Rogério mais aliviado.

capítulo
DEZOITO

Na hora combinada, os dois chegaram a casa, que tinha um aspecto sombrio, uma vez que havia pouca iluminação. Já na porta de entrada, Rogério observou que haviam colocado muitas velas pretas e vermelhas, acesas num canto.

— Ei, Sandro, não estou gostando nada disto... Que lugar mais macabro, cara!

— Fique quieto, Rogério, que alguém pode escutá-lo e não gostar desse seu comentário.

— Que mal lhe pergunte, Sandro: por que vem sempre aqui?

— Eu gosto, sinto-me bem. Além do que, sempre que precisei, recebi ajuda aqui. Mas não tenha medo, pois apesar de a casa parecer meio macabra, usando as suas próprias palavras, não é — respondeu o amigo, sussurrando. — Fazem trabalhos bem pesados, sim, mas nada que dê para assustar.

Nesse momento, tambores começaram a ser tocados, e os médiuns, com suas vestes vermelhas e pretas, posicionaram-se cada qual em seu devido lugar, cantando e saudando as entidades que estavam presentes para trabalhar naquela noite.

O vidente, que também se vestia todo de preto, com uma capa vermelha por cima, deu início ao ritual. E uma vez inspirado pelo Espírito, pediu charuto e cachaça, no que foi pronta e respeitosamente atendido pelo seu auxiliar.

Caminhava entre os médiuns, que iam dando passividade às suas entidades espirituais. Outros, que trabalhavam junto aos assistidos, começaram a formar uma fila com os que estavam ali para serem atendidos.

— Não se assuste com as entidades — falou Sandro —, pois muitos falam palavrões, xingam, e adotam maldosa expressão, mas ajudam um bocado. No seu caso, acho que vai dar bem certo.

Rogério estava entre os primeiros a serem chamados pelo vidente, que fez um círculo no chão, desenhou alguns símbolos e pediu para que ele se posicionasse em seu interior.

Uma vez dentro dele, o médium, que respondia pelo nome de Seu João, chamou por outros dois médiuns, ficando um de frente e outro às costas de Rogério.

Seu João retirou de um dos médiuns todos os seus colares, fazendo com que este desse passividade à entidade que estava com ele, tendo, em seguida, o seu corpo todo sacudido.

A seguir, posicionou-se à frente de Rogério, colocando uma das mãos sobre seu ombro. O rapaz, no mesmo momento, sentiu sua pulsação aumentar e o suor a escorrer pelo rosto.

Passaram-se alguns segundos, e o médium caiu no chão, grunhindo, com as mãos cerradas e os braços virados para trás.

Seu João, então, encaminhou-se até ele juntamente com o médium que estava à frente e iniciou um diálogo com o Espírito que dominava o médium.

— Quem é você? Como se chama? Por que está acompanhando este moço?

E numa voz gutural, quase inaudível, o Espírito começou a falar.

Rogério fez menção de se virar para trás, mas foi detido com um xingamento pelo Vidente.

— Quero beber marafo — respondeu o Espírito, através do médium, referindo-se a uma aguardente de cana-de-açúcar.

— Aqui, você não manda! — respondeu Seu João. — Obedeça apenas.

Rogério teve ímpetos de sair correndo daquele lugar, mas, ao mesmo tempo, precisava saber quem era esse sujeito que o estava importunando e o porquê.

— Vamos — ordenou o vidente, dirigindo-se ao Espírito, em tom enérgico. — Responda o que lhe perguntei, e rápido, que eu não tenho a noite toda para você!

A conversa tinha um tom hostil, de poucos amigos.

— Quero marafo!

— Deixe de história, pois não vou lhe dar nada, e, se continuar dando uma de engraçadinho, irei entregá-lo para o meu bando, e você vai ver o que é bom quando estiver no tronco. É bom que saiba que não sai daqui sem dizer por que está perturbando o moço.

Mas o Espírito, através do médium, soltou sonora e tétrica gargalhada.

— E eu lá sou homem de ter medo de algum bando?! Pois saiba que se estou aqui é por minha livre e inteira vontade. Vim porque quero falar com o Rogério mesmo e acho que esta é uma ótima oportunidade! Talvez eu não tenha outra e meu nome é Ratrus.

Rogério, ao ouvir seu nome ser pronunciado, mesmo que num sussurro, pelo Espírito que ali se encontrava, sentiu as pernas fraquejarem por um instante e pensou que seus sentidos fossem sumir.

— Pois, então, desembuche logo o que tem a dizer — ordenou Seu João, já um tanto impaciente.

— Pois muito bem! Rogério e eu temos um trato de longa data, desde quando ele ainda estava do lado de cá. Tínhamos que capturar um sujeito safado que nos causou muita dor e sofrimento no passado e nós juramos que um dia conseguiríamos pegá-lo. Hoje, sinto-me radiante e satisfeito, pois conseguimos cumprir com nossa promessa.

Rogério, transtornado por aquelas palavras, tendo o rosto coberto pelo suor, coração disparado e mãos trêmulas, virou-se rapidamente e gritou:

— Esse sujeito está louco! Eu não me lembro de ter feito qualquer trato com ele!

Seu João, experiente nesses assuntos, rapidamente virou Rogério para a frente, pedindo-lhe que se mantivesse quieto a fim de não atrapalhar o desenvolvimento do trabalho.

— Eu não estou louco, não! — respondeu Ratrus, enfurecido, e, em tom ameaçador: — E não vou admitir que mesmo você, Pedro, fale-me nesse tom!

Rogério ia novamente falar, mas calou-se ante nova advertência do vidente que, voltando-se para o Espírito Ratrus, procurou contemporizar.

— Continue, ele não irá mais interrompê-lo.

— Acho bom mesmo — respondeu Ratrus —, pois, apesar de ter nele um amigo, não gosto de blasfêmias contra mim.

— Ele não falou por mal. Você, inteligente que é, sabe

que, uma vez reencarnado, perdemos a consciência do que tratamos quando desencarnados.

— É... Isso é verdade, por isso vou continuar falando, mesmo porque, faz tempo que espero por esta conversa. Afinal, saiu tudo como era esperado e estou bem satisfeito com o desenrolar dessa história. Acredito que Pedro irá gostar de saber que, finalmente, conseguimos apanhar o assassino de sua filha Soraia, o grande amor da minha vida, e que está recebendo o que merece.

Assim, Ratrus, com grande entusiasmo e resumidamente, descreveu tudo o que acontecera, deixando a todos perplexos com tanta maldade e frieza. Quando terminou de falar, Seu João interveio:

— Bem, uma vez que já se vingou do rapaz, por que, então, continuar tendo-o como seu prisioneiro?

— Não preciso mais prendê-lo — respondeu o Espírito, soltando sonora gargalhada. — Hoje, ele é prisioneiro de si mesmo, e espero que fique assim para todo o sempre. No que depender de minha vontade, mesmo que um dia ele queira sair de onde está, vai ter de passar por cima de mim.

Rogério, ouvindo aquilo tudo, não conseguia compreender o que estava acontecendo, pois era difícil para ele, que não tinha nenhum conhecimento sobre a vida espiritual, fazer as conexões devidas daquele caso.

Novamente, Seu João intercedeu:

— Veja, Ratrus, pelo que posso perceber, você é chefe de uma falange e, pelo visto, muito respeitado por seu bando, mas vamos raciocinar um pouco, sua missão, com relação a seus acertos de contas com o passado, pode-se dizer, já foi cumprida e, sendo assim, não vejo mais razão para continuar a prender esse rapaz que, pelo que você diz, encontra-se em péssimas condições.

— Encontra-se mesmo. Nem se parece mais com um ser humano, e sim com um monte de carne podre em que os bichos e vermes passeiam, o que chega a despertar repugnância aos que se lhe aproximam.

— Pois, então, liberte-o e deixe que ele possa, de acordo com o seu merecimento, daqui por diante, ser amparado e ajudado por Espíritos de outras esferas, que possam vir em seu auxílio e socorrê-lo.

— E por que eu faria isso?

— Pelo fato de ser um Espírito inteligente, conhecedor das leis espirituais e saber perfeitamente que não pode continuar com essa vingança por mais tempo, mesmo porque, sabe que não é o seu dono e que ele tem o direito de caminhar, de se arrepender e de procurar reparar, de alguma forma, as atrocidades cometidas em vidas passadas. Você bem sabe que somente Deus tem o direito de julgar, e sabemos que Ele é misericordioso e benevolente para com os Seus filhos, portanto não compete a você julgar e determinar a sentença do rapaz.

— Mas eu me sinto bem em vê-lo sofrer!

— Pois já é tempo de ir para outras paragens e dar seguimento à sua evolução e crescimento. Quantas coisas boas não poderia estar fazendo em benefício daqueles que sofrem e precisam de ajuda?

— Quem vê o senhor falar até acredita que não faz mal às pessoas aqui nesta casa.

— Você está enganado a nosso respeito, pois aqui não fazemos mal a ninguém. O fato de trazermos e trabalharmos com Espíritos, considerados de esquerda em nossa linha, não significa que estamos fazendo o mal. Ao contrário, é através de Espíritos, que se localizam mais perto da crosta terrestre, que podemos ajudar outros com menos luz e esclarecimento, que aí se encontram, muitas vezes perturbados, sem saber o que está acontecendo ou por que ali estão.

Tudo é uma questão de ótica, do ângulo que olhamos para a questão. Não vou dizer que não haja casas que trabalhem para o mal, mas não é o nosso caso. Se pudermos ajudar, ajudamos, caso contrário, nos afastamos, fato bem difícil de acontecer.

— E o que eu ganharia deixando-o livre?

— A questão não é o que você ganharia, e sim o que pode deixar de adquirir e o que terá de responder e reparar um dia. Ou pensa que tudo o que faz passará impunemente? Não, meu caro. Sabe perfeitamente que o seu dia também chegará e que será julgado com o mesmo rigor e severidade que está julgando hoje a esse irmão, que pode ter cometido muitos erros sim, mas que nem você, nem ninguém, tem o direito de julgar e sentenciar, isso não lhe compete. Acredito até ser muita prepotência e arrogância de sua parte julgar que tem esse direito. Ou será que Deus lhe outorgou tais direitos?

— Claro que não, mesmo porque, não acredito em Deus. Nunca o vi e nem soube de ninguém que um dia tenha conseguido falar com ele.

— Mas você, certamente, já viu e cruzou com Espíritos evoluídos e iluminados algum dia, ou não?

— Sim, já, mas não gosto deles.

— E por que não? Fizeram-lhe algum mal?

— Não, mas não gosto de gente que fala manso e parece estar acima do bem e do mal.

— E quem você pensa que são esses Espíritos, senão mensageiros de Deus em busca de trazer para o rebanho as ovelhas desgarradas?

— Nunca pensei nisso, e acho uma bobagem o que está

me dizendo, pois não vai me arrebanhar, se é o que está pretendendo.

— É o que imagino — respondeu Seu João. — Quem me dera pudesse fazê-lo enxergar o mal que está fazendo a si mesmo e o quanto tem atrasado seu crescimento e evolução espiritual, diante de tanto endurecimento e falta de amor dentro de seu coração.

— Eu sou feliz como sou e não preciso ficar ouvindo tanta besteira junta.

— Você bem sabe que o que digo não são palavras vãs. Procure refletir um pouco, meu irmão, sempre é tempo de se regenerar. Até porque, bem sabe que não possui e nem sente essa felicidade a que está se referindo. Mesmo depois de tanta atrocidade cometida com este rapaz, você não conseguiu encontrar a paz. E quer saber por quê?

Porque não se pode encontrar a paz realizando maldades, tendo ódio e vingança no coração. Pode ter encontrado satisfação por tudo o que fez, pois pensa que coisa ruim se paga com coisa ruim, mas sabemos que não é verdade.

Se ao invés de alimentar tanto ódio e sentimento de vingança em seu coração, tivesse cultivado o amor e o perdão, tentando compreender o que leva uma pessoa a cometer atos de selvageria com as outras, certamente isso o teria ajudado muito mais em seu caminho evolutivo.

Deus é nosso pai e só deseja a nossa felicidade. Dê a si mesmo uma chance, uma vez na vida, e pare de ser tão duro com você mesmo. Todos nós temos algo de bom dentro do coração.

— Eu não tenho, pois a vida foi muito cruel comigo.

— Como é que pode ser assim tão taxativo? Será que, realmente, a moça de quem fala teria sido mesmo sua mulher e companheira? Quem pode lhe garantir que ela o aceitaria como esposo? Alguma vez, vocês conversaram a esse respeito?

Ratrus, pela primeira vez, não soube o que responder e tal pergunta o deixou confuso e irritado.

— Acho bom pararmos por aqui, aliás, nem falei tudo o que queria, pois você, com essa conversa floreada, acabou desviando-me do real motivo de minha vinda aqui hoje.

— Por isso não! O que mais deseja?

— Desejo que Rogério me agradeça por tudo o que fiz e que também me pague pelo meu trabalho.

— Ah! Quer dizer que não trabalhou de graça?

— Claro que não, tudo nesta vida é uma troca, e quero meu pagamento. Preciso reencarnar para conquistar o amor de Soraia. E eu e Pedro temos um trato.

— Trato?

— Sim, de que eu possa reencarnar dentro da família que ele constituir.

— Como assim? Não estou entendendo aonde quer chegar.

— Eu explico. Rogério deve casar-se com Soraia, hoje Débora, e eu serei o filho deles.

Rogério, não se contendo mais diante de tantos absurdos, extremamente irritado e irado, virou-se para Ratrus, despejando-lhe toda a sua indignação.

— Escute aqui, seu cretino, não sei quem é você e muito menos posso concordar com tanta sandice junta. Débora e eu nos odiamos, e eu jamais faria o absurdo que está dizendo. Você não passa de um louco, de um insano, que acredita poder fazer com as pessoas o que bem quer, mas comigo não! Sou forte o suficiente para não permitir que você se aproxime mais de mim. Agora que o conheço, saberei me safar!

Pai João quis intervir, mas viu que já não adiantava mais. Viu que todo o seu esforço em conciliar uma situação tão delicada tinha ido por água abaixo, por causa da imprudência de Rogério que, nem de longe, imaginava com quem acabara de comprar uma briga.

Ratrus, profundamente ressentido pelas palavras de Rogério, com a voz embargada, não conteve sua ira e rancor por aquele a quem julgara seu amigo.

— Você acaba de me trair, seu canalha! Tínhamos um trato e rompeu com ele! Daqui por diante, terá em mim o seu maior inimigo! Lançarei sobre você todo o meu ódio e não descansarei enquanto não destruí-lo.

Rogério, naquele momento, sentiu medo ao olhar para aquele ser curvado à sua frente que, nesse instante, num grande esforço do Espírito, ergueu o seu corpo o suficiente para que visse o seu olhar, o que o fez gelar por dentro, pois dele pareciam sair lâminas afiadas em sua direção.

Um pânico assustador tomou conta do rapaz, fazendo-o perder o controle. E, olhando para Seu João, implorou:

— Faça-o partir, por favor, não aguento mais tudo isto.

— Ele irá, mas, infelizmente, pela sua imprudência, perdemos a oportunidade de conciliar as coisas e, quem sabe, resgatar esse Espírito.

— Resgatar como? O senhor considera justo o que ele está me pedindo? Que eu me una a uma pessoa que odeio e que não posso acreditar tenha sido minha filha no passado?

— Acho, desde que tudo isso seja verdade.

— E como saber?

— Poderíamos tentar averiguar junto a nossos trabalhadores espirituais.

— Pois eu jamais concordarei com tamanha barbaridade. Chega disso tudo! Eu quero ir embora deste lugar, pois, para mim, tudo isso não passa de um grande teatro.

— Não diga isso, meu rapaz – interveio Seu João. – Você não tem noção do tamanho da briga que acaba de comprar.

— Pois, para mim, chega!

E Rogério saiu dali pisando duro, sem olhar para trás.

Sandro, atordoado e envergonhado pela atitude intempestiva do amigo, desculpou-se, indo atrás dele.

— Você enlouqueceu, homem de Deus? Como é que me sai correndo do meio de um trabalho como esse, assim desse jeito? Isso aqui é coisa muito séria! O que você fez foi muito grave e pode lhe acarretar problemas com os quais não saberá lidar. Como vai fazer quando as coisas começarem a ficar piores para o seu lado? Sim, porque eu não vou poder mais ajudá-lo, uma vez que fez este papelão.

— Não se preocupe comigo, Sandro. Agradeço por ter me trazido aqui, mas eu não levo o menor jeito para esse tipo de coisa. Fico receoso, sinto-me mal, apreensivo, não gosto de não saber com o que estou lidando. Pode até ser pelo fato de não estar acostumado a frequentar tais lugares, de não ter conhecimento sobre tais assuntos... Mas prefiro encontrar outro modo de resolver este problema que surgiu em minha vida tão de repente.

— Talvez não tenha sido assim tão de repente como pensa, Rogério. Espírito, como esse que estava com você, tem muita força e, se ele realmente cumprir o que prometeu... Ai! Credo! fico todo arrepiado só de falar nele! Terá que enfrentar uma dura batalha, meu amigo. Eu, no seu lugar, trataria de me proteger muito bem, pois nesses anos todos, que frequento esta casa, já vi muita coisa ruim acontecer com pessoas.

— Pare, Sandro, não vê que estou nervoso com tudo isso? Ainda vai querer me deixar mais assombrado?

— Desculpe, mas só estou querendo lhe abrir os olhos, alertá-lo. Por muito menos, presenciei um desses Espíritos do mal obsediar uma pessoa e com ela permanecer por muitos meses, a ponto de quase matar o pobre do homem que, a cada dia que passava, definhava a olhos vistos. Foram inúmeras sessões para que esse Espírito viesse a entender que não podia e não tinha o direito de continuar obsediando aquela pessoa, como vinha fazendo.

Esse senhor, para você ter uma ideia, passava mais tempo num hospital do que em seu lar, sendo revirado pelo avesso pelos médicos, que nada encontravam de errado com ele, a não ser a debilidade que se lhe abatia, deixando-o em total inanição.

Não falava, não andava, parecia não entender o que se conversava com ele, alimentava-se somente através de uma sonda, pois nenhum alimento sólido lhe parava no estômago. Foi horrível!

Somente depois de muitas correntes de oração e de uma dura batalha travada com todos os trabalhadores espirituais da casa de Seu João, é que se conseguiu afastá-lo definitivamente do infeliz.

— Sandro, o que você faria em meu lugar? Sinceramente... Não estou me sentindo em condições de raciocinar direito. Nunca passei por nada parecido em minha vida, e olhe que sou barra pesada.

— Pois eu, se fosse você — falou Sandro —, voltava lá dentro, pedia desculpas a todos pelo papelão que fez e me grudava em Seu João. Eu confio muito nele e sei que, se ele não der um jeito nisso, ninguém mais dará.

— Lá eu não volto de jeito nenhum! Pensando bem, prefiro ir embora e deixar as coisas como estão.

— Você é quem sabe, Rogério, depois não diga que eu não o avisei. Espíritos como esse são vingativos e traiçoeiros. Você não ouviu o que ele contou que está fazendo com um pobre infeliz que está sob seu domínio? Será que não vê que instigar sua ira pode lhe trazer danos irreparáveis?

— Olhe, Sandro, nunca fui religioso, não sigo nenhuma religião. Sempre tive horror a essas coisas. E não vou, agora, ficar aqui me borrando todo por causa do que ouvi lá dentro. Tudo bem, eu respeito o que eles fazem e confesso que fiquei bastante assustado, mas, agora, pensando mais friamente sobre o assunto, tenho minhas dúvidas de que um ser desses possa ter tanto poder.

— Não diga isso, Rogério. Você não conhece o assunto para fazer tal afirmação. Estou lhe dizendo para que não brinque com isso!

— Não vou brincar, porém não vou nortear minha vida, daqui por diante, em cima de uma ameaça, sabe-se lá de quem. Se eu fosse dar ouvido a ameaças, no submundo em que vivo, estaria perdido.

— Bem, Rogério, faça como quiser, só não diga depois que não o avisei sobre os perigos que podem cair sobre você daqui por diante. De qualquer forma, se precisar de mim, sabe onde me encontrar — falou Sandro, enquanto se encaminhavam para o carro.

— Eu lhe agradeço, Sandro, por tudo, mas prefiro fazer as coisas do meu jeito.

E partiram dali, deixando para trás os últimos acontecimentos.

Alguns dias se passaram sem que Rogério tivesse novamente qualquer sensação ruim, ou mesmo ouvisse vozes, chegando, assim, a esquecer temporariamente o ocorrido.

193

capítulo
DEZENOVE

Enquanto isso, do outro lado da cidade, dona Eunice e seu Jordão continuavam a frequentar o Centro Espírita, pois estavam empenhados em poder receber uma comunicação de Maurício.

Como esta não vinha, começaram a se impacientar diante da demora, uma vez que pessoas que ali chegaram, depois deles, já haviam conseguido comunicar-se com os seus entes queridos que haviam desencarnado. Resolveram, então, que iriam conversar com seu José naquela noite.

Afinal, vinham cumprindo à risca tudo o que lhes fora orientado, mas até agora nada.

E foi seu Jordão quem tomou a palavra.

— Boa noite, seu José, como vai o senhor?

— Muito bem, com a graça de Deus. E vocês?

— Viemos mais cedo, pois gostaríamos de conversar com o senhor antes de começar os trabalhos. Eu e Eunice temos feito tudo o que o senhor nos orientou e com isso estamos nos sentindo bem melhor, mas esperávamos poder receber uma mensagem de Maurício, saber como está, porém o tempo tem passado e nada chega para nós. O senhor saberia dizer o porquê de tanta demora?

– Bem, seu Jordão, o motivo dessa demora pode ser... Vejam, eu não posso afirmar categoricamente, pois isso seria leviano de minha parte, mas se ele não pôde se comunicar até agora é porque certamente algo o está impedindo de fazê-lo.

O porquê exatamente ainda não sabemos, mas vamos pedir ao mentor desta casa para que, se for possível, nos dê algum esclarecimento sobre o que está ocorrendo. Como disse, já na primeira vez em que aqui estiveram, o filho de vocês pode ter cometido suicídio e, se fez isso, pode estar aí a dificuldade em se comunicar.

– Mas, então, ele pode ainda estar sofrendo, seu José? – indagou dona Eunice, aflita.

– Pode sim.

– Mas, então, do que tem valido todo nosso empenho em orar, ler o Evangelho, vir aqui?

– Tenha certeza, dona Eunice, que de muita valia tem sido a dedicação de vocês, e tenho certeza de que estão ajudando Maurício onde estiver, sem contar que estão ajudando a si mesmos.

– Ou não? – respondeu dona Eunice. – Desculpe-me, seu José, se pareço ingrata. Não é nada disso. É que não suporto a ideia de saber que meu filho pode estar sofrendo e que não estamos conseguindo ajudá-lo como deveríamos.

– O que não podemos – disse seu José – é sermos imediatistas, achando que as coisas vêm para nós quando assim desejamos. As coisas não funcionam assim. Tudo depende do merecimento de cada um.

195

Quando Maurício estiver em condições de se comunicar, sei que o fará. Mas, mesmo assim, vamos tentar descobrir o que está acontecendo.

E logo após as orações do início dos trabalhos, o mentor da casa, através de seu José, começou a falar. Ele não se dirigiu diretamente a dona Eunice ou a seu Jordão, mas, assim que começou a falar, eles souberam que aquelas palavras eram para eles.

"– Sei que todos aqui vêm em busca de consolo e conforto para o coração, tentando solucionar seus problemas, mas sabemos também que cada um recebe de acordo com o seu merecimento.

Muitas vezes, ansiamos por algo, e quando começa a demorar para acontecer o que desejamos, colocamos em dúvida se estamos no caminho certo ou se estamos fazendo algo errado, para que haja tanta demora. Isso quando não nos decepcionamos, achando que tudo não passa de falsa ilusão, que estamos nos enganando, pois o que pedimos, por algum motivo, não se realiza.

Meus irmãos, quero dizer a vocês que nem sempre está ao nosso alcance o que nos pedem.

No plano espiritual assim como no plano dos encarnados, muitas vezes nos deparamos com grandes obstáculos, com os quais é necessário ter calma, paciência e muita perseverança, sem contar, é claro, que nossa fé jamais deverá ser abalada e que devemos confiar em Deus, nosso Pai, colocando em Suas mãos os nossos pedidos, acreditando sempre que Ele nos dará a luz e a força necessária para transpormos tais obstáculos e sairmos vitoriosos de nossa luta.

Com isso, quero dizer que a nossa fé deve ser inabalável em nosso Pai misericordioso e que devemos confiar em Sua infinita bondade e sabedoria, pois Ele quer sempre o melhor para nós, mesmo quando duvidamos disso. Deus está no leme de tudo!

Não quero dizer com isso que devamos cruzar os braços e esperar que as coisas simplesmente aconteçam.

Temos, sim, que tomar nossas resoluções e nos guiarmos no bem, tendo em mente que Deus nos deu a inteligência para que façamos bom uso dela e que, através de nosso trabalho, de nossa dedicação e boa vontade, possamos atingir nossos objetivos.

Sabemos que muitos de nossos irmãos desencarnados, que aqui vêm, estão sofrendo e buscam encontrar nesta casa a luz e o esclarecimento necessário para que possam mudar sua trajetória, melhorando sua condição no plano espiritual. Mas sabemos também que nem todos vêm por vontade própria, pois muitos que aqui se encontram foram trazidos por outros irmãos trabalhadores, assim como muitos vêm através de vocês.

Por isso, procuremos elevar nosso pensamento, purificar nosso coração, concentrar-nos, desejando sinceramente ajudar, através de orações e boas vibrações, a esses Espíritos sofredores que tanto necessitam de nossa ajuda, envolvendo-os com o nosso amor e carinho para que possam ser encaminhados pelos benfeitores do plano espiritual.

Fiquem em paz e que Jesus ilumine a todos."

Após essas palavras iniciais, foi dada continuidade ao trabalho, no qual muitos puderam ser socorridos, esclarecidos, amparados e conduzidos pelos trabalhadores do espaço, a colônias de tratamento e recuperação.

O mentor espiritual da casa, de nome André, designou, ao final do trabalho daquela noite, que um grupo de trabalhadores fosse à procura de Maurício para saber o que de fato estava ocorrendo.

* * *

Algum tempo se passou, até que finalmente encontraram Maurício e trouxeram alguma informação mais consistente.

Descreveram, então, todo o quadro em que Maurício se encontrava, inclusive que havia um bando de Espíritos malfeitores que o tinha como prisioneiro cativo, e que não acharam prudente aproximar-se demais para não despertar a atenção e a curiosidade do bando.

E, diante da gravidade do caso que estava sendo relatado, André decidiu ir, ele próprio, ao local em que Maurício se encontrava.

Ao chegar à zona umbrática em que Maurício se encontrava, André, acompanhado de mais quatro companheiros, todos muito preparados a efetivar esse tipo de resgate, seguiram cautelosos, pois sabiam bem o que poderiam encontrar pela frente, uma vez sabedores de que o bando de Ratrus costumava agir com violência aos que tentassem invadir seu território.

Não desejavam nenhum confronto dessa natureza, mas estavam preparados para o caso de uma necessidade.

De longe, observaram Maurício, prostrado naquele chão lamacento e malcheiroso.

Antenor, um dos quatro que acompanhavam André e que havia encontrado Maurício, foi quem falou:

— André, pelo que pude observar, ele não sai deste lugar há muito tempo. Fica o tempo todo assim, como está vendo, e, vez ou outra, tem acessos aterrorizantes.

Debate-se muito, chora, grita descontroladamente, diz palavras desconexas e sem sentido. A mim parece que está sendo obsediado por outros Espíritos, mas como bem pode ver, não há nenhum por perto dele, e isso aconteceu quando teve os espasmos.

Acredito estar sendo acometido por algum tipo de insanidade criada por ele mesmo ou, o que acho mais provável, insuflado pelo bando que tem, como líder, um Espírito que é conhecido como Ratrus, que me pareceu bastante violento, capaz dos atos mais torpes para fazer sofrer um ser que ele odeie.

– Teremos de ter muita cautela para nos aproximarmos – falou André –, para não assustá-lo ainda mais, além do que, todo o cuidado é pouco em se tratando de um grupo tão violento e perigoso. Não podemos, de forma alguma, despertar-lhes a atenção, pois, certamente, teríamos sérios problemas, sem dizer que este pobre homem poderia sofrer mais retaliações por parte deles, caso não consigamos levá-lo conosco.

Antenor retomou a palavra:

– Fiquei observando, por bastante tempo, o costume do bando. Há um período do dia no qual todos saem juntos com o líder, não sei aonde vão, mas penso que devemos esperar esse momento para nos aproximarmos, evitando assim um confronto desagradável e que poderia prejudicar, e muito, nossa aproximação de Maurício.

– Concordo com você, Antenor. Acho bem sensato o que está dizendo. Vamos esperar pelo melhor momento.

E assim foi feito. André e seus companheiros mantiveram-se a uma boa distância, observando a movimentação do bando.

E assim que estes se foram, deixando Maurício sozinho, André e os outros se aproximaram, devagar.

André, com muita calma, abaixou-se para falar com Maurício que, sentindo a presença dele e dos outros, encolheu-se todo, tampando os olhos com as mãos, uma vez que a luminosidade, que emanava de André e do grupo, ofuscava seus olhos, acostumados à escuridão.

André, vendo que o corpo de Maurício tremia, falou mansamente:

– Maurício, não precisa ter medo de nós. Somos amigos e estamos aqui para tentar ajudá-lo.

Maurício, que há muito não ouvia alguém lhe falar nesse tom de voz, retirou as mãos dos olhos, ainda temeroso e com dificuldade em ficar com os olhos abertos.

– O que querem? Também vão judiar de mim? Será que já não chega tudo o que tenho passado? – perguntou, chorando.

– Não é nada disso, Maurício. Estamos aqui porque fomos informados de que precisava de ajuda e queremos fazer algo por você.

– Ninguém pode fazer nada por mim. Sou um desgraçado, um infeliz, prisioneiro de Ratrus e, o que é pior, de mim mesmo, e já não tenho ilusão de que alguém possa me ajudar. Passo a maior parte do tempo fora de mim, pois são bem poucos os momentos como o de agora em que estou consciente de minhas faculdades. Tenho vivido há muito tempo num verdadeiro inferno! Vão embora e me deixem aqui, ninguém pode me ajudar.

– Aí é que você se engana, meu amigo, podemos ajudá-lo, desde que queira ser ajudado.

Maurício encolheu-se, novamente chorando e tendo o seu corpo sacudido pelos próprios soluços, exalando forte cheiro, difícil de suportar.

– Eu não posso ser ajudado. Não vê que estou rodeado de inimigos, de monstros querendo me devorar?! Olhe que monstro horrendo, cheio de enormes dentes afiados e inúmeros braços prontos a me pegar, caso eu me mova do lugar. Às vezes, mesmo sem que eu me mexa, ele movimenta suas enormes garras, querendo acabar comigo.

André entreolhou seus companheiros, procurando encontrar o que Maurício descrevia, mas o que via no lugar, descrito por ele, era apenas uma árvore toda retorcida e deformada, com grandes galhos, certamente plasmada por Ratrus para atemorizá-lo. Mediante a perturbação em que se encontrava, o que via era um monstro em vez de uma árvore.

– Maurício – interveio carinhosamente André, apontando para a árvore –, seria esse o monstro a que se refere?

O infeliz olhou na direção apontada por André, apavorando-se em seguida.

– Vão embora, senão ele vai me pegar – gritava, debatendo-se novamente, em espasmos.

André tentou acalmá-lo, mas sem sucesso, uma vez que o rapaz voltara a falar coisas desconexas e sem sentido. O momento de lucidez havia terminado. André levantou-se pesaroso e compadecido daquele pobre ser, dizendo:

– Está bem, amigo, vamos embora, não queremos molestá-lo mais. Que Deus possa ter misericórdia de você.

Nesse instante, André e seus companheiros oraram por ele, a fim de amenizar um pouco seu sofrimento. Com as mãos erguidas, fizeram com que fluídos balsâmicos caíssem sobre ele, fazendo-o acalmar-se.

Uma vez conseguido isso, resolveram ir embora dali antes que Ratrus retornasse.

Partiram extremamente tristes por verem um irmão aprisionado nas trevas, vivendo a maior miséria que um ser pode chegar a passar. Sabiam o quanto era difícil para Maurício separar a realidade da imaginação doentia que o perseguia. Era muito provável que não soubesse há quanto tempo estava naquele lugar. Certamente que tinha erros a reparar, mas eles sabiam também que existiam outras formas menos dolorosas e cruéis para resgatá-los, se assim o desejasse.

O fato de Maurício ter se suicidado o fizera presa fácil de Espíritos como Ratrus e seu bando.

Mas André e seus companheiros não desistiriam, e voltariam quantas vezes fossem necessárias, até que o infeliz tivesse condições de decidir, por si só, o que faria de seu destino, sem a interferência de Ratrus ou do desequilíbrio mental que o envolvia no momento. Que clamasse por Deus e pedisse perdão sincero pelo ato impensado que cometera.

Teriam muito trabalho pela frente, uma vez que eram conhecedores de que Maurício não tinha condições, nesse momento, de tomar qualquer decisão sobre sua existência. Antes, haveria todo um trabalho no sentido de conscientizá-lo do que estava acontecendo, além de restabelecer suas emoções, sua mente, refazer seu perispírito, altamente danificado, mas, principalmente, fazê-lo compreender que, para reparar seus erros, não precisaria continuar vivendo de forma sub-humana, despido de qualquer dignidade e fé em Deus, que um dia ele poderia ter tido.

Maurício teria que resgatar sua dignidade e respeito, perdidos em algum lugar no tempo, e estar lúcido de que queria, do fundo do seu coração, pedir misericórdia a Deus. Ter vontade íntima de sair daquele lugar imundo no qual ele havia se condenado a viver até então. E, principalmente, mostrando seu profundo e sentido arrependimento.

Uma vez equilibrado de suas faculdades, teria, então, condições de dar continuidade à sua missão, agora desencarnado.

Ratrus agora já não se interessava tanto pelo estado do prisioneiro, deixando-o muitas horas sozinho, o que facilitava para que André desse continuidade ao trabalho que vinha fazendo com ele, trabalho esse bastante lento, pelas suas péssimas condições.

Na verdade, Ratrus havia direcionado sua atenção e ódio

para Rogério, engendrando planos para se vingar. Maurício, no seu entender, não se levantaria mais daquele lugar, ao passo que Rogério o havia traído no que mais ele prezava, que era estar ao lado de Soraia, agora Débora.

Ele achava que, assim, estaria ao lado de sua amada e que ela não dividiria o seu amor com mais ninguém. O que ele não poderia prever é que Rogério se negaria a cumprir com a sua parte no trato, e com isso ele estaria irremediavelmente afastado de Soraia.

Em sua cegueira, Ratrus não conseguia ver que não seria possível aquela união, mesmo estando ele disposto a mexer seus pauzinhos na tentativa de aproximar Débora de Rogério. Ele não obteria permissão para reencarnar como ele imaginava, simples assim, "eu quero, eu vou!".

As coisas não funcionam dessa maneira. Ele haveria de vir em outras vidas ainda, a fim de se depurar, de compreender que não se faz justiça pelas próprias mãos. Doutrinar-se em busca de humildade, abnegação, caridade, amor ao próximo, fé, dignidade e respeito. Talvez, um dia, ele recebesse de Deus a permissão para reencontrar quem julgou ser o grande amor de sua vida.

Apesar de Pedro, ao reencarnar como Rogério, trazer dentro do coração o ódio e o desejo de vingança e ter feito um trato com Ratrus, agora não mais estava disposto a cumpri-lo, até porque não tinha lembrança desse acordo, não sentindo nenhuma necessidade de dar continuidade àquele plano de que ele nem sequer tinha conhecimento.

Evidentemente, Rogério não tinha a menor consciência disso tudo. A única coisa que ele sabia é que sentia um sórdido alívio em não ter mais Maurício por perto, o que o deixava muito intrigado, pois sempre fora uma pessoa fria em se tratando de seus clientes viciados, mas jamais nutriu por nenhum deles a repulsa que, muitas vezes, sentiu ao lado do rapaz e, por mais que tentasse entender tais sentimentos, acabou por desistir, já que não encontrava nenhuma resposta plausível ou racional.

Rogério, depois de passados alguns dias do episódio na casa de Seu João, o vidente, tentava encaixar o que aquele Espírito havia falado e começava a achar que muita coisa do que ele dissera poderia ser verdade, pois quando conheceu Maurício, a princípio, achara-o um cara legal, mas, contraditoriamente, algo o impelia a destruí-lo.

– Como isso pode ser possível? – Rogério indagava a si mesmo, perplexo. – Será que temos outras vidas mesmo? Seria possível um Espírito desencarnado influenciar um encarnado e usá-lo como arma contra seu inimigo? Estaria eu mancomunado mesmo com esse Ratrus?

E, nesse momento de indagações, Rogério, que não vinha se sentindo bem desde que as vozes novamente tornaram-se frequentes, perturbou-se ainda mais, pois a cada pergunta mental que fazia, obtinha respostas vindas de Ratrus, que tinham por finalidade levá-lo à loucura, uma vez que ele não cumprira sua parte no trato.

Ratrus era um ser obstinado pelo mal, não admitindo ser contrariado, e não descansaria enquanto não destruísse Rogério.

Débora, por sua vez, continuava levando sua vida, agora já mais enturmada, porém, sem se interessar por ninguém em especial. Às vezes, chegava a se questionar se algum dia voltaria a amar alguém como amou Maurício.

capítulo
VINTE

Alguns anos se passaram, e Maurício ainda se encontrava na mesma situação. Seu Jordão e dona Eunice continuavam incansáveis em sua luta junto com os demais membros da casa espírita, no sentido de libertar o filho dos grilhões que o prendiam.

André, por sua vez, continuava pedindo a todos que se unissem em orações, o que era prontamente atendido por todos.

Seu José, homem muito experiente, orava fervorosamente por Maurício, tendo em seu coração a certeza de que chegaria o dia em que receberiam a notícia de que Maurício finalmente estava liberto e livre para voar. Um voo que o levaria a se restabelecer, com condições de enxergar com clareza o que fizera com sua vida e capaz de modificar sua maneira de pensar, numa conscientização que daria a ele meios de se melhorar e voltar a evoluir espiritualmente.

Até que André vislumbrou uma oportunidade e a colocou em prática.

Ao chegar para mais uma visita a Maurício e, estando ele um pouco mais lúcido do que de costume, resolveu falar:

– Maurício, como vai? Percebo que hoje está se sentindo mais fortalecido! E isso graças a Deus, nosso Pai misericordioso, que, certamente, tem ouvindo nossas preces no sentido de ajudá-lo e fazê-lo compreender que tem condições para se ajudar a sair deste lugar.

Maurício, pela primeira vez, desde que vinha recebendo as visitas de André e de seus companheiros, levantou os olhos do chão e esboçou um leve sorriso.

As visitas de André vinham fazendo muito bem a ele, pois começava a se sentir melhor e a ter alguns momentos de lucidez, nos quais já conseguia pensar com mais clareza em toda a sua existência e imaginar que André poderia estar com a razão quando lhe dizia que ele poderia sair daquele lugar sem medo, mas que, para isso, tinha de querer se melhorar e progredir em sua evolução espiritual.

Que havia amigos prontos a ajudá-lo em sua recuperação, mas que o primeiro passo teria que ser dele, nessa direção.

Tais palavras ficavam ecoando dentro da sua mente e, apesar de ter muitas dúvidas e muito medo, começava a achar que Deus existia e era bom, pois havia enviado pessoas boas para ajudá-lo nesse momento tão negro de sua vida, em que não via saída para o seu sofrimento e para sua dor.

– É verdade, André, hoje estou me sentindo melhor.

– Pois, então, quero lhe fazer um convite – falou André, entusiasmado.

– Gostaria muito de levá-lo a um lugar onde reina muita paz e amor. As pessoas são generosas, boas, prestativas, buscando sempre ajudar aos que necessitam de luz e entendimento. Sei que irá gostar se vier comigo, mesmo porque, acho que irá se sentir feliz, pois seus pais frequentam esse lugar e muito têm feito para vê-lo feliz e amparado novamente.

André permaneceu por alguns segundos em silêncio e continuou:

— Sabe, Maurício, desde que você desencarnou, seus pais lutam com todas as forças em busca de ajuda, em seu benefício. Sofrem muito, pois muito tempo já se passou. Será que agora, que se sente melhor e em condições de ver as coisas com maior clareza, não me acompanha até lá para revê-los? Tenho certeza de que vai ser muito bom para você reencontrá-los depois de tanto tempo.

Maurício, bastante emocionado, começou a chorar.

— Desabafe, Maurício. Dê vazão aos seus sentimentos. Vai ser bom pôr para fora o que está sentindo. Deixe que as lágrimas limpem o seu íntimo, meu irmão.

— André... Sinto muita saudade deles e de Débora também, mas não me sinto forte o suficiente para encará-los.

— Pois eu não penso assim. Tenho certeza de que lhe fará muito bem vê-los, sem contar que seus pais esperam por esse momento há muito tempo. Seus pais são hoje outras pessoas, muito diferentes de quando você os deixou. A dor e o sofrimento, nestes anos todos, fizeram com que eles se apegassem com muita fé em Deus e à casa que frequentam, onde procuram não só ajudar a todos que ali buscam auxílio, como também estudar as leis que norteiam o Espiritismo.

Hoje, eles são trabalhadores ativos dessa casa e também fazem parte de um grupo de estudos, que busca compreender e colocar em prática o que se aprende no *O Evangelho Segundo o Espiritismo*.

Seguramente, se você os vir hoje, verá o quanto conseguiram se melhorar como pessoas, procurando exercer a lei do amor e da caridade.

Maurício ouvia a tudo muito emocionado, enquanto as lágrimas caíam pela sua face.

— E como eu faria para sair daqui? – indagou. – Mesmo que eu conseguisse vencer os meus medos, tem o Ratrus. Só de pensar que posso voltar a sofrer nas mãos desse tirano, já começo a passar mal.

— Pois você não precisa temê-lo. Em primeiro lugar, porque ele não está mais com a atenção voltada para você e, mesmo que nos deparássemos com ele, não temos que temê-lo. Na verdade, Maurício, nós também temos nossas armas para o caso de precisarmos nos defender, mas a arma mais poderosa que possuímos, o maior escudo contra tipos como Ratrus, chama-se amor, fé inabalável, e Deus no coração. E temos uma que vem de você.

— Como assim, de mim? – perguntou Maurício, interessado.

— É a sua vontade em querer sair deste lugar, modificando assim a sua forma de pensar, sem temer Ratrus e seu bando, por confiar e ter a certeza de que Deus, nosso Pai, está do nosso lado e que o bem sempre acabará por triunfar sobre o mal, sendo que, na lei do mais forte, sabemos seguramente que somos nós os mais fortes e que, apesar dele e seu bando terem lhe causado tantos danos, hoje, não mais conseguirão, se assim você o desejar.

Maurício ficou pensativo diante das palavras de André. Sentia que eram verdadeiras, o que lhe enchia de coragem e confiança, coisa que julgara ter perdido em algum lugar do passado e que jamais encontraria novamente.

— Você quer dizer com isso, André, que, se eu não tivesse permitido, Ratrus não teria feito o que fez comigo?

— Exatamente, meu amigo. Quando você atentou contra a própria vida, vindo de um processo de enfraquecimento e transtornos psíquicos, como alucinações, causados pelas drogas, Ratrus encontrou em você o mesmo campo vibratório que o dele. Suas energias e sua forma pensamento também se afinavam com as dele, o que permitiu que pudesse tê-lo como um escravo, deixando-o sem forças para lutar.

Tudo nesta vida, Maurício, depende de nossa conduta e de nossa maneira de encarar a vida. Quando somos imprudentes e negligentes, acabamos nos enfraquecendo e nos tornamos presas fáceis de Espíritos malfeitores e cruéis, que se comprazem em nos fazer sofrer.

— Mas é isso que eu não entendo, André. Por que Deus, sendo tão bom, permite que caiamos em tais armadilhas e não nos protege desses malfeitores?

— Porque Deus nos dá o direito de usarmos nosso livre-arbítrio, de vivermos como julgarmos melhor, e as armadilhas, de que fala, são armadas criadas por nós mesmos, pela nossa falta de vigilância e prudência. A nós é dado o caminho da liberdade. Acontece que nem sempre sabemos usar dessa liberdade e, paradoxalmente, acabamos prisioneiros de nós mesmos, pelas nossas ações e pela nossa forma de enxergar e viver a vida.

Geralmente, somos tomados de grande pretensão, achando que fazemos o que queremos e que ninguém tem nada a ver com isso, que somos donos do nosso nariz, não é assim mesmo?

— É bem assim...

— Pois então, temos de ser responsáveis também pelas consequências de nossos atos impensados, através dos quais nos fragilizamos e nos tornamos vulneráveis e facilmente capturados.

Maurício sorvia cada palavra dita por André, admirando-o pela sua clareza de raciocínio e pela sua facilidade em discorrer sobre um assunto que ele achava intrincado demais para compreender.

— Como você é bom e generoso, André, em estar aqui para me ajudar. Logo eu que não mereço.

— Não diga isso, Maurício, todos merecem ser ajudados.

— Eu não, André, fui muito ruim e prejudiquei muita gente. Não sou digno da misericórdia de Deus.

— Pois você falou bem, utilizando o verbo no passado: "fui", o que significa que, hoje, não é mais e tem todo o direito de se redimir de seus erros, de se arrepender sinceramente e canalizar todo o seu potencial para o bem, dando continuidade à sua existência. Está na hora de começar a pensar que muito tempo já se passou, desde que está aqui, e seria um desperdício muito grande continuar se julgando com tanta severidade, não se dando a chance de melhorar.

Dentro de você também pulsa a verdade, o bem, o amor, a sabedoria, só que não se permite sentir nada disso, pelo rigor com que se julga. Já está na hora de virar esse jogo e trabalhar no sentido de se libertar de vez de tudo o que é ruim e fétido e olhar para um novo e promissor horizonte, cheio de luzes e possibilidades de um caminhar firme nas estradas do bem.

Não acha isso maravilhoso? Poder fazer o bem, ajudar aos outros, aprender, a cada dia, que sempre há espaço para o conhecimento, o aprendizado, que somos uma fonte inesgotável de energia e que cabe a nós conduzi-la para as coisas boas?

— Ouvindo-o falar assim, acho que tem toda a razão. Só tenho dúvidas se conseguirei sair daqui algum dia.

— Maurício, como eu já disse, depende somente de você, não o forçarei a nada, pois aqui também temos de respeitar o livre-arbítrio de cada um. Deixarei que pense com carinho em tudo o que conversamos. E estou muito contente, pois hoje você conseguiu dar um largo passo em direção à sua liberdade, obtendo, assim, um grande progresso no processo de sua recuperação.

— Acha mesmo? — perguntou Maurício, entusiasmado por aquelas palavras.

— Tenho certeza! Voltarei amanhã. Fique em paz e que Deus o abençoe e ilumine seus pensamentos, meu amigo.

Como sempre fazia, André e seus companheiros incansáveis, que a tudo ouviram calados, mas em profunda concentração, impuseram suas mãos sobre a cabeça do rapaz, fazendo descer sobre ele fluidos balsâmicos para sua recuperação.

E assim, André e seus companheiros partiram dali, felizes e confiantes de que, finalmente, Maurício compreendera o grande sentido da vida, e que seus monstros interiores estavam dando-lhe uma trégua, o que lhe dava a esperança de conseguir se livrar de Ratrus e da árvore gigante, plasmada à sua frente e que, para ele, era o maior dos monstros. E o mais importante era que ele começava a confiar novamente na possibilidade de retomar o seu caminho, deixando para trás o ódio, o rancor, a vingança, os acertos de contas, enfim, o ranger de dentes.

É bom que se diga que aquela árvore enorme, à sua frente, cheia de galhos retorcidos, fora plasmada por Ratrus a fim de cercear qualquer movimento de Maurício, caso tentasse fugir dali. Maurício, em suas alucinações, não via uma árvore, e sim um enorme monstro com uma boca imensa e cada galho e folhas eram vistos por ele como enormes braços, como os de um polvo gigante, pronto a devorá-lo, caso ousasse fugir dali.

※※※

Nesse meio tempo, Débora, já formada, casara-se com Otávio, que conhecera numa festa de casamento de uma amiga da Faculdade. Já era mãe de dois lindos meninos e levava uma vida tranquila.

No entanto, nem de longe, o sentimento que nutria pelo marido parecia-se ao amor que, um dia, sentira por Maurício. Mas mantinha um relacionamento aparentemente bom e tranquilo ao lado de Otávio.

Mesmo passados tantos anos, muitas vezes, pegava-se pensando em Maurício, e uma dor profunda se apoderava de seu coração, como se a vida lhe tivesse tirado seu grande amor sem conseguir lhe dar um substituto que preenchesse o vazio que às vezes se abatia sobre ela. Um bom tempo havia se passado desde a morte de Maurício, mas, para Débora, parecia que tinha sido ontem, tamanha era a clareza com que se lembrava dos pequenos detalhes vividos com ele.

Quando isso acontecia, sentia-se mal, pois no seu entender, tais pensamentos soavam como uma traição a Otávio, homem bom e generoso, ótimo pai, e que não poupava esforços para lhe dar uma vida feliz.

Otávio sabia, superficialmente, o que acontecera no passado de Débora e nunca quis entrar em detalhes, visto que tais recordações traziam-lhe grande sofrimento. Ele compreendia que, realmente, o destino fora cruel a ela, mas que, por outro lado, dera-lhe a oportunidade de encontrá-lo, e tudo faria para que ela fosse feliz ao seu lado, tendo dele o respeito, o amor e a lealdade.

Débora, de fato, não tinha do que se queixar, mas o passado ainda oprimia seu coração quando se lembrava de tudo o que passara ao lado de Maurício.

Sua mãe, dona Sofia, sempre dizia que um verdadeiro amor jamais morre, pois deixa suas marcas no coração daquele que ama. Quando esse amor se vai por um motivo, alheio à nossa vontade, ele pode serenar, atenuar, mas apagar, não.

Em suas orações, Débora sempre pedia por Maurício, pois mesmo tendo se passado tantos anos e não ter mais contato com os pais dele, por inúmeras vezes tinha aquela sensação ruim de que ele não estava bem e precisava de ajuda. Porém, sabia que não podia nortear sua vida por uma sensação vaga e que o melhor a fazer era pôr uma pedra sobre tudo isso e enterrar o passado.

Ela tinha uma linda família e devia zelar por ela, afinal tivera a sorte de encontrar um homem como Otávio, que a amava muito e a fazia feliz. O que mais poderia desejar? Meditava, tentando convencer-se disso. E com esse pensamento procurava afastar sentimentos que a faziam se sentir uma ingrata.

capítulo
VINTE E UM

Rogério, por sua vez, totalmente obsediado por Ratrus, que não o perdoava, entregara-se à bebida e ao excessivo consumo das drogas, transformando-se num joguete nas mãos do agora inimigo.

Seus pais, bastante preocupados com a conduta e o estado do filho, resolveram conversar com ele, uma vez que achavam que estivesse doente e perturbado, pois dera para falar sozinho, gesticulando como se tivesse mais alguém com ele, o que os estava deixando muito alarmados. O pai de Rogério tinha tido um irmão, já falecido, que começara assim e acabou tendo de ser internado em um hospital psiquiátrico, de onde só saiu morto. Podia ser que Rogério estivesse sofrendo do mesmo mal.

Então, decidiu ter uma conversa com o filho, dirigindo-se assim ao seu quarto, local em que ele passava a maior parte do tempo. Bateu na porta, mas não obteve resposta. Bateu novamente e entrou, encontrando Rogério prostrado em cima da cama.

— Filho... como sabe... eu e sua mãe nunca nos metemos

em sua vida ou em seus negócios, mesmo não concordando com muita coisa que faz, porém estamos muito preocupados com você.

Rogério virou-se, olhando o pai com um olhar de desdém.

— Pois não precisam se preocupar comigo. Estou bem — falou, com certa aspereza na voz.

— Como pode estar bem? Você já se olhou no espelho nos últimos tempos? Está com uma aparência horrível, não se alimenta direito, e temos percebido que não dorme como antes.

Rogério, irritado com o pai, sentou-se na cama, dizendo:

— Vocês deram para me vigiar agora?

— Claro que não, filho, mas estamos debaixo do mesmo teto e seria impossível não notar que você não está bem. Estou aqui porque quero ajudá-lo. Sua mãe também está aflita porque tem certeza de que algo de muito ruim está acontecendo com você.

— Já sou bem grandinho e acho que não precisam se preocupar.

— Rogério, você tem falado e gesticulado sozinho pela casa. Será que acha isso normal? Eu tive um irmão que começou assim e acabou morrendo num sanatório para doentes mentais.

O rapaz, furioso, deu um pulo da cama e avançou sobre o pai, o que fez seu Atílio recuar, assustado.

— O que está querendo dizer? Que estou ficando louco?!

— Calma, filho, só acho que devemos procurar um médico.

— Eu não preciso de médico coisa nenhuma! Estou bem e parem de me encher, deixem-me em paz — gritou.

Rogério suava frio e tremia, o que o fez sentar-se novamente, diante do mal-estar.

214

— Veja só o seu estado: está todo molhado de suor, tremendo feito vara verde. Tem de ir ao médico. Essas porcarias que você toma devem estar lhe fazendo mal. Vai acabar morrendo se não se tratar.

— Acho que, se eu morresse, seria até bom — falou, com voz débil.

— Não diga uma coisa dessas, Rogério, você tem muito que viver, para se entregar desse jeito!

— Pai, eu não quero mais ser rude com o senhor. Por favor, não quero que me aborreça mais com essa história. Quero ficar sozinho.

— Mas, filho!

— Nem uma palavra mais — retrucou Rogério.

Seu Atílio sabia que não adiantaria insistir, pois conhecia bem o filho para saber que nada o demoveria dessa ideia de não ir ao médico.

— Olhe, filho, você nunca nos ouviu e sempre fez o que lhe deu na cabeça. Nem eu nem sua mãe nunca pudemos com você, sempre tão voluntarioso e teimoso, e posso dizer que nós sentimos medo de você, pois, muitas vezes, torna-se violento e agressivo com as pessoas.

— Esse é o meu jeito, pai. Mas eu nunca ameacei vocês!

— Não declaradamente, Rogério, mas, veladamente, fez com que nos calássemos sobre seu trabalho ilícito a vida toda. Ou acha que gostamos de ver essas pessoas entrando e saindo aqui de casa com essas drogas que você vende?

— Mas é através dessa droga, como o senhor bem fala, que eu sustento vocês.

— Isso não é verdade, pois eu e sua mãe vivemos da minha aposentadoria. Você, sim, que nunca está contente com nada e acha que precisa estar nessa vida onde o dinheiro ilícito entra fácil, para ter uma vida boa. No entanto, nestes anos todos em que deve ter ganhado muito dinheiro, não vi, até hoje, você ter feito seu pé-de-meia, pois tudo o que ganha gasta não sei onde.

— Isso é problema meu.

— Pois aí é que se engana. O problema é nosso, pois é nosso filho, gostamos de você e não queremos o seu mal.

— Não me venha com essa ladainha de novo, pai, que nem filho de vocês eu sou.

Essa frase doeu no fundo do coração de seu Atílio, que procurou conter-se e retrucou:

— Você pode não se considerar nosso filho, mas nós o consideramos e o amamos. Na sua ingratidão, não percebe o quanto lutamos para dar a você uma vida honesta e digna. E o que foi que ganhamos em troca? Um filho rancoroso, que só tem ódio no coração, que não pensa duas vezes para viciar aquele menos previdente, não importando se daqui a algum tempo ele vai estar destruído... O que importa para você é somente o dinheiro.

Você é cruel, não deve ter coração, e, sim, uma pedra no lugar. Eu não sei o que fez com todo o amor, carinho e dedicação que lhe demos. Às vezes, penso que nem é humano, tamanha a sua frieza.

— O senhor não tem o direito de me recriminar, e eu não vou admitir que venha em meu quarto dizer sandices. Quero que saia daqui agora e que nunca mais fale assim comigo. O fato de ter-me criado não lhe dá o direito de me criticar.

— Veja como é! Não admite ouvir certas verdades, pois acha que é o senhor absoluto dela.

Transtornado, Rogério, num movimento brusco, levantou-se e abriu a porta do quarto, berrando:

– Saia daqui, imediatamente!

– Percebe por que temos medo de você? Porque nunca sabemos qual será sua próxima reação.

E seu Atílio, bastante magoado, baixou a cabeça e saiu vagarosamente, disfarçando as lágrimas que marejavam seus olhos.

Tanto ele quanto dona Eva já tinham idade avançada quando resolveram adotar Rogério, depois de muitos anos de tentativas e tratamentos, que foram inúteis, para que dona Eva engravidasse.

Na época, seu Atílio trabalhava em uma fábrica de calçados como chefe de seção, mas, depois de vinte e três anos na firma, por motivo de contenção de despesas, fora demitido, não conseguindo mais recolocação, pela idade já avançada e também por estar na época da aposentadoria, tendo ainda o agravante de ter um problema cardíaco, que foi se agravando e o impedira de tentar outro negócio.

Tiveram assim que viver da sua aposentadoria, o que fez com que eles passassem certas privações, mas, mesmo assim, eles não mediam esforços para dar o necessário a Rogério que, na época, tinha dezessete anos.

Rogério sempre fora um menino rebelde. Pouco se dedicava aos estudos, nunca quis saber de trabalhar, ficando o tempo todo ocioso, mas, mesmo assim, queria do bom e do melhor, sendo muitas vezes impiedoso com os pais, no sentido de exigir deles coisas que não era possível comprar com o dinheiro que seu Atílio ganhava.

Seu Atílio e dona Eva passaram a se preocupar na medida em que Rogério, já adolescente, começou a andar com más companhias e, mesmo recebendo inúmeros conselhos, não ouvia nenhum. Passava às vezes dias sem aparecer em casa e quando voltava não dava satisfações por onde tinha andado.

Seu Atílio sabia que ele estava envolvido com drogas e tentou, por várias vezes, conversar com ele, mas era impossível tentar manter um diálogo com o filho, que ficava furioso e começava a xingar os pais, dizendo ainda que não havia pedido para nascer, portanto eles que o aguentassem.

Foi numa dessas discussões que dona Eva perdeu a pouca paciência que ainda lhe restava e acabou por lhe contar, atabalhoadamente, que ele era adotado, e que, se soubesse que lhes traria tanto sofrimento, jamais o teria pegado naquele orfanato, no qual ele tinha sido abandonado pela mãe e que seu pai era desconhecido.

Isso causou ainda mais revolta em Rogério que, depois disso, passou a destratar os pais por qualquer coisa, não os respeitando mais.

Dona Eva, aflita, esperava pelo marido na sala, levantando-se ao vê-lo voltar, cabisbaixo.

– E, então, conseguiu convencê-lo a procurar um médico?

– Que nada, Eva, esse rapaz não tem mais jeito. Fala de um modo como se nós não fôssemos nada dele. No fundo, acho que nos despreza e só está aqui até hoje, pois é um modo de não levantar suspeitas da polícia sobre ele.

Dona Eva começou a chorar baixinho.

– Onde foi que erramos, Atílio? Fizemos tudo o que pudemos por esse menino, demos amor a ele.

– Acabamos de ter uma conversa séria e lhe disse isso e muito mais. Estou cansado de ter de conviver com esse bando de drogados que frequenta a nossa casa. Eu nunca lhe falei nada para não aborrecê-la ainda mais, mas quando vamos visitar sua irmã no interior, seu Antonio, o porteiro, contou-me que Rogério dá festas de arromba aqui.

Dona Eva levou a mão na boca, assustada.

— Oh, Meu Deus! Imagine no que tem se transformado nossa casa.

— Quando tomei conhecimento, tive vontade de mandá-lo embora daqui, mas fiquei preocupado com você, no quanto sofreria longe dele, e acabei deixando para lá. Mas, hoje, confesso que, por mim, ele iria embora daqui, levando consigo toda essa imundície que vende, sem contar, Eva, que ainda há pouco, no meio de nossa discussão, ele tornou a dizer que não é nosso filho.

Na verdade, ele não nutre por nós qualquer sentimento de afetividade, e penso que isso seja impossível a ele, ou seja, ter qualquer sentimento de amor ou carinho por alguém. A impressão que tenho é a de que tudo de bom que lhe fizemos e dissemos durante esse tempo todo não serviu para nada.

O Rogério está me fazendo lembrar daquela parábola em que Jesus saiu a semear e algumas sementes caíram em meio às pedras e não germinaram. É assim que eu me sinto hoje em relação ao Rogério: um semeador que plantou sobre pedras, pois nada de bom germinou dentro dele.

— Mesmo assim, Atílio – rogou dona Eva –, eu lhe peço que não o mande embora. Eu ficaria muito triste e aflita sabendo que ele estaria em qualquer canto por aí. Apesar de toda a sua ingratidão, eu o amo como a um filho.

— Eu sei, Eva, também o amo, mas estou cansado de levar esta vida. Nós sempre fomos honestos e dignos, no entanto, sabemos quem ele é, e o que faz. Isso tem me incomodado muito.

O seu Antonio, lá da portaria, sabe de tudo o que se passa aqui em casa, assim como sabe também quem é o Rogério. Ele só não abre o bico porque morre de medo de uma represália dele, que já chegou a ameaçá-lo. Outro dia, ele estava me contando uma história antiga em que um rapaz, de nome Maurício, que frequentava nossa casa, em busca de drogas, e que era amigo do Rogério, teve um desentendimento sério com ele por causa de drogas e que, depois de umas semanas, ele ouviu duas garotas, que eram do grupo deles, comentarem que o tal Maurício havia se suicidado, enfiando o carro embaixo de um caminhão.

— Pai misericordioso! Atílio, o que está me contando?! Será que isso é verdade?

— Creio que sim, pois o seu José disse que nunca mais o rapaz voltou aqui.

— Mas o que de tão grave pode ter acontecido para esse rapaz ter se matado?

— Dá até para imaginar, Eva. No mínimo, depois de viciado, ele não teve condições para manter o vício e muito menos condições para largar, o que deve tê-lo levado ao desespero. E fico imaginando quantas vidas nosso filho já não ceifou em nome do dinheiro? Isso me angustia demais. Mesmo gostando dele, tem sido difícil conviver com tanta sujeira e maldade desse rapaz. Nós já estamos velhos e acho que merecemos uma velhice com dignidade. Não temos que aceitar viver em nossa casa com tanta coisa ruim e negativa.

— Você tem razão, meu velho. Apesar de todo amor que tenho por ele, não precisamos ter de conviver com isso. Eu não imaginava que as coisas estivessem nesse pé. Se quiser, pode pedir a ele que deixe esta casa, pois pedir para que ele pare com esse serviço sórdido, sei que não vai adiantar mais.

— Pois então, assim que sair do quarto para jantar, falarei com ele para que deixe esta casa.

Dona Eva meditou um pouco e disse:

— Atílio, não seria melhor esperar ele ir a um médico?

— Ele já disse que não vai. Infelizmente, não adianta mais protelar esta situação, Eva. Rogério não vai mudar, pelo contrário, cada dia que passa, ficará pior.

— É que fico pensando que, ao mandá-lo embora de casa, não o estejamos ajudando.

— E o que nós fizemos estes anos todos senão tentar pôr na cabeça dura dele que mudasse de vida?

— Você está certo, é que fico com o coração apertado.

— Pois está na hora de sermos firmes com ele. Está decidido.

Na hora do jantar, Rogério apareceu para comer e, antes mesmo que se sentasse à mesa, seu Atílio começou a falar:

— Rogério, eu e sua mãe conversamos bastante e chegamos a uma conclusão.

Rogério interrompeu o pai, dizendo:

— Lá vem o senhor de novo com essa conversa mole.

— Cale-se e escute o que seu pai tem a dizer — interpelou a mãe, com voz firme, fazendo Rogério calar-se.

— Como ia dizendo, eu e sua mãe decidimos que você deve deixar esta casa imediatamente. Não queremos mais compartilhar da vida promíscua, desregrada e má que você leva. Junte o que é seu e, amanhã bem cedo, não quero vê-lo mais aqui.

— O que deu em você, pai? Tudo isso porque discutimos agora há pouco? Foi o senhor quem foi me provocar.

— Essa discussão pode ter sido a gota d'água, Rogério, mas pode ter certeza de que pensamos muito antes de tomarmos esta decisão.

Será melhor para todos nós, na medida em que não concordamos com seu modo de vida e não estamos mais dispostos a ter de conviver com fatos que aqui ocorrem devido à sua presença. Será melhor para você viver sozinho num lugar em que possa receber seus clientes e amigos.

Rogério viu, diante dele, por um momento, o quanto tinha sido injusto com os pais, mas o orgulho falou mais alto.

– Se é assim que querem, assim será. Amanhã mesmo estarei fora daqui.

Sentou-se, serviu-se da comida que estava na mesa, como se nada estivesse acontecendo, tamanha era a sua frieza, comeu em silêncio e voltou para o seu quarto.

Dona Eva mal conseguiu dormir naquela noite e, quando, a muito custo, logrou dormir, teve pesadelos horríveis com Rogério. Sonhou que ele estava todo cheio de lama, ensanguentado, e que pedia por sua ajuda, porém, mesmo tentando desesperadamente, não conseguia chegar perto dele. Era como se estivesse com os pés presos ao chão. Acordou, sobressaltada e banhada de suor. Levantou-se, foi até a cozinha tomar um copo d'água, porém não conseguiu conciliar mais o sono.

No dia seguinte, bem cedo, levantou-se como era de costume e foi preparar o café. Seu Atílio levantou-se em seguida, indo também para a cozinha.

Naquele momento, Rogério, em seu quarto, arrumava seus pertences em algumas malas enquanto relembrava cenas de sua vida ali naquela casa. Tinha uma sensação de vazio muito grande. Era como se toda a sua vida tivesse sido uma farsa. Ratrus, que não perdia nenhuma chance de perturbá-lo, investiu contra ele, sussurrando ao seu ouvido palavras desconexas para confundi-lo ainda mais.

A presença muita próxima de Ratrus e aquelas palavras que ele não sabia de onde vinham foram deixando-o nauseado, com aquele mal-estar que agora ele tinha frequentemente. Sentou-se na cama, tampando os ouvidos, enquanto Ratrus dava gargalhadas que ecoavam dentro de sua cabeça, fazendo-o ficar transtornado, querendo fugir dali. Terminou, então, rapidamente de organizar suas coisas e levou-as para o seu carro. Após guardar tudo no porta-malas, subiu e encontrou seus pais na sala.

Foi seu Atílio quem usou da palavra.

— Rogério, apesar de tudo, você sabe que gostamos de você e que será sempre o nosso filho. Quando quiser, venha nos visitar.

Dona Eva ouvia a tudo calada, com lágrimas nos olhos, pois era muito triste ver o filho naquele estado. Ficava se perguntando onde teriam errado. Mas não encontrava resposta e partia-lhe o coração vê-lo ir embora desse jeito, sem rumo, mas, ao mesmo tempo, entendia que o marido estava com a razão. Quem sabe, longe deles, ele não sentisse saudades e resolvesse modificar-se. No coração de uma mãe sempre há uma esperança, por menor que seja.

— Filho — ela falou —, venha me dar um abraço e se cuide para que Deus o abençoe e possa iluminar o seu caminho.

Ratrus ouvia a tudo com ironia, remedando o que dona Eva dizia. Na verdade, estava se divertindo com tudo aquilo. Seria bom estar sozinho com Rogério, sem vibrações positivas como as que existiam naquela casa, afinal, dona Eva era uma mulher muito religiosa e conseguia, com suas orações, neutralizar o ambiente das vibrações dele, o que acabava muitas vezes atrapalhando o seu trabalho.

— Não precisa se preocupar comigo, mãe, sei me cuidar sozinho. Acho que o pai tem razão em dizer que fiquei morando aqui porque me era conveniente.

— Rogério — interveio seu Atílio —, guarde para você este tipo de comentário. Pelo menos, tenha a decência de poupar sua mãe de mais esse dissabor.

— Mas é verdade. Quero que saibam que não pretendo

voltar a esta casa, assim como saibam também que nunca morri de amores por vocês. Como o senhor mesmo me disse ontem, acho que não aprendi o que é o amor.

Aquelas palavras foram como uma lança no coração de dona Eva, que não conseguiu conter a tristeza que lhe ia na alma naquele momento. As lágrimas caíam pela sua face, mas eram lágrimas diferentes das que tinha chorado, até então, em sua vida. Estas tinham o gosto amargo do ressentimento e da dor de não ter conseguido fazer germinar nenhum sentimento bom no coração daquele filho.

Seu Atílio, então, foi até a porta e a abriu sem dizer nem mais uma única palavra. Rogério pegou o resto de suas coisas e partiu, sem olhar para trás.

Depois de fechar a porta, o homem foi em direção à esposa, abraçando-a com carinho, tentando consolá-la. E ficaram assim, enlaçados, entristecidos, impotentes, com um grande sentimento de vazio no coração.

Mais calmos, sentaram-se, em silêncio, no sofá da sala, procurando cada qual encontrar algo que justificasse tudo aquilo. Foi dona Eva quem quebrou o silêncio.

— Atílio, o que vai ser dele daqui para a frente? Onde foi que erramos na educação desse menino? Por que não conseguimos fazê-lo aprender como é bom amar?

— Eva, eu também queria obter essas respostas, mas não consigo. A única explicação que eu encontro é que, por algum motivo, que não sei qual, a semente do bom fruto não germinou nele. Acho que não devemos nos culpar por ele ser assim, afinal, fizemos de tudo para que esse menino caminhasse pelas trilhas do bem. Demos-lhe amor, carinho, estudo, educação, cuidamos de sua saúde; na medida do possível, tudo fizemos para que fosse um homem de bem, porém algo em seu caminho o desviou, e o perdemos. E essa perda não se deu hoje, você bem sabe. Na verdade, há muitos anos, Rogério afastou-se de nós. Apesar de doer o que ele nos disse há pouco, com relação a não morrer de amor por nós, não me causa espanto.

— A mim, sim, Atílio, eu pensei que esse jeito rude de ele ser fosse um escudo que usava, mas jamais imaginei ouvir dele coisa tão triste. É como se toda a dedicação e carinho que eu lhe dei tivessem sido em vão. Foi como se eu tivesse colocado algo em uma vasilha que estava furada, mas que, em muitos anos, não me dei conta.

Quando era moça e sonhava em ter um filho, nesse sonho, sempre via um filho bom, alegre, generoso, sincero e amoroso. Tive muito medo, logo que o pegamos naquele orfanato, de não conseguir lhe dar amor, mas eu estava enganada, o amor brotou e, com o passar do tempo, eu já nem me lembrava de que ele não tinha saído de dentro de mim.

Mas, apesar do gênio voluntarioso que ele tem, jamais podia imaginar que fosse feito de pedra.

— Sabe, Eva, você é mãe, e geralmente as mães têm essa característica de passar por cima de qualquer coisa ou fato negativo que um filho venha a cometer. A mãe está sempre pronta a desculpar os deslizes do filho, e você não foi diferente. Porém, se começarmos a nos lembrar das situações que vivemos e presenciamos com o Rogério, verá que não dá para esperar dele nada diferente do que ele nos disse.

Ao meu entender, cada um dá o que tem. Infelizmente, ele não tem nada de bom a nos oferecer. Acho que o máximo que podemos continuar fazendo por ele é pedir a Deus que tenha misericórdia e o ilumine em seu caminho. Não quero que se torture ou se recrimine por tudo terminar assim. Tenha convicção de que você e eu fizemos tudo que estava ao nosso alcance por ele que, para mim, é o grande perdedor em toda essa história.

capítulo
VINTE E DOIS

Os dias se passaram, e Rogério se instalou em um apartamento minúsculo, de quarto, sala, cozinha e banheiro, no centro da cidade, onde seu amigo Sandro morava, pois não tinha condições para pagar coisa melhor.

Sandro, que já não via o amigo há tempos, assustou-se ao vê-lo. Rogério estava abatido, mais magro, cabelos compridos em desalinho e barba por fazer, dando a impressão desses andarilhos que se encontram pelas ruas.

— Rogério — indagou Sandro —, desculpe-me pela minha indiscrição, mas por que teve de sair da casa de seus pais? O que está acontecendo? Você parece doente...

— Acho que estou doente mesmo, Sandro. Desde que fomos falar com aquele vidente, Seu João, lembra-se?

— Sim, claro, não dá para esquecer o fiasco que você cometeu.

— Pois é... Desde aquela época, que não tenho um minuto de paz. Perdi o gosto pela vida, não tenho vontade de nada, os meus negócios vão de mal a pior, minha clientela sumiu, ouço vozes que me atormentam dia e noite, aquele mal-estar está cada vez mais forte e frequente, e, como se não bastasse, tive uma discussão com meu pai, que acabou pedindo para que eu deixasse a casa dele. Disse que não iria mais tolerar meus negócios escusos. Achei melhor nem discutir.

— O fato de ter saído da casa de seus pais não me preocupa, mas essa outra história que está me falando, essa sim, causa-me arrepios na espinha. Eu bem que lhe disse que não se deve brincar com certas coisas, muito menos enfrentar um Espírito das trevas, como fez aquele dia. Ele deve estar lhe perseguindo e atrapalhando a sua vida, "fechando seus caminhos", como se diz. Você está com cara de doente. Já se olhou no espelho nestes últimos tempos?

— Já e, sinceramente, não é isso o que me preocupa. Tenho caído de boca nas drogas e na bebida e parece que esse tem sido o meu momento de alívio. Por outro lado, sei perfeitamente aonde esse caminho irá me levar. Na verdade, sinto como se uma força estivesse me dominando e me acuando num canto, sem me deixar saída. Eu, que sempre tive total domínio das situações, você bem sabe, parece que me deixei prender nas teias, nas quais vi tantos se prenderem e morrerem.

— Cruz-credo, Rogério! Vendo-o falar assim me dá até uma coisa aqui dentro do peito. Sabe que sou seu amigo e quero ajudá-lo. Vamos voltar na casa de Seu João, pois tenho certeza de que só ele poderá resolver esse seu problema.

Ratrus, que estava por perto, ouvindo tudo, enfureceu-se, influenciando o pensamento de Rogério.

— Sandro, nem comece com essa besteira novamente. Já disse e repito: não vou a lugar nenhum, pois não acredito nessas coisas.

— Ah, sim! E de onde vêm essas vozes que o têm perturbado tanto? Sim, pois sei que louco você não é!

— Pois olhe, às vezes, é exatamente essa a sensação que tenho, a de estar perdendo o juízo.

Ratrus triunfou ao ouvir tais palavras. Faltava pouco para conseguir seu intento.

Por outro lado, faltava pouco também para que André e seus companheiros finalmente chegassem ao triunfo com Maurício.

Como Ratrus voltara toda a sua atenção, energia e vibração negativa para Rogério, juntamente com seus comparsas, Maurício, apesar de continuar naquele lugar, já não sofria as influências maléficas do bando, o que permitia a André e seus companheiros suprirem e restabelecerem as suas forças para que, finalmente, pudesse deixar aquele lugar horrível.

E foi com grande alegria que Maurício viu André chegando naquele dia. Ele havia pensado muito em sua última conversa com aquele Espírito e estava disposto a enfrentar aquela situação que perdurava por anos. Pela primeira vez, desde que ali chegara, sentia uma tênue esperança de poder se libertar dos grilhões que o acorrentavam, de soltar as próprias amarras.

— Bom dia, Maurício, percebo que está bem melhor hoje! É a primeira vez, desde que venho aqui, que o encontro feliz por me ver.

— É verdade, André, não via a hora que chegasse para nos falarmos.

— Pois fale!

Maurício olhou para os lados, como que sondando os arredores, a fim de verificar se ninguém do bando de Ratrus estava por ali e pudesse ouvi-lo.

— O que eu quero lhe dizer é que pensei muito em tudo o

228

que tem me dito e decidi enfrentar meus medos. Quero ir com você, não só ver meus pais, como não retornar mais a este lugar, se assim Deus me permitir.

André, que se encontrava agachado, como sempre fazia para conversar com ele, pois era assim que Maurício permanecia a maior parte do tempo, olhou para seus companheiros de trabalho, que ali estavam em profunda oração, olhos rasos d'água pela emoção daquele momento grandioso, e estendeu os braços para Maurício num abraço fraterno; não cabiam palavras naquele momento. Todos ali, envolvidos pela luz misericordiosa de Jesus, deixaram o amor e a emoção, que traziam no coração, falar mais alto, não represando as lágrimas de felicidade que rolavam pelas suas faces.

Passado esse momento, foi André quem tomou a palavra.

— Eu tinha certeza de que esse dia chegaria e agradeço a Deus, nosso Pai, por ter-nos permitido realizar esse trabalho junto a este irmão, rogando-lhe que nos ilumine e nos mostre qual o melhor caminho a seguir. Tenho certeza de que, protegidos com o Seu manto, haveremos de finalizar essa tarefa da melhor maneira possível, na qual a fé, o amor, a caridade e a união de todos os nossos irmãos encarnados e desencarnados em muito tem contribuído para que possamos resgatar nosso irmão Maurício, dando a ele as boas-vindas, para junto daqueles que aprenderam a amá-lo neste percurso tão difícil, mas tão glorificante.

Nesse instante, vinham chegando Zelu e Dako, do bando de Ratrus, e perceberam a movimentação.

— Quem são eles? – perguntou Zelu, assustado.

— Não sei, mas não estou gostando. É melhor ficar aí vigiando – falou Dako – enquanto vou chamar Ratrus. Isso está me cheirando encrenca.

— Pois vá de uma vez.

André, percebendo que havia alguém os vigiando, procurou conversar com Maurício no sentido de alertá-lo de que não deveria se amedrontar, nem se intimidar se Ratrus e seu bando tentassem impedi-los de sair.

— Mas, André — retrucou Maurício, assustado —, eles não vão me deixar ir embora!

— Isso é o que eles pensam e, pelo visto, você também, Maurício. Porém, quero lhe explicar algo: o que o fez prisioneiro de Ratrus e de seu bando não foi somente a impiedade e a maldade que fizeram com você, e, sim, o fato de ter-se deixado prender por eles, através de sua vibração negativa, seus vícios, seus medos, sua falta de fé em Deus.

Mesmo ao desencarnar, se estivesse fortalecido, Ratrus jamais teria conseguido chegar perto de você, mas não foi o que aconteceu. A sua fraqueza diante da vida, o fato de se sentir impotente para resolver os seus problemas, a forma trágica como ceifou sua vida, somados às vibrações negativas de Ratrus, por pouco não o aniquilaram totalmente.

— Quer dizer que eu não deveria ter tirado minha vida como fiz?

— Exatamente, Maurício. A ninguém, que não seja Deus, é dado esse poder, pois Ele nos dá a vida e nos tira quando julga ser a hora certa, quando já tenhamos cumprido nossa tarefa. À medida que você antecipa o término de sua jornada na carne está indo contra os princípios de Deus, pois interrompe o ciclo da vida, fracassando assim no que você mesmo, antes de reencarnar, havia se comprometido a realizar.

Depois que sairmos daqui, e estiver recuperado, teremos tempo para conversarmos sobre tudo o que quiser saber. Agora, quero que me ouça com atenção. Tem alguém nos vigiando e, muito provavelmente, foram chamar Ratrus, por isso quero que fique ao meu lado o tempo todo, em oração, procure visualizar

Jesus e não tenha medo, confie em seu poder e deposite nas mãos de Deus, com toda a sua fé, a sua existência, pois tenha a certeza de que ele fará o melhor. Em nenhum momento, quero que desvie seu pensamento de Deus, e deixe que cuidaremos de Ratrus e de seu bando. Chegou o momento de enfrentá-lo.

– Agora, venha. Eu o ajudo. Levante-se devagar e levante a cabeça.

– Tenho receio. Toda vez que levanto a cabeça, esse monstro tenta me pegar, lançando seus braços enormes, como tentáculos, para me destruir.

– Pois bem! Esse será o nosso primeiro desafio. Erga a cabeça e, de olhos fechados, aja da forma como acabei de orientá-lo.

Maurício fez o que André pediu, concentrando-se e elevando seu pensamento a Deus e a Jesus.

– Muito bem, Maurício, agora abra os olhos e me diga o que vê.

Maurício já em pé, pernas trêmulas, abriu os olhos e, não acreditando no que via, começou a rir e chorar ao mesmo tempo.

– Não posso acreditar! É só uma árvore toda retorcida? Isso quer dizer que, durante todos esses anos, era essa árvore, à minha frente, que me aterrorizava? Mas como pode?

– Para você ver o quanto podemos, nós mesmos, nos destruir. Ratrus plasmou essa árvore e fez você acreditar que era um monstro que o vigiaria dia e noite. Como estava totalmente perturbado, acreditou e somente agora, em que começa a mudar sua forma de pensamento, quando em seu coração conseguiu perdoar-se e deseja retomar a vida, consegue enxergar as coisas como de fato elas são.

– Meu Deus, como isso é possível? Quantos enganos!

— Enganos e desenganos, erros e acertos, ilusões e desilusões, alegria e tristeza, são dualidades que fazem parte da vida. Cabe a cada um de nós saber separar cada uma delas no momento adequado, procurando sempre ver com os olhos da sabedoria para que não nos enganemos com imagens, fatos ou ideias distorcidas. Agora, vamos sair daqui devagar.

Ratrus, que estava à porta da caverna, gritou.

— Quem são vocês?! E aonde pensam que vão?! Ninguém entra ou sai daqui sem a minha permissão! Aqui, quem manda sou eu! Largue esse cara onde está! Ele é meu prisioneiro!

Esbravejando, enfurecido, Ratrus batia no peito, tentando mostrar o quanto era forte, tentando intimidar André, que se muniu das armas que possuía assim que viu Ratrus e seu bando empunhando armas pesadas e aguardando apenas uma ordem de seu chefe.

— Engano seu, Ratrus — falou André, mansa e calmamente. — Maurício não é mais seu prisioneiro. Deixe-nos sair e não haverá encrenca, ninguém se machucará.

— Isso é o que veremos! — vociferou Ratrus. — Será que não percebe, seu estúpido, que somos em número muito maior e que acabaremos com vocês?

André amparava Maurício, dizendo a ele que se mantivesse com o pensamento firme em Jesus. Maurício, ainda perplexo com o que tinha acontecido há pouco, com relação àquela árvore, manteve-se confiante de que Ratrus já não poderia mais lhe fazer mal.

— Não dê nem mais um passo ou acabo com todos vocês! — gritou Ratrus.

— Iremos sair, Ratrus — falou mais uma vez André, sempre com a voz serena, porém firme.

— É isso o que querem?! Pois não deveriam ter-se metido

232

comigo, muito menos com esse infeliz a quem pensam ajudar. Vamos, pessoal! Acabem com eles!

E vieram todos ao mesmo tempo, gritando, com armas estranhas nas mãos, enquanto Ratrus gargalhava, contando vitória antes da hora.

André, vendo que não teria outro jeito, num gesto rápido, uniu-se aos seus companheiros, fecharam-se em um semicírculo e elevaram-se do chão, erguendo Maurício. Nesse momento, um facho de luz muito intensa os cobriu, envolvendo-os, como se fosse um grande manto, por onde saíam luzes multicoloridas como lanças em direção ao bando de Ratrus. Imediatamente, todos do bando caíram ao chão, largando as armas e tampando os olhos, a gritar e a rolar, como se aqueles fachos de luz os estivessem fulminando.

Ratrus também cobria os olhos, pois aquela luz intensa também o atingia. Mesmo assim, gritava aos seus homens para que se levantassem e atacassem. E, vendo que nenhum deles lhe obedecia, lançou-se sobre André, de modo selvagem, querendo arrancar-lhe pedaços, mas foi arremessado com violência para trás, indo estatelar-se a alguns metros dali.

André aproveitou-se, então, desse momento em que todos estavam aturdidos naquele chão lamacento, para sair rapidamente. Maurício estava trêmulo, mas muito feliz. Sentia que estava voando, abraçado a André, e o ar fresco batia-lhe no rosto. Também tinha dificuldade em abrir os olhos devido à claridade. Afinal, tanto tempo vivendo na escuridão, era natural que levasse certo tempo para se acostumar novamente com a luz.

– André – falou Maurício, emocionado –, estamos voando! Vocês conseguiram me libertar das garras daquele malfeitor?

– Conseguimos, Maurício, com a ajuda de Deus, nosso Pai, que nos deu a força da luz e do bem para lutarmos contra Ratrus e seu bando. Mais uma vez, o bem venceu o mal.

— Para onde vou agora?

— Estamos levando-o a um hospital do plano espiritual para que possa se recuperar e se restabelecer prontamente. Todos esses anos naquele lugar horrível fizeram-lhe muito mal.

— É verdade... Apesar da enorme alegria que estou sentindo, sinto-me fraco e com dores.

— Isso é natural, Maurício, mas creia que em pouco tempo estará sentindo-se melhor. No lugar para onde vai, encontrará pessoas boas e amigas, prontas para ajudá-lo.

— Você não vai ficar comigo?

— Ficar propriamente não, mas irei visitá-lo todos os dias, está bem?

Maurício entristeceu-se com a notícia, e André, percebendo, disse-lhe fraternalmente:

— Meu irmão, você estará entre amigos, assim como nós somos seus amigos. Na espiritualidade, todos nós desempenhamos nosso trabalho, nossas tarefas. Nesse hospital há médicos e enfermeiras que cuidam daqueles que, como você, encontram-se debilitados e necessitam de uma série de cuidados que somente ali podem receber. E assim que estiver fortalecido, virei buscá-lo para levá-lo até seus pais, como havia prometido. Enquanto isso, quero que faça tudo o que lhe recomendarem, pois dessa forma, recuperar-se-á mais rapidamente.

— André, não há perigo de Ratrus me encontrar novamente?

— Mesmo que ele o encontre, não poderá lhe fazer mal. O lugar para onde está indo é um local protegido por Espíritos iluminados, e a frequência vibratória é incompatível com a de Espíritos como Ratrus, como se houvesse nessas vibrações, tão opostas, algo que o repelisse, como os polos de um imã.

Não se preocupe com Ratrus, até porque, não acredito que ele venha atrás de você. Ele é astuto o suficiente para saber que será perda de tempo.

— André, não tenho palavras para agradecer tudo o que fizeram por mim.

— Não precisa agradecer, Maurício, não fizemos nada, somente o apoiamos para que se reerguesse. Você, sim, fez um trabalho árduo, que culminou com a sua saída de lá, quando, sinceramente, conseguiu pedir perdão a Deus e perdoar-se, sendo, então, atendido em suas orações pelo seu merecimento, pois nada acontece sem que tenhamos mérito. A dor e o sofrimento o prepararam, de certa forma, para sua evolução e crescimento espiritual.

— Por que temos de sofrer para evoluirmos? — perguntou Maurício.

— Pois é na dor e no sofrimento que conseguimos nos melhorar, depurarmo-nos e aprendermos as lições que a vida nos traz. A vida tem caminhos que nem sempre são os mais bonitos e fáceis de trilhar, mas com a nossa coragem e determinação, fé em Deus, aceitação de Seus desígnios, caminhamos e saímos de nossas experiências, por mais amargas que nos pareçam, renovados e fortalecidos.

— André, você me parece ser tão bom! Teria passado por sofrimentos também?

— Todos nós passamos por eles, Maurício. É o único meio de nos melhorarmos, sendo que, obviamente, cada um de nós acaba por colher aquilo que plantou.

— Apesar de não estar mais naquele lugar horrível, ainda não me sinto bem. Tenho dores e me sinto fraco e incapaz.

— E não poderia ser diferente. Tem vivido momentos duros e, por que não dizer, cruéis, mas, agora, tudo passou. Não vamos ficar revivendo o passado, vamos olhar para a frente que, certamente, nos reserva coisas melhores.

— Promete que virá me ver?

— Sim, prometo.

Mais alguns minutos, e André comunicou:

— Estamos chegando, Maurício. Aqui, você será bem assistido e amparado. Terá tudo o que necessitar para o seu refazimento.

— Por que mesmo que não pode ficar aqui comigo? – perguntou Maurício, ainda apreensivo.

— Porque tenho outras tarefas a cumprir, outros irmãos necessitados que, como você, precisam do nosso auxílio.

— Quer dizer que o seu trabalho consiste em retirar Espíritos que se encontram em situação difícil?

— Não é bem assim, Maurício. Depende muito da situação ou do estado em que se encontra o necessitado. É um pouco complexo para lhe explicar com poucas palavras. Num outro momento, com certeza, poderemos conversar melhor sobre este assunto.

E ao chegarem à colônia em que Maurício iria ficar, dois senhores os esperavam sorridentes, saudando-os com alegria.

— Como vai, André? Vejo que trouxe Maurício!

— Sim, finalmente conseguimos trazê-lo. Foi uma dura batalha, mas, graças a Deus e a Jesus, o bem mais uma vez venceu.

— Meu nome é Mauro e este é o Dr. Orlando. Estamos aqui para ajudá-lo, Maurício.

— Ele está bastante debilitado, Dr. Mauro, mas tenho certeza de que, em pouco tempo, se recuperará.

— Certamente, André. Fique tranquilo, que cuidaremos dele com todo o carinho. Vamos levá-lo para o quarto que lhe foi reservado e começaremos imediatamente o tratamento.

Maurício estava maravilhado com o que via. Jamais imaginou existirem lugares assim no plano espiritual. Se ele não soubesse que havia desencarnado, pensaria estar sonhando, apesar de ali ser tudo muito mais bonito. O lugar onde iria ficar era um prédio amplo, cheio de alamedas arborizadas, canteiros de flores multicoloridas, que faziam daquela paisagem um lugar tranquilo e cheio de paz.

Tudo era muito limpo e arejado, havendo bancos espalhados pelo jardim muito bem cuidado que circundava o prédio pintado de azul claro. As pessoas que circulavam pelos corredores estavam vestidas de branco, assim como Dr. Mauro e Dr. Orlando, e tinham sempre um sorriso nos lábios quando cruzavam com eles, o que fez com que ele se sentisse confortável e seguro. Apesar de muito fraco, percebia que ali ele encontraria, finalmente, o equilíbrio e a paz que tanto necessitava e desejava.

Maurício foi levado para um quarto, onde já havia uma enfermeira esperando-o para ajudá-lo. André despediu-se de todos e saiu do quarto, acompanhado pelo Dr. Mauro.

— Ele ficará bem, André. Não se preocupe.

— Foi um difícil resgate. Estamos há muito tempo trabalhando com esse irmão, mas hoje, finalmente, conseguimos com que ele se libertasse dos grilhões a que estava acorrentado. Maurício sofreu muito desde que desencarnou de modo brusco, quando atentou contra a própria vida na esperança de se ver livre das drogas que o estavam destruindo. O que ele não tinha ideia é que havia um bando de Espíritos vingativos que o esperavam para fazê-lo prisioneiro.

— Hoje, apesar de tudo, ele está bem, perto de como o encontramos. É até difícil compreender como um ser pode aniquilar-se àquele ponto; suas condições eram as piores possíveis. Teve momentos, confesso, que, após visitá-lo na caverna onde estava, tinha dúvidas de que ele se recuperasse, mas, em seguida, eu me penitenciava junto aos meus companheiros, porque tínhamos a convicção de que Jesus e a misericórdia Divina viriam em nosso socorro.

Maurício chegou ao fundo do poço e sofreu toda a sorte de violência e agressão por esse bando que o aprisionou. Ratrus, o chefe do bando, fez com que ele acreditasse ser o último dos homens, e ele, já muito perturbado e confuso, foi presa fácil, não tendo um momento sequer de piedade por parte de seus algozes. Diante de tudo o que estava vivendo e revivendo, Maurício julgou ser mesmo a mais vil das criaturas, crendo merecer todas as atrocidades que faziam com ele.

Foi muito complicado ainda para ele compreender que Deus não quer que Seus filhos sofram, pois ama a todos igualmente, e que dependia somente dele perdoar-se, arrepender-se sinceramente, e querer melhorar-se espiritualmente, dando-se, a si mesmo, a chance de se reerguer. Acreditava que não adiantaria pedir ajuda a Deus, uma vez que, julgando-se tão mal, essa ajuda jamais viria. Por mais que disséssemos que, se estivesse realmente arrependido das coisas ruins que tinha feito e pedisse a Deus a Sua misericórdia, do fundo do seu coração, ele obteria o perdão, mas não acreditava nisso e, sem nenhuma orientação espiritual, nem tendo nenhuma crença, ficou muito fácil para Ratrus fazer dele o que bem quisesse.

Agora, foi a vez de Dr. Mauro falar.

– Como chegou até ele, André? Tem ideia de quanto tempo ele passou nesse lugar?

– Não podemos precisar ao certo quanto tempo ele permaneceu lá, mas, pelo que pudemos obter de informações junto a outros companheiros, que também estavam pelo local, deve ter sido por volta de pouco mais de dez anos.

O Dr. Mauro franziu a testa, dizendo:

— É, de fato, muito tempo! Pobre rapaz! Mas aqui ele vai se recuperar e ficará bem.

— Tenho certeza que sim — disse André. E chegamos até ele após termos conhecido seus pais, que nos procuraram no Centro Espírita em que eu e meus companheiros, aqui presentes, orientamos os trabalhos, ajudando a todos que ali vão em busca de auxílio, tanto os encarnados quanto nossos irmãos desencarnados. E, depois de muito procurar, o encontramos, como já lhe narrei.

Mas agora tudo passou e estamos num novo tempo. Assim que puder, virei visitá-lo. Bem, doutor, tenho de ir.

— Vá com Deus, meu irmão. Estamos felizes pelo êxito.

— Também estou muito feliz. É muito bom quando conseguimos ajudar na recuperação de um irmão.

E assim, André e seus companheiros, que o aguardavam, partiram. André não via a hora de poder comunicar aos amigos encarnados, que tanto ajudaram Maurício com suas preces, que ele estava bem. Mas teria de esperar para mais à noite, quando os trabalhos seriam realizados.

capítulo
VINTE E TRÊS

Às sete horas, já se via movimento no Centro Espírita que seu José dirigia. O ambiente estava sendo preparado para o início dos trabalhos, que começavam às oito horas pontualmente. Seu José estava recolhido em suas orações quando André chegou com seus companheiros.

André aproximou-se do amigo, dando-lhe a boa notícia com relação a Maurício. Seu José não conteve a emoção e murmurou: – Graças a Deus! Temos muito que agradecer!

Seu Jordão e dona Eunice também circulavam pela casa, auxiliando nos últimos preparativos para a sessão iniciar. O que eles não imaginavam é que, depois de tantos anos, receberiam a grande notícia, que esperavam ansiosos há tanto tempo.

Seu José abriu os trabalhos com uma prece de agradecimento aos Espíritos encarnados e desencarnados que ali se encontravam, pedindo aos bons Espíritos que dessem a devida proteção a todos. Depois, abriu aleatoriamente o *O Evangelho Segundo o Espiritismo*, de Allan Kardec, indo cair na página que falava sobre a indulgência.

Fez uma rápida leitura de um trecho em que dizia que "A indulgência não vê os defeitos de outrem, ou, se os vê, evita falar deles, divulgá-los; ao contrário, oculta-os, a fim de que não sejam conhecidos senão dela, e se a malevolência os descobre, tem sempre uma desculpa para os abrandar, quer dizer, uma escusa plausível, séria, e não daquelas que, tendo o ar de atenuar a falta, a fazem ressaltar com um jeito pérfido" (O Evangelho Segundo o Espiritismo, Cap.X, item 16). E terminou dizendo que Jesus quer que todos nós sejamos indulgentes, caridosos, procurando sempre amar ao nosso próximo como a nós mesmos.

As luzes foram apagadas, ficando acesa somente uma fraca lâmpada num canto da sala. Seu José, ainda com a palavra, pediu a todos que deixassem suas preocupações diárias de lado, nesse momento, e se ligassem ao plano espiritual, mentalizando Jesus, e que permanecessem em oração.

– Para nós, hoje é um dia de grande alegria – falou seu José, com a voz embargada pela emoção –, pois temos uma grande notícia para dividirmos com todos os irmãos que, com tanto amor e dedicação, ajudaram-nos durante muito tempo para que um irmão conseguisse se libertar das amarras que o prendiam. Estou falando do nosso irmão Maurício, filho de dona Eunice e de seu Jordão.

Seu Jordão e dona Eunice, que estavam sentados na primeira fila de cadeiras, próxima à mesa onde estavam os demais médiuns, entreolharam-se com os olhos rasos d'água, procurando conter a forte emoção que estavam sentindo naquele momento tão esperado e que tinham a certeza de que um dia chegaria.

Seu José, que havia feito uma pausa, deu continuidade ao que estava falando.

– Quero pedir ao Mentor Espiritual da casa, que tanto nos tem ajudado, que, se possível, manifeste-se e nos conte o motivo de sua grande alegria, a qual certamente será compartilhada por todos que aqui estão.

Seu José concentrou-se e foi por ele que André começou a falar.

— Boa noite a todos! Que a paz de Jesus possa estar no coração de cada um de vocês. Estou realmente muito feliz no dia de hoje, pois é um dia especial. Trago-lhes a notícia de que nosso irmão Maurício finalmente conseguiu libertar-se das trevas em que se encontrava, sendo conduzido por mim e por meus companheiros para uma colônia de refazimento, onde está recebendo todos os cuidados necessários para que se recupere e fique bem.

Apesar de estar muito enfraquecido e doente, por tudo o que viveu nestes últimos anos, está feliz e confiante de que, daqui para a frente, seguirá pelo caminho do bem. Após ter passado por tantas agruras, hoje, conseguiu romper as grades que o prendiam, com a graça de Deus, nosso Pai.

Sei que, há muito, todos nós esperávamos por este momento. Na verdade, sabemos que para tudo nesta vida há o momento certo para que as coisas aconteçam, e que nós, muitas vezes, em nossa aflição e angústia, achamos que está demorando muito para que algo que desejamos aconteça.

Mas Deus, em Sua sabedoria infinita, sabe o momento certo em que tudo deve ocorrer. Da mesma forma que uma fruta não cai do pé enquanto não estiver madura, também de nada adiantará colhê-la verde, pois se perderá. Assim também deve ser com os homens. Nada pode vir antes que ele esteja preparado para viver aquele momento, assim como Deus não dá a ninguém um fardo maior do que possa carregar. Pois é através da dor e do sofrimento que evoluímos espiritualmente, tirando daí as verdadeiras lições.

Quanto a Maurício, tenho a convicção de que aprendeu

muito nestes últimos anos de sua existência e, seguramente, saiu fortalecido em sua experiência, a qual muito o ajudará daqui para a frente. Aprendeu a perdoar e ser indulgente, como foi lido na mensagem desta noite que, com certeza, não foi aberta por mero acaso.

Acredito que todos nós crescemos um pouco com a trajetória de Maurício, principalmente seu Jordão e dona Eunice, que muito aprenderam a confiar em Deus e em Jesus nesses anos de sofrimento e espera, mas também de muita fé.

Portanto, elevemos o nosso pensamento a Deus e, de todo o coração, agradeçamos por Sua bondade infinita, que nos assegurou o resgate desse irmão e que, por linhas tortas, nos fez compreender esta máxima de que "é dando que se recebe, é perdoando que se é perdoado, e é morrendo que se vive para a vida eterna".

E esperamos que, se houver permissão, possamos um dia trazê-lo até aqui para saudá-los. Isso, quando ele se encontrar em condições para tal.

Nesse momento, dona Eunice, feliz, mas ansiosa por querer falar com o filho, não se conteve e perguntou:

— Irmão André, há algo que possamos fazer para ajudá-lo a se restabelecer mais rápido?

— Entendo a sua ansiedade, dona Eunice, mas, neste momento, a oração será o grande bálsamo para ele. Nós o resgatamos num estado difícil, mas, agora, ele se encontra em lugar seguro, sendo muito bem cuidado. E o que é mais importante: está feliz.

Não podemos precisar quanto tempo ele irá levar para se restabelecer, mas posso lhe assegurar que já não corre mais perigo. Confiemos na Providência Divina.

Dona Eunice entendeu que André estava sendo sincero

e lhe agradeceu por todo o empenho que teve para resgatar seu filho.

— Não nos agradeça, dona Eunice! Este é o nosso trabalho e o fazemos com muito amor e devoção. Deve, sim, agradecer a Deus e a Jesus.

E assim, irmãos, quero mais uma vez agradecer por toda a colaboração recebida e posso dizer que todos saímos vitoriosos.

Seu Jordão e dona Eunice, ouvindo aquelas palavras, choraram copiosamente, tomados pela emoção, assim como outros membros da casa, que também deixaram que as lágrimas de felicidade descessem pelas suas faces. André despediu-se, e seu José retomou os trabalhos.

Ao fim da sessão, depois dos agradecimentos de seu José, seu Jordão levantou-se e pediu um minuto da atenção de todos, enquanto enxugava as lágrimas com um lenço.

— Não sei nem como expressar o que vai dentro do meu coração neste momento. Mesmo assim, quero compartilhar com todos a minha alegria e a grande emoção em saber que, depois de tantos anos de oração, de fé em Deus, o nosso Maurício conseguiu ser ajudado. Eu e minha esposa, desde que começamos a frequentar esta casa, muito temos aprendido e nos renovado.

Descobrimos que tínhamos muitas coisas boas dentro de nós, que estavam represadas e que, por falta de esclarecimento, acabamos por deixar de ajudar muitas pessoas no decorrer de nossa vida, inclusive, talvez, o próprio Maurício. Em nosso egoísmo, achávamos que apenas trabalhando, sustentando a família e sendo cidadãos honestos, estávamos fazendo o suficiente para que nada de mal nos acontecesse.

Hoje, vemos que o mais importante é sermos caridosos, ajudando nosso próximo, despojando-nos das futilidades materiais em favor daquele que nada possui, doando-nos amorosamente àquele irmão que sofre. Enfim, muito ainda falta para aprendermos, mas posso dizer, com certeza, que hoje tanto eu quanto Eunice nos tornamos pessoas melhores, aceitando os desígnios de Deus.

Vamos continuar trabalhando e estudando o Espiritismo e os ensinamentos de Jesus, pois neles encontraremos alívio para a nossa dor e respostas às nossas indagações. Hoje sabemos que nada acontece por acaso e que a vida conspira sempre a nosso favor, mesmo quando algo de muito ruim nos acontece. Nossa visão de mundo se modificou completamente, nossa consciência se abriu, nosso coração se acalmou, e jamais perdemos a esperança, principalmente, depois que aqui chegamos e fomos acolhidos com respeito e amor fraternal. Falo em meu nome e no de Eunice, que, sei, pensa como eu. Obrigado a todos.

A sessão foi encerrada, e todos vieram abraçar seu Jordão e dona Eunice, que estavam muito emocionados com tudo o que experimentaram naquela noite. Essa noite jamais sairia de suas memórias, sentiam-se aliviados e reconfortados por saberem que o filho agora estava bem amparado.

E saíram abraçados e felizes, aguardando o dia em que poderiam falar com Maurício. Eles também tinham muito a dizer a ele.

※※※

Rogério, a cada dia, sentia-se pior. Muito magro e pálido, quase não comia, os cabelos haviam crescido em desalinho, a barba por fazer, unhas compridas, ninguém que tivesse conhecido Rogério no passado diria que era ele atrás daquela figura humana que mais aparentava a de um mendigo de rua. Seus clientes desapareceram e, com isso, não tinha dinheiro nem para pagar o aluguel do apartamento em que estava vivendo. Sandro, amigo fiel, procurava, na medida do possível, suprir as necessidades dele e convencê-lo de que precisava de ajuda espiritual, mas Rogério continuava irredutível.

As vozes e os barulhos em sua cabeça não permitiam que ele raciocinasse mais com lucidez. Sandro, vendo que as coisas estavam se complicando, decidiu, então, procurar seus pais e deixá-los a par da situação. Imediatamente, foram visitá-lo para lhe propor ajuda, porém foram mal recebidos e expulsos de lá aos gritos e palavrões.

Seu Atílio e dona Eva, constrangidos e magoados, foram embora, sentindo-se impotentes diante da situação, pois viam claramente que Rogério estava doente e precisava tratar-se, porém ninguém podia com ele. Sempre intransigente e mal-humorado, destratava qualquer pessoa que o quisesse ajudar. Sempre fora grosseiro, mas agora estava muito pior.

E foi dona Eva, já chegando em casa, quem rompeu o silêncio, dizendo:

— Atílio, o que achou do Rogério? Tive medo dele hoje.

— Acho que está muito doente, mas duvido que vá se tratar. Tenho para mim que vai ter um fim bem triste e solitário. Ele nunca foi um filho carinhoso conosco, no entanto, convivíamos com certa tranquilidade com ele. Agora, parece um bicho feroz acuado. Não se pode sequer manifestar qualquer tipo de ajuda que ele se enfurece.

— Deus que me perdoe o que vou falar, mas minha intuição de mãe diz que deveríamos levá-lo, nem que seja à força, ao médico. Ele está desequilibrado e acho até que seja o caso de levá-lo a um psiquiatra.

— Será, Eva? Acha mesmo que esteja ficando louco?

— Acho. Se minha irmã estivesse aqui iria dizer que ele está possuído por algum Espírito das trevas, mas eu nunca acreditei nestas coisas. Isso para mim é coisa de gente ignorante.

— Olhe que, pensando bem, Eva, Rogério sempre foi um sujeito meio estranho, mas sempre se demonstrou equilibrado. Tanto que mexeu a vida inteira com essas drogas e sempre soube se safar. Causa-me espanto, de uma hora para outra, ele dar a caída que deu.

— Você reparou no estado dele?

— Nem parece a mesma pessoa.

— Ei, Atílio, você está querendo dizer que acredita que ele tem algum Espírito ruim com ele?

— Não sei, Eva, desconheço completamente esse assunto, mas não posso dizer que desacredito totalmente. Vai saber se algum desses drogados, que veio a falecer em decorrência do uso dessas drogas, não voltou para ajustar contas com ele?

— Atílio, você não acha que está fantasiando um pouco?

— Mas eu já vi em filmes que isso pode acontecer!

— Você disse bem: em filmes, ficção, ilusão, fantasia. Por um acaso, você conhece alguém que já voltou para contar como é do lado de lá? Nós já perdemos vários entes queridos, e ninguém voltou até hoje, portanto, pare de dizer besteiras.

— Está bem, não digo mais nada! E quanto a Rogério? Vamos deixá-lo entregue à própria sorte?

— Eu tenho minha consciência tranquila de que tudo fiz para ser uma boa mãe para esse menino e confesso que estou muito decepcionada e magoada por tudo o que ele nos disse. Não acho que ele queira a nossa ajuda, aliás, deixou bem claro que quer nos ver bem longe.

— É, talvez você esteja com a razão, Eva. Vamos entregar na mão de Deus, já que não podemos fazer nada por ele.

Sandro estava furioso com Rogério pelo fato de ele ter

expulsado os pais daquele jeito, até porque, tinha sido ideia dele chamá-los e estava sentindo-se mal por isso.

— Rogério, tenha a santa paciência! Por que tratou seus pais daquela maneira? Quase morri de vergonha! Onde já se viu tratar pai e mãe daquele jeito tão grosseiro? Expulsá-los daqui?!

— É isso mesmo! Não quero ninguém me amolando aqui, nem mesmo você! E pode ir se arrancando, que eu quero ficar sozinho. Sei que estou na pior, mas não quero ajuda de ninguém.

Ratrus influenciava Rogério o tempo todo, conduzindo suas palavras e pensamentos. Sandro percebia que eram poucos os momentos em que ele falava por si, pois mudava da água para o vinho. Tinha de fazer algo pelo amigo, pois gostava sinceramente dele e via o quanto estava sendo dominado por um Espírito inferior. Só de pensar nisso, um arrepio percorria todo o seu corpo, pois podia jurar que o obsessor de Rogério era o mesmo Espírito que falou com ele naquele dia em que foram à casa de Seu João.

— Ai, meu Deus! Ajude-me a convencer o Rogério a voltar a falar com Seu João. Eu preciso encontrar um modo de dizer a ele que está sendo obsediado e que precisa se tratar antes que seja tarde demais.

E Sandro já estava indo embora quando respirou fundo, como que tomando coragem, e entrou no quarto onde o amigo estava deitado, falando:

— Rogério, não adianta me mandar embora que eu não vou. Você precisa me ouvir. Olhe para mim e preste atenção. Você tem de vir comigo até a casa de Seu João. Tenho certeza de que aquele Espírito que estava com você naquele dia não se afastou, e é ele quem o está derrubando desse jeito. Não vê o estado em que está? Mais parece um monte de trapo jogado no chão!

Rogério olhou para Sandro com um olhar de quem estava sentindo muito ódio, o que fez com que Sandro fizesse o sinal da cruz, como que a se benzer, tremendo feito vara verde.

— Quer parar com essa frescura? — bradou Rogério, totalmente dominado por Ratrus. — Que é maricas eu já sei, mas que se borra de medo de alma do outro mundo não sabia.

E Ratrus, que se divertia com a situação, resolveu pregar um susto nele.

— Você nunca falou assim comigo, Rogério! Sabe que fico magoado!

— É mesmo, gracinha? Pois vou lhe dar um corretivo para lhe mostrar como é que se lida com um maricas como você.

E, num gesto súbito, Rogério agarrou com as duas mãos o pescoço de Sandro, tentando sufocá-lo. O rapaz teve que fazer um esforço enorme para se livrar daquelas mãos, que mais pareciam garras, e sair correndo dali, apavorado, tropeçando nos móveis, indo refugiar-se em seu apartamento e trancando bem a porta. Estava ofegante, o coração parecia que ia sair pela boca. Queria rezar, mas o pânico que estava sentindo não o deixava se lembrar de uma só palavra da oração.

Enquanto isso, Ratrus e alguns de seu bando gargalhavam, divertindo-se muito pelo que tinham feito. Compraziam-se em ver as pessoas atemorizadas e sem saber o que fazer, querendo fugir. Isso os fazia sentirem-se superiores, fortes e poderosos.

Passado o susto, Sandro não se deu por vencido e decidiu que não iria trabalhar naquela noite, como fazia diariamente. Sandro era homossexual e trabalhava nas ruas de São Paulo. Era uma boa pessoa, tinha um coração generoso e quando gostava de uma pessoa era para valer.

Na verdade, nutria um sentimento maior que o de uma

simples amizade por Rogério, no entanto, nunca teve coragem de se declarar, pois sabia que o amigo não era chegado a esse tipo de relacionamento. Sendo assim, preferiu guardar para si esse amor, uma vez que sabia que, se revelasse a ele, certamente Rogério o poria para correr.

    Pegou sua bolsa, uma roupa que havia tirado do apartamento de Rogério e dirigiu-se à casa de Seu João. Iria ter que arrumar um modo de ajudar o amigo. Chegou mais cedo, pois queria fazer uma consulta com o vidente antes que os trabalhos começassem. Estava apavorado e precisava de alguém, com poder e força, para tirar o amigo das mãos daquele obsessor.

capítulo
VINTE E QUATRO

Esperou alguns minutos, e entrou numa sala que ficava ao lado de onde eram realizados os trabalhos. Seu João ficava ali se preparando até a hora de começar os trabalhos e atendendo àqueles que precisavam falar em particular com ele. Sandro entrou decidido que faria o que fosse necessário para tirar o amigo daquela situação terrível que estava vivendo.

— Boa noite, Seu João, lembra-se de mim? – perguntou respeitoso, enquanto beijava a mão do homem.

— Sim, eu me lembro. Como tem passado?

— Comigo está tudo bem. Vim aqui hoje para pedir ajuda a um amigo. O senhor deve se lembrar dele, chama-se Rogério.

— De nome assim não me lembro, pois são muitas as pessoas que me procuram e não dá para guardar todos.

— Tenho certeza de que vai se lembrar. Eu o trouxe já faz muito tempo aqui e, no meio do trabalho, ele saiu correndo, depois de ter enfrentado um obsessor que estava com ele. Foi um horror. Quase morri de vergonha, pois fui eu quem o trouxe aqui. O que acontece é que, depois daquele dia, Rogério gradativamente foi decaindo. Era um sujeito forte, bem disposto, sabia das coisas, ninguém passava a perna nele, não!

Mas se o senhor o visse hoje, nem o reconheceria mais. Está acabado, falido em seu negócio, está morando num apartamento que eu tenho me virado para pagar, caso contrário, já teria sido despejado. Não se incomoda mais com nada, passando a maior parte do tempo deitado. Nem banho, para o senhor ter uma ideia, quer tomar, e tem sido uma luta para eu conseguir que se alimente. Emagreceu muito, está pálido e fraco, mas o que mais me preocupa em seu estado é que hoje tive certeza de minhas suspeitas.

— Quais suspeitas? — indagou Seu João, atento a tudo o que Sandro falava.

— Há muito tempo eu desconfiava que aquele mesmo obsessor que falou com ele aqui está ao lado dele, tomando conta cada vez mais de sua mente, o senhor sabe, sugando suas energias e tendo total controle sobre ele, sem contar que ele fala, xinga, discute com alguém a maior parte do tempo. Só pode ser esse Espírito. Cheguei a pensar que ele estava ficando louco!

E, vendo que a situação somente se agravava, fui pedir ajuda aos seus pais, que, prontamente, vieram até o apartamento dele. Só que, ao vê-los, começou a insultá-los e os expulsou.

Resolvi, então, falar com ele para trazê-lo, a fim de falar com o senhor, mas ele ficou furioso e me pegou pelo pescoço, tentando me asfixiar. Nesse momento, tive a certeza de que não era o Rogério quem estava fazendo aquilo, mas sim o Espírito que tomou conta dele. E eu trouxe uma roupa dele para ver se dá para fazer algo à distância.

— Você sabe, Sandro, que de longe não posso fazer muita coisa, não. Será preciso trazê-lo até aqui para um trabalho.

— Mas como eu faço, Seu João, para trazê-lo aqui se ele se nega a vir? Diz que está bem e que não precisa de nada.

— Com certeza não é ele quem está dizendo isso, e sim o obsessor que está com ele, que não tem o menor interesse que ele venha, pois isso pode atrapalhar seus planos. Tenho visto muita gente definhar por aceitar a influência de Espíritos das trevas, sem nenhum esclarecimento, e que julgam poder fazer justiça pelas próprias mãos. Na maioria das vezes, são desafetos que, em outras vidas, deixaram pendências a serem resgatadas. São inimigos que, estando um encarnado, e o outro, desencarnado, este último, por ódio e desejo de vingança, persegue-o durante a vida na Terra.

Agora, o meu guia está me lembrando de que este rapaz tinha uma dívida para com esse obsessor e que, uma vez encarnado e tendo esquecido o seu passado, negou-se a cumprir a sua parte no trato, trazendo para si todo o ódio, a ira e o ressentimento desse Espírito. Por isso, quer destruí-lo e, pelo jeito, está conseguindo.

— É isso o que eu mais temo, Seu João, e por isso vim pedir sua ajuda.

— Nesse caso, nem adianta querer fazer nada à distância. Preciso que o traga aqui.

— E se eu o levasse até ele? Pago o que for preciso.

— Não se trata de dinheiro, Sandro. É trabalho muito pesado e preciso estar bem protegido para mexer nisso. Esse obsessor não deve atuar sozinho, e seria muito perigoso eu me arriscar a fazer o trabalho em qualquer lugar que não seja minha casa, que está sempre protegida. Sinto muito, mas é assim que deve ser. Tente convencê-lo de que, se quiser se curar, terá de lutar para isso.

Sandro agradeceu e saiu. Triste e acabrunhado, voltou para casa. Tinha que trazer o amigo até ali o mais rápido possível, antes que fosse tarde demais. Mas como, se ele se recusava? Só se o arrastasse.

Ao chegar à frente do edifício em que moravam, percebeu um tumulto na portaria do prédio. Havia bombeiros, também uma ambulância parada na frente e pessoas que entravam e saíam apressadas de dentro do prédio. Sandro teve um sobressalto ao olhar para cima e ver que Rogério estava completamente nu na marquise do prédio, ameaçando se jogar se tentassem pegá-lo.

Correu falar com o porteiro para saber detalhes do que estava acontecendo.

– Bem, seu Sandro, primeiro eu comecei a escutar uns gritos de alguém pedindo socorro. Corri até o local de onde vinham os gritos e estes pareciam ser do apartamento do seu Rogério. Tentei abrir a porta, mas estava trancada e dava para escutar muito barulho de coisas sendo atiradas ao chão.

Chamei por ele várias vezes, pois tinha a certeza de que não entrara ninguém no apartamento dele, pois não saí da portaria para nada, e ninguém realmente entrara desde que o senhor desceu. Logo em seguida, ele foi para fora do apartamento, sem roupa, ameaçando se jogar caso alguém tentasse pegá-lo e parece que está armado. Ele está completamente louco, acho que tem que internar. Os vizinhos chamaram os bombeiros, que estão tentando acalmá-lo para retirá-lo de lá.

Sandro, então, subiu rapidamente. Iria tentar falar com ele pela janela do seu apartamento. Foi até essa janela, colocou-se de tal modo que Rogério pudesse vê-lo e, procurando manter a calma, chamou-o:

– Rogério, sou eu, seu amigo Sandro, olhe para mim e me escute.

Rogério voltou-se e, nesse momento, Sandro viu que ele estava mesmo armado e que tinha uma expressão estranha no rosto, uma mistura de desespero e horror que expressavam bem o seu sofrimento.

— Escute, Rogério, volte para dentro e abra a porta para eu entrar. Ninguém irá machucá-lo, eu não deixarei. Vou cuidar de você e não vai lhe acontecer nenhum mal.

Neste ínterim, os bombeiros conseguiram entrar no apartamento e, vendo-o distraído com Sandro, num gesto rápido, puxaram-no para dentro, enquanto ele se debatia e gritava para que o largassem. Os bombeiros conseguiram imobilizá-lo e desarmá-lo enquanto um enfermeiro lhe aplicava uma injeção.

E Sandro correu para junto dele, tentando acalmá-lo.

— Rogério, eu estou aqui, fique calmo, não vai lhe acontecer nenhum mal.

Ele se debatia muito, e os enfermeiros acharam melhor amarrá-lo na cama.

Por sua vez, Sandro foi chamado pelo médico que acompanhava a ambulância.

— O senhor é parente dele?

— Não, sou amigo.

— Ele tem algum parente que o senhor conheça?

— Sim, tem, mas por que está me fazendo essa pergunta?

— Porque teremos de levá-lo para um Hospital Psiquiátrico. Ele está completamente perturbado emocionalmente e teremos que fazer alguns exames.

— Eu posso cuidar dele, doutor? – perguntou Sandro, nervosamente.

— Sinto muito, mas não posso deixá-lo sob seus cuidados sem antes fazer alguns exames. Poderia ter acontecido uma tragédia hoje aqui, o senhor sabe disso. Não podemos pôr em risco a vida de outras pessoas e, até mesmo, a dele.

Sandro sabia que o médico tinha razão e, abatido, foi para junto do amigo, que se encontrava agora mais calmo pelo efeito do remédio que lhe havia sido ministrado.

Rogério foi tomado de profunda apatia, parecendo ter-se desligado do mundo exterior. Sandro falava com ele, mas ele não respondia e, aflito, perguntou aos enfermeiros que estavam do lado dele:

— Por que ele não fala comigo? É efeito do remédio?

— Sim, e deve ficar "desligado" por algumas horas.

Sandro, então, arrumou algumas roupas do amigo e seguiu com ele para o hospital em que faria alguns exames. Como já era tarde da noite, colocaram-no em um quartinho úmido nos fundos, amarrando-o à cama, apesar da intervenção de Sandro:

— Precisam mesmo amarrá-lo?

— Não sabemos qual vai ser sua reação ao acordar. É por uma questão de segurança. O senhor pode ficar com ele hoje e, qualquer coisa, é só apertar a campainha que viremos em seguida.

— Está bem.

Sozinho com Rogério naquele lugar, Sandro foi ficando deprimido, sentindo um aperto muito grande no coração. As lágrimas caíam pelo seu rosto, desesperançado de tudo. Parecia que de repente as coisas estavam se precipitando para um desfecho que Sandro vinha temendo há algum tempo. Não se conformava em ver o estado do amigo, ali deitado, entregue à própria sorte. Decidiu, então, orar, pedindo a Deus que o iluminasse naquele momento, para que pudesse servir de sustentação para o amigo numa hora tão triste como aquela.

A noite estava fria, e aquele quarto em que se encontravam era úmido, cheirando a mofo. Sandro saíra tão aturdido de casa que nem se lembrara de apanhar uma blusa. Procurou acomodar-se na poltrona que havia ali, pois sabia que a noite seria longa e demoraria a passar.

Quando o dia amanheceu, Sandro levantou-se, com o corpo todo dolorido. Não pregara os olhos a noite toda, preocupado em vigiar Rogério, que, mesmo sedado, às vezes gemia, estremecendo em seguida todo o corpo, o que o fazia sobressaltar-se.

Sandro olhou para Rogério, pensando:

"Preciso de um café urgente. Nem parece que estou acostumado a passar a noite acordado."

E, vendo que Rogério ainda dormia, saiu em busca de um café para animar um pouco, pois sabia que o dia também não seria fácil. Alguma coisa lhe dizia que Rogério iria dar trabalho.

Comprou o café e voltou imediatamente para o quarto onde estava o amigo. Percebeu que já dava sinais de que estava acordando, pois sua respiração estava mais rápida que o normal, e Rogério, mesmo com os olhos fechados, tentava se levantar da cama, na qual estava amarrado.

Sandro, vendo que ele começava a se agitar, resolveu intervir, dizendo:

– Rogério, sou eu, Sandro. Abra os olhos e olhe para mim. Tenha calma e preste atenção ao que vou lhe dizer. Vamos, abra os olhos. Sei que está acordado.

Rogério lentamente abriu os olhos, ainda meio entorpecido pelo medicamento que havia tomado, mas, mesmo assim, Sandro começou a falar com ele.

– Rogério, sei que deve estar confuso, sem saber o que aconteceu e o porquê de estar preso a essa cama. Vou lhe contar o que houve e preciso que esteja calmo, pois vai ter de fazer uma série de exames, antes de poder voltar para casa.

Sandro não queria lhe contar que estava numa Clínica Psiquiátrica, com medo de sua reação. E, aos poucos, foi explicando ao amigo o que tinha acontecido na noite anterior, tentando justificar o fato de ele estar ali, amarrado.

— Quero sair daqui — falou Rogério, com voz arrastada.

— Também quero que saia, mas para isso será necessário que fique calmo e faça os exames que tem de fazer. Depois disso, dependendo de que tudo esteja bem, poderemos ir embora, está bem?

Rogério quis levantar-se, mas Sandro o impediu, até porque, estava amarrado à cama.

— Que lugar é este? Por que estou amarrado? Quero sair daqui!

— Já lhe expliquei por que está aqui. Vamos aguardar com calma. Daqui a pouco, virão buscá-lo para os exames.

— Que exames são esses?

— Também não sei. O médico me disse ontem que você estava muito perturbado e que não poderia ficar em casa daquele jeito, pois seria perigoso. Você tem noção da baixaria que fez ontem, cara? Saiu pelado na marquise do prédio e, ainda por cima, armado.

— Não me lembro de nada disso. Estou com uma baita dor de cabeça e me sinto nauseado. Estas correias estão me machucando.

Ratrus prestava atenção a cada movimento dentro da clínica e acompanhava o médico que iria examinar Rogério, tentando captar-lhe os pensamentos. Tinha de agir com muita astúcia, pois esta era a sua grande chance de acabar de vez com Rogério. Não poderia permitir que ele fosse aprovado nos exames e mandado de volta para casa.

E ao ver o médico aproximar-se do quarto de Rogério, antecipou-se a ele, colando-se ao moço. O quarto lhe pareceu rodopiar e Rogério começou a se sentir mal. Sandro procurou acalmá-lo, mas, quando o médico chegou, encontrou-o bastante agitado.

— Como ele passou a noite? — perguntou o médico, dirigindo-se a Sandro.

— Passou bem, dormiu a noite inteira e não sei o que deu nele, pois, até agora, estava bem, conversando comigo. Foi o senhor chegar para ele começar a se debater, parece até uma "coisa".

O médico olhou sério para Sandro, prestando atenção no que ele dizia, porém não teceu nenhum comentário, o que deixou Sandro constrangido, pois falara daquela maneira com a intenção de que o médico desconfiasse sobre o verdadeiro motivo da agitação do amigo.

Ratrus, sem perder tempo, começou a influenciar os pensamentos de Rogério que, enfraquecido e confuso, dava livre passagem para que ele agisse como bem entendesse.

O médico fez os exames de rotina mesmo diante da agitação de Rogério e, em seguida, começou a lhe fazer perguntas triviais, tais como:

— Qual é o seu nome? Quantos anos tem? Sabe onde mora?

Rogério o olhava com ar de deboche, com um sorriso cínico nos lábios, como que a provocar o médico.

— O senhor está achando que eu não estou batendo bem da bola, não é, doutor? Por isso, está me fazendo essas perguntas idiotas. Claro que eu sei quem sou, meu nome é...

Ratrus, nesse momento, controlando mais a mente dele, fez com que fosse sacudido com violência, fazendo o médico recuar, assustado. Abriu, então, a porta do quarto e pediu auxílio ao enfermeiro que estava ali.

— Traga-me a medicação que está prescrita. Urgente!

Sandro, perplexo, tentava conter o amigo, que passou a xingar, dizer obscenidades e tentar de todo modo livrar-se das correias que o prendiam. Rogério voltara a ter o mesmo comportamento agressivo que o levara à clínica. Do jeito que estava não teria condições de sair dali, pensava Sandro, cada vez mais nervoso. Ele sabia que o amigo estava sob o controle do obsessor e que só poderia ser ele quem estava agindo no lugar de Rogério.

"Meu Deus, me ilumine" — mentalizou Sandro. "O que eu posso fazer numa situação dessas? Inspire-me, Senhor!"

Sandro começou a orar, mas a fúria de Rogério não passava, fazendo o médico desistir de qualquer exame, uma vez que Rogério cuspiu nele ao tentar aproximar-se para examinar seus olhos, o que o irritou. Rogério debatia-se, falando palavras desconexas, palavrões, com bastante agressividade.

— Não tem jeito, vamos aplicar o medicamento, pois não está difícil de diagnosticar este caso. Acho que nem vamos precisar de exames mais detalhados para ele. O senhor pode me acompanhar? — pediu, dirigindo-se a Sandro.

— Sim, doutor. O que vai acontecer com meu amigo?

— Como você bem viu, ele não está em seu juízo perfeito, não diz coisa com coisa, está agressivo, precisando ser contido. Acho que ele deve ficar internado para tratamento mental, pois seu quadro é patológico e oferece perigo, não só a ele como às demais pessoas, se ele voltar para casa.

— Mas, doutor, o Rogério sempre teve uma cabeça boa.

Eu não posso acreditar que, de uma hora para outra, tenha enlouquecido de vez.

— Eu não acredito que tenha sido bem assim – interveio o médico. O desequilíbrio não aparece de repente. O que acontece é que as pessoas que convivem com o doente, às vezes, levam certo tempo para perceber os distúrbios de comportamento e a conduta dele e, quando isso acontece, a doença já está bem avançada.

Sandro estava desolado com a situação, mas sentia que o médico estava com a razão. O que o atormentava é que, no fundo do coração, acreditava que tudo o que estava ocorrendo com Rogério estava relacionado com aquele Espírito, e que ele tinha que dar um jeito para tirar Rogério dali e levá-lo até Seu João.

— Doutor, e se eu o levasse para casa com os medicamentos e fizesse o tratamento direitinho, sem que ele tivesse que ficar aqui internado?

— Do jeito que se encontra agora seria impossível liberá-lo. Se daqui alguns dias ele apresentar melhora, poderemos pensar nessa possibilidade.

E o médico despediu-se, saindo em seguida. Sandro estava sem ação, não sabia o que fazer, olhava para Rogério, deitado naquela cama, e lembrava-se do quanto ele era ativo, alegre e decidido em suas coisas. Vê-lo naquele estado de apatia, após ter tomado o medicamento, deixava-o deprimido e infeliz. Aproximou-se do amigo, dizendo:

— Rogério, você vai ter de ficar aqui por alguns dias, mas virei visitá-lo, está bem? Assim que estiver melhor, poderá voltar para casa.

Rogério não respondeu. Tinha o olhar parado num ponto qualquer, sem demonstrar nenhuma reação. Era como se estivesse desligado do mundo e nem ouvisse o que Sandro estava dizendo. Ratrus, ali do lado, estava satisfeito com o desenrolar da situação. Rogério estava sob controle e, se dependesse dele, não sairia mais dali. Ele haveria de atormentá-lo dia e noite, tornando-o o mais dementado daquele hospital.

Mais uma vez, neste caso, vemos o que a imprevidência das pessoas, a falta de vigilância, de fé, o não trilhar por bons caminhos que lhes deem a devida sustentação, acabam abrindo as portas para que Espíritos inferiores transitem livremente, tomando conta da situação. O fato do campo vibratório de Rogério estar enfraquecido, sua forma-pensamento sempre na negatividade, até pelo tipo de vida que sempre levou, envolvido com traficantes, drogas, drogados, na dor e no desespero de um mundo marginal, fizeram dele presa fácil.

Cada dia que passava, Sandro via cada vez mais distante sua esperança de levar Rogério daquele hospital. Seu estado era deprimente. Por mais que Sandro se esforçasse para tentar devolver-lhe a sanidade, não conseguia, pois suas conversas eram verdadeiros monólogos, uma vez que, desde a sua entrada no hospital, nunca mais tivera qualquer momento de lucidez ou mesmo manifestara qualquer reação que demonstrasse alguma melhora em seu quadro, considerado pelos médicos como irreversível, pelo fato de estar em condições tão precárias.

capítulo
VINTE E CINCO

Decorrido um mês da internação de Rogério, sem nenhuma melhora, Sandro, numa última tentativa, voltou a procurar Seu João, implorando-lhe para que viesse até o hospital com ele. Pagou o que ele pediu para se deslocar até lá, apesar de a contragosto, mas, por tanta insistência de Sandro, resolveu atender ao pedido. Quando Seu João chegou até Rogério, ele estava sentado num pátio onde os doentes saíam para tomar sol. Absorto em seu mundo, ao qual ninguém conseguia ter acesso, Rogério vivia sob o poder de medicamentos muito fortes para conter suas crises que eram constantes.

Seu João se emocionou ao ver o estado a que fora reduzido, afinal ele agora se lembrava bem dele, quando estivera em sua casa. Um homem forte e saudável, bem vestido e bem disposto apesar de um tanto assustado pelo que estava vivendo. Vendo-o ali, mirrado, naquela roupa de hospital, rosto disforme, concluiu o quanto era deprimente ver a que ponto podia chegar a se reduzir uma pessoa desprovida de fé.

— Sabe, Sandro — falou Seu João —, é difícil acreditar que este possa ser aquele rapaz que esteve em minha casa.

— Por isso é que estou lhe pedindo ajuda, Seu João. Somente o senhor poderá fazer alguma coisa por ele.

E o médium, calado, aproximou-se de Rogério, que continuou na mesma posição, como se ninguém tivesse chegado ali; chamá-lo pelo nome era o mesmo que nada. Foi, então, que o vidente tirou três dos vários colares que usava no pescoço e os colocou em Rogério.

Sua reação foi imediata, surpreendendo Sandro. Rogério começou a se debater e a gritar como se tivesse sido aprisionado contra a sua vontade. Sandro, que já presenciara várias crises do amigo, notou que essa era diferente.

— O que está acontecendo, Seu João? — perguntou.

Seu João, então, calmamente, retirou os colares, e Rogério foi se acalmando, voltando ao estado letárgico de antes.

— Está acontecendo o que já esperávamos. Ele está mesmo dominado por Espíritos das trevas, talvez os mesmos que o acompanham há tanto tempo. Ele permitiu, por suas atitudes e ações, que o acorrentassem e fizessem dele um prisioneiro. Não quero ser pessimista, mas não acredito que ele venha a ser o que era antes.

— Mas o senhor pode ajudá-lo! Eu pago o que for preciso para que o senhor faça quantos trabalhos forem necessários para tirá-lo daqui.

Seu João, mais comovido ainda pelo sofrimento de Sandro, perguntou-lhe:

— Você gosta mesmo desse rapaz, não?

— Sim, mais do que deveria, eu sei, mas é mais forte do que eu. Ele nunca soube dos meus sentimentos verdadeiros, pois sempre os escondi, mas, vendo-o neste estado, meu coração fica em pedaços. Tentei de tudo para trazê-lo de volta à realidade, porém nada aconteceu.

— Sinto muito, Sandro, mas eu não tenho como trazê-lo de volta.

— Como não? O senhor não é um médium?

— Não faço milagres. O caso dele é muito grave e não me sinto em condições para guerrear com esse bando que o acompanha. São "barra pesada", e você também deve redobrar sua proteção, filho! Vá à minha casa para eu reforçar a sua proteção. Vai precisar dela.

Sandro desesperou-se e agarrou o braço de Seu João.

— O senhor é minha única esperança!

— Pois eu lhe digo que não posso fazer mais nada, está fora do meu alcance. Não vou enganá-lo. Sei o quanto está sofrendo, mas é melhor aceitar as coisas como elas são. Esse bando deve ter acertos de contas com ele, de outras vidas, e nada do que eu faça vai mudar isso. A única coisa que podemos fazer é orar muito por ele e pedir a Jesus que tenha misericórdia.

Sandro chorava desconsolado ao ver sua última esperança se desvanecer.

— O que vai ser feito dele?

— Eu aprendi, ao longo dos anos de trabalho, que cada um colhe o que planta, e que a vida sempre faz o que é melhor. Talvez, esse seja o resgate que ele tenha de passar em vida, na carne. Não podemos impedir que a água corra em seu leito, nem apressar o rio, pois ele corre sozinho e naturalmente.

Doía em Sandro ouvir tais palavras, pois ele ainda tinha esperanças de ver Rogério curado, através de Seu João, mas agora, depois do que ouvira, tinha certeza de que não poderia mais ter essa esperança. No fundo do seu coração, o que mais o magoava, era que Rogério fora tantas vezes alertado a procurar ajuda espiritual para seus problemas, e nunca dera ouvidos, e agora nem mesmo Seu João achava que tinha remédio.

No dia seguinte, Sandro resolveu ir falar com os pais de Rogério, afinal, eles precisavam saber o que estava acontecendo. A princípio, Sandro não quis dizer nada, pois achava que o desequilíbrio de Rogério seria passageiro e não queria assim preocupar seus pais, mas agora, desesperançado, decidiu ir comunicar a eles.

Seu Atílio e dona Eva ficaram sem palavras ao saberem o que estava acontecendo. Apesar de tudo, eles tinham amor pelo filho e não queriam que nada de mal lhe acontecesse.

— Tem alguma coisa que possamos fazer? — perguntou seu Atílio, com lágrimas nos olhos.

— Acho que não. Os médicos dizem que ele está totalmente desequilibrado e que, muito provavelmente, isso já venha ocorrendo há muito tempo, e que talvez, por desinformação, não tenhamos percebido que seu comportamento estava alterado.

— Engano seu — interveio dona Eva. — Nós percebemos, sim, que ele não andava bem da cabeça, que começou a falar sozinho pela casa, não comia, abandonou seus negócios. Só que, quando Atílio foi falar com ele, deu no que deu: acabaram discutindo feio, precipitando sua saída aqui de casa. Rogério sempre foi turrão e encrenqueiro, mas fico pensando se não teria sido melhor se estivesse aqui em casa. Parece que o fato de ele ter ido morar sozinho só fez as coisas piorarem.

— Imagine, Eva! — retrucou seu Atílio. — Não podemos nos culpar pela doença do Rogério. Ele não estava bem, é certo, mas, estando aqui ou não, o quadro se agravaria, como de fato aconteceu. Eu tenho muito pesar por estar tudo acabando assim. Não é fácil saber que seu único filho está internado num hospital psiquiátrico, mas, por outro lado, posso estar sendo duro no que vou dizer, mas fico pensando se Rogério não estaria colhendo os frutos que ele mesmo plantou no decorrer da vida.

– Não fale assim, Atílio! É nosso filho! Parece até que não tem sentimentos! – queixou-se, chorosa, dona Eva.

– Eu sei, mulher, e é claro que tenho sentimentos. Dói-me saber que um filho, que foi criado com tanto amor e carinho, tenha se perdido na estrada da vida e esteja sofrendo mentalmente hoje, mas isso não o exime das coisas erradas que fez. Eu mesmo disse isso a ele antes de ele sair aqui de casa. Obrigado, Sandro, por ter vindo nos avisar. Gostaria do endereço do hospital para que pudéssemos visitá-lo.

– Mas, Atílio, será que ele não vai ficar mais irritado com a nossa presença? Você viu como ele ficou furioso quando fomos ao seu apartamento!

– Não, dona Eva, tenho certeza de que não os tratará mal, até porque, ele vive dopado de remédio por ter-se tornado altamente agressivo. Parece que não vê mais as pessoas que o visitam, está alheio a tudo. Eu até questionei o médico se os medicamentos não estariam muito fortes, mas ele me garantiu que não. Disse que este comportamento faz parte do seu quadro clínico.

– De qualquer modo – falou seu Atílio –, nós iremos vê-lo, por mais triste que possa ser. Saber que Rogério terminou assim me dá uma enorme sensação de ter falhado como pai e educador.

– Por favor, seu Atílio – interpelou Sandro –, o senhor nem pense uma barbaridade dessas. Nada acontece por acaso nesta vida e, como diz um senhor, amigo meu, talvez, esta seja a colheita de Rogério ou seu carma, não sei.

Sandro deixou o endereço, juntamente com o horário de visitas, e despediu-se. Tinha que tocar sua vida, ganhar seu dinheiro para sobreviver e, desde que Rogério adoecera, ele pouco se dedicara ao seu trabalho, estando com várias contas atrasadas, por falta de pagamento. Entregou o apartamento que

Rogério morava, explicando ao dono o que tinha ocorrido. Este deu graças a Deus, não pela doença do inquilino, é claro, mas por reaver o imóvel sem ter que brigar na justiça, uma vez que estava tendo problemas com Rogério.

No dia seguinte, seu Atílio e dona Eva foram visitar Rogério, que os tratou com total indiferença, como se não os conhecesse. Na verdade, Ratrus mantinha total controle sobre ele, fazendo-o ter tal comportamento, pois o queria completamente só e atormentado.

É importante que se diga que, aos olhos dos outros, Rogério tinha-se tornado um desequilibrado mental violento, mas, dentro de si, ele conservava grande parte de sua lucidez, sendo essas as horas em que Ratrus mais o atormentava, falando em seu ouvido, fazendo-o ouvir barulhos, gemidos e gritos, juntamente com seus comparsas, que o auxiliavam o tempo todo, o que fazia com que Rogério não tivesse um instante sequer de paz ou equilíbrio, sem contar com o mal-estar físico, decorrente da proximidade de Espíritos tão cruéis e vingativos, sendo este o método que Ratrus utilizava para punir aqueles que ele julgava terem atravessado seu caminho.

capítulo
VINTE E SEIS

Era domingo e o dia amanhecera bonito e ensolarado. Otávio acordou Débora com muitos beijos como era seu costume, convidando-a para irem passear com as crianças no parque Ibirapuera. Débora evitava, sempre que podia, ir até lá, pois era inevitável que as lembranças voltassem à sua cabeça e apertassem seu coração, fazendo-a sentir remorsos e culpa em relação ao marido e, até mesmo, aos filhos.

As crianças também já haviam se levantado e estavam eufóricas para passear no parque.

– Vamos, mamãe – dizia Frederico, o filho mais velho, com dez anos de idade, puxando-a pela mão. – Quero andar de bicicleta.

Felipe, o mais novo, com cinco anos, vendo a alegria do irmão, também pulava, imitando-o e gritando:

– Oba! Vou tomar um montão de sorvete!

Ao que Débora respondeu:

– Não, senhor, você está gripado e com tosse.

— Mas, mãe, já passou.

— Nem tente me enganar. Sorvete só quando sarar.

Felipe ficou choroso, mas Otávio, sempre muito carinhoso e amoroso com os filhos, pegou-o no colo, consolando-o.

— Não chore, compro pipoca e algodão doce. Que tal?

Felipe abriu um sorriso, tornando a ficar feliz.

Débora olhava para aquela linda família e agradecia a Deus por tê-la, ficando às vezes temerosa de que algo ruim pudesse lhes acontecer. Tinha medo de sentir tamanha felicidade, afinal, com Maurício tinha sido assim. Esperara tanto por ele e, quando estavam felizes, cheios de sonhos e planos, a vida lhe tirara o bem mais precioso. Só de ter tais pensamentos, um frio lhe corria pela espinha, e Débora, imediatamente, tentava espantar essa sensação de que algo ruim pudesse novamente lhe arrancar a felicidade dos braços.

— Está bem! Vocês venceram, vamos tomar café, nos arrumarmos e iremos ao parque — disse Débora.

Otávio abraçou a esposa, sussurrando ao seu ouvido:

— Você é a mulher mais linda que eu já vi. Eu a amo.

Débora voltou o rosto para olhar nos olhos de Otávio, sorrindo com o galanteio, dizendo:

— Eu também o amo.

Débora tinha dificuldade de se expressar com Otávio, o que a deixava constrangida, pois sempre fora espontânea com Maurício. Vivia pendurada em seu pescoço, dando-lhe beijos, carinhos, dizendo que o amava. Com Otávio era muito diferente. Por mais que se esforçasse, não conseguia ser natural como antigamente. Às vezes, Otávio a questionava pela sua maneira de ser tão séria, por que não dizer, até um tanto formal com ele, mas ela esquivava-se, dizendo que este era o seu temperamento e que ser diferente disso não seria natural, e sim artificial, algo que ela não conseguia.

Chegaram ao parque por volta das dez horas. O dia estava magnífico, as crianças, felizes, saíram de dentro do carro, dando gritinhos de alegria. Otávio pegou as bicicletas e os quatro foram em direção a um pátio onde os meninos poderiam pedalar à vontade, sem nenhum perigo. Otávio e Débora sentaram-se num banco para tomar sol ao mesmo tempo em que cuidavam das crianças.

— Você parece triste, hoje — comentou Otávio. — Aconteceu alguma coisa?

Débora sobressaltou-se com aquele comentário, procurando disfarçar o que ia em sua alma.

— Claro que não, Otávio! Estou só com um pouco de dor de cabeça — mentiu, sem olhar para ele.

— Desculpe, mas sei que não é verdade. Há muito tempo, observo que você sempre fica aborrecida em vir aqui.

— Ora, Otávio, por favor, deixe de bobagens. De onde você tirou isso agora?

— Por que não conversamos sobre o que a aborrece, Débora? — insistiu.

— Porque não tem nada me aborrecendo — respondeu Débora, com visível irritação na voz.

— Desculpe-me se insisto neste assunto, mas, há muito tempo, tenho vontade de falar sobre coisas que vejo que a fazem sofrer. Eu não sou tolo, percebo que, apesar de vivermos bem, de termos uma família linda, você não é totalmente feliz ao meu lado. Sinto que falta alguma coisa. Tenho quase certeza de que essa tristeza, que vejo no fundo dos seus olhos, está relacionada ao rapaz de quem esteve quase noiva, o Maurício.

Débora levantou-se do banco num salto, indo para perto

dos meninos, que andavam com as bicicletas, procurando conter o fervilhar das emoções que atravessavam por sua mente e seu coração, deixando-a descontrolada e nervosa. Otávio levantou-se e foi até ela, vendo o quanto ela se alterara só em falar nesse assunto.

— Veja como fica só em tocar no nome dele. Precisamos conversar... Talvez, o fantasma desse moço esteja atravessado entre nós esses anos todos, e eu nunca me dei conta, mas, de uns tempos para cá, isso tem me incomodado. Sempre fomos sinceros um com o outro, e gostaria que você se abrisse comigo. Eu a amo demais e não posso continuar não querendo ver que existe algo dentro do seu coração que não a deixa se soltar comigo.

Débora, com lágrimas nos olhos, respondeu baixinho:

— Quer dizer que acha que eu não o amo?

— Não disse isso! O que eu disse é que sinto que existe algo que a incomoda ou que a perturba, não sei ao certo, mas que passou a me inquietar e quero falar sobre isso com você.

— Será que você está com ciúmes de um morto, Otávio? — indagou Débora, na defensiva.

— Pode até ser. O que sei é que não quero mais viver com essa sombra. Seja o que for, sou seu marido e quero saber. Não quero ficar fazendo suposições ou conjecturas, quero ouvir de você. Não podemos ficar fugindo e fingindo que está tudo bem, quando não está.

Débora, mais uma vez, agitou-se pelas palavras de Otávio.

— Eu pensei que vivêssemos bem, Otávio, mas, pelo jeito, você não está feliz!

— Posso ser mais feliz se você for sincera com relação aos seus sentimentos para comigo.

Nesse momento, Felipe chamou a mãe para que viesse

ajudá-lo com a bicicleta, pois queria comer algodão doce, o que fez Débora dar graças a Deus por ele ter interrompido aquela conversa desagradável e incômoda.

— Quero voltar ao assunto — falou Otávio, não se dando por vencido.

— Está bem, outra hora conversaremos. Não quero que as crianças pensem que estamos discutindo.

E Débora foi em direção ao filho mais novo, ajudando-o com a bicicleta e sentindo-se aliviada por não ter que dar continuidade àquele assunto com Otávio, mas, ao mesmo tempo, ficou preocupada com a insistência do marido em torno daquilo.

Será que ela havia deixado transparecer algo que não deveria? Por que essa conversa agora? Essas perguntas deixavam Débora nervosa; ela não queria falar sobre Maurício, tinha medo de sua reação. Desde que ele morrera, ela evitara ficar remexendo em sentimentos que a machucavam.

O resto do dia transcorreu como de costume, as crianças estavam felizes e falantes, e Débora procurou canalizar toda a sua atenção a eles, como forma de evitar que Otávio voltasse ao assunto. Mesmo assim, percebeu algumas vezes o olhar inquisidor dele sobre ela. Temporariamente, ele havia lhe dado uma trégua, mas sabia que não desistiria do assunto enquanto não o resolvesse. Ela conhecia o marido e sabia que ele não gostava de deixar pendências, fossem quais fossem.

Mais tarde, foram almoçar num restaurante ali perto do parque. Otávio, sempre muito solícito com os filhos, ajudou-os a lavar as mãos antes de se sentarem à mesa, servindo-os depois no que queriam comer. Após o almoço, Débora sugeriu que passassem na casa dos avós maternos para vê-los e, quem sabe, mais tarde, na dos avós paternos, no que todos concordaram.

Na verdade, Débora estava tentando ganhar tempo, precisava organizar seus pensamentos para falar com Otávio, pois sabia que poderia magoá-lo se dissesse algo que não devesse.

Assim que chegaram à casa de dona Sofia, mãe de Débora, esta percebeu um clima tenso entre a filha e Otávio, mas usou de discrição e nada perguntou. Quando se viu sozinha com Débora, interpelou-a:

– Aconteceu alguma coisa, filha, entre você e o Otávio? Estão me parecendo tensos hoje.

Débora, que tinha na mãe uma amiga e confidente, desabafou:

– Otávio tirou o dia para me aborrecer. Disse que, sempre que me convida para ir ao Ibirapuera, eu mudo. Depois, veio com uma conversa de que me acha triste, que eu não me solto com ele. Acabei me irritando, mas mesmo assim não desistiu de conversarmos sobre o assunto. Tenho certeza de que, quando chegarmos em casa e as crianças forem dormir, não vou escapar de seu interrogatório.

– Filha, acho que seria bom para vocês dialogarem com franqueza. Entre marido e mulher não deve haver segredos ou portas trancadas.

– Mãe, não tenho nenhum segredo guardado comigo. Acontece que ele está com ciúmes do Maurício. Ele acha que eu tenho guardado dentro de mim coisas que escondo dele. É um absurdo ter ciúmes de um morto!

– Pois eu não acho tão absurdo assim, filha, afinal, ele é seu marido, pai dos seus filhos e, se ele está incomodado com alguma coisa nesse sentido, acho válido que queira falar sobre isso e esclarecer as coisas. Você é que me parece estar na defensiva.

– Você também, mãe! – reclamou Débora, com lágrimas nos olhos.

Dona Sofia, vendo as lágrimas nos olhos da filha, abraçou-a com ternura, dizendo-lhe:

— Filha, por que está chorando? O que, na verdade, está a afligindo tanto?

— Não sei, mãe, mas não gostaria de ficar remexendo no passado. Isso ainda me dói.

— Eu compreendo, filha. Mas, mesmo assim, ainda acho que falar a respeito poderá lhe fazer bem. Desde que Maurício morreu, você se fechou e, no meu entender, isso pode lhe ter feito mal, por isso a machuca.

— Machuca-me porque eu o amava verdadeiramente e, apesar de estarmos afastados na época, no fundo do meu coração, eu tinha esperanças de que, um dia, tudo passaria, e que nós voltaríamos a ser felizes como antes. Mas a vida o arrancou de mim de forma muito cruel e inesperada. Foi tudo muito rápido. Nós estávamos felizes, nos amávamos e, de repente, tudo se modificou, e foi uma sucessão de coisas ruins que acabaram nos afastando.

— Mas isso faz parte do passado, Débora. Hoje, está casada com um homem generoso, bom, que a ama muito e que não mede esforços para vê-la feliz.

— Eu sei disso, mãe! Por que a senhora pensa que eu me sinto amargurada e me culpo? É justamente por saber disso tudo e não conseguir amá-lo como ele merece! Só que eu sempre achei que ele não percebia, mas hoje me deixou claro que não só percebe, como quer conversar a respeito. E isso me deixa apavorada, pois não quero magoá-lo.

— Débora, você não ama seu marido?

— Amo, mãe, mas não como ele deseja ser amado. Eu não me sinto em condições de lhe dar mais amor, além do que já lhe dou. Mas eu não quero perdê-lo, nem destruir minha família. Mãe, o que vou fazer?

E Débora abraçou a mãe, chorando. Estava verdadeiramente aflita em ter de enfrentar Otávio. E dona Sofia procurou acalmá-la, dizendo-lhe:

— Não fique assim, filha, tudo vai se resolver da melhor maneira. Otávio não se casou com você enganado. Ele sempre soube o que aconteceu e a aceitou mesmo assim.

— Sim, mas agora ele acha que eu lhe dou muito pouco. Ele não está errado, mãe, eu reconheço que nosso casamento é harmonioso, sereno, mas que falta algo. Eu nunca consegui me entregar totalmente a ele e é isso que o está magoando. Talvez, ele ache que eu não o ame e que estou com ele pelos nossos filhos. Na verdade, não sei o que ele tem a me dizer.

— Mais um motivo para se acalmar e ouvir. Se de fato a conversa se encaminhar por aí, seja sincera, abra seu coração, peça-lhe ajuda. Tenho certeza de que ele compreenderá.

— Tenho medo, mãe. Eu não vou suportar se Otávio não me quiser mais.

— Ora, deixe de bobagem. Ele só está querendo se acertar com você. Será que não está na hora de enterrar o passado e se dar uma chance de ser feliz de verdade? Pense na família linda que tem. O que passou, passou, e não volta mais, o seu tempo de ser feliz com Maurício se foi, e nada o fará voltar. Ele morreu, Débora, mas você está viva e merece ir em busca de sua plena felicidade.

— E o que a senhora pensa que eu tenho dito a mim mesma todos estes anos? Quantas vezes tenho me sentido uma traidora quando me pego a recordar os tempos felizes ao lado de Maurício? É que, às vezes, a saudade dói tanto, que necessito dessas lembranças para suportar a vida.

E Débora deixou que suas lágrimas fluíssem sem tentar contê-las ou esconder de sua mãe o que ia e doía tanto em seu coração.

— Eu reconheço que a vida foi dura com vocês, mas não pode pôr a perder as coisas que conquistou. Pense nos seus filhos, em Otávio, em você. Retome sua vida com sensatez e pondere que, se não se despojar de velhos sentimentos, não conseguirá deixar florescer novos amores. Ninguém pode viver e querer ser feliz de lembranças. Penso até que o fato de você não se libertar pode estar dificultando o desenvolvimento de Maurício no plano espiritual. Eu já li que, quando somos egoístas e ficamos chamando por aquele que partiu, acabamos por perturbá-lo.

— Sei que está certa, mãe, e tudo farei para reparar as minhas faltas. Eu gosto muito do Otávio e sei que posso ser feliz ao seu lado. Ele é um homem maravilhoso, íntegro e de bom caráter. Esses anos todos tenho sido egoísta, pensando só em mim, na ânsia de amenizar meu sofrimento e não quis enxergar que Otávio estava ao meu lado, dando-me o seu carinho, seu amor e, muitas vezes, fingindo que não via a minha tristeza.

Na verdade, eu o tenho magoado todo esse tempo, achando que, pelo fato de ele conhecer minha história e ter-me aceitado, sabendo que eu não o amava como deveria, eu pudesse continuar vivendo em meu pequeno mundo sem afetá-lo, julgando que a minha presença e os filhos lindos que tivemos supririam o resto. Agora, ele se cansou e com toda razão, pois nenhum relacionamento pode ser bom quando só um se dá por completo. A falta de reciprocidade faz minar qualquer amor, por maior que ele seja. Nenhum relacionamento saudável pode dar bons frutos se não for alimentado, pois o amor é uma via de mão dupla. Não existe um amor verdadeiro se for unilateral, ele precisa ser bilateral.

— Fico feliz, filha, em ver que, finalmente, você está se dando conta da realidade. Agora vamos, lave esse rosto e dê um jeito nos cabelos para voltarmos para a sala. Eles já devem ter notado nossa demora.

— Obrigada por ter-me ouvido, mãe. Não sei o que faria se não tivesse a senhora do meu lado.

— Conte comigo sempre, filha! Eu me lembro de quando você era pequena e, até mesmo em sua adolescência, eu tinha ciúmes de você com seu pai, pois era ele o seu confidente. Eu ficava me perguntando se um dia você confiaria a mim os seus segredos.

Débora riu com as palavras da mãe, pois jamais imaginou que ela tivesse tido ciúmes dela com o pai, mesmo assim, balançou a cabeça em sinal de afirmação, concordando com ela e dizendo:

— É verdade, mãe, é engraçado como as coisas são. Eu sempre me identifiquei melhor com o papai e somente depois que me tornei mãe é que comecei a vê-la com outros olhos. Não que eu não confiasse em você, era uma questão de afinidade mesmo. Hoje já não sinto mais nenhuma diferença. Ao contrário, não sei se seria capaz de ter com papai uma conversa como esta que acabamos de ter.

Mãe e filha abraçaram-se em sinal de cumplicidade e voltaram para a sala, onde as crianças brincavam no tapete e seu Paulo e Otávio assistiam, entretidos, a uma partida de futebol pela televisão. Dona Eunice quis pôr a mesa para o café, mas Débora achou melhor irem embora, pois tinha prometido às crianças que iriam à casa dos outros avós.

Já passava das oito quando chegaram em casa. Otávio estava calado, pensativo, e Débora sabia que teria de conversar com ele, de qualquer maneira, mas a conversa com a mãe a fez sentir-se mais confiante e segura, fazendo com que quisesse mesmo pôr um fim ao seu passado.

Débora foi organizar o banho dos garotos para que fossem para a cama, pois estavam cansados e sonolentos. Enquanto colocava os meninos para dormir, Otávio entrou no quarto para dizer boa noite a eles e saiu em seguida. Ouviu quando Otávio entrou para o banho. Despediu-se das crianças como de costume, beijando-os e abraçando-os, como fazia todas as noites antes que eles dormissem. E saiu fechando a porta do quarto.

Foi até a cozinha preparar um chá para ela e Otávio, pois sabia que a conversa seria longa e um chá os acalmaria. Voltou para o quarto, encontrando Otávio, que se vestia. Chegou perto dele, que estava de cabeça baixa e pegou em seu braço, dizendo:

— Vou tomar um banho rápido. Fiz chá para nós tomarmos enquanto retomamos nossa conversa de hoje de manhã, está bem?

Otávio a olhou surpreso, pois em outras oportunidades que tentara conversar, ela sempre dera um jeito de se esquivar.

— Está bem – respondeu Otávio.

O coração estava aos saltos. Apesar de saber da necessidade daquela conversa com Débora, tinha calafrios e um aperto no peito só de pensar em como poderia terminar tudo aquilo. Amava-a demais e a considerava uma excelente mulher, mãe maravilhosa, mas estava disposto às últimas consequências, se preciso fosse, caso ela não estivesse disposta a mudar sua maneira de ser, com relação a eles.

Quando Débora saiu do banho, foi direto para a cozinha, onde Otávio servia o chá nas xícaras.

— Vamos para o nosso quarto – sugeriu Débora –, lá poderemos ficar mais à vontade.

capítulo
VINTE E SETE

Era estranho, mas de repente, nenhum dos dois estava à vontade ali diante do outro. Cada qual envolvido com seus próprios pensamentos e tentando articular como iriam conversar sobre um assunto tão delicado, que dizia respeito ao futuro deles. E foi Débora quem iniciou a conversação:

— Otávio, hoje pela manhã, você me questionou sobre uma série de coisas. Pensei o dia todo em como é que eu iria falar com você e até cheguei a elaborar algumas coisas, mas agora, diante de você, não quero usar nenhuma frase pronta. Vou deixar que meu coração fale, pois acho que esta é a maneira mais justa e sincera que encontro para tratar desse assunto.

Reconheço que tenho agido errado com você todos esse anos, mas só agora me dei conta de quanto o tenho feito sofrer com esse meu modo de agir. Quero que você coloque tudo o que o tem incomodado, estou disposta a ouvi-lo e também quero colocar uma série de coisas minhas, que talvez eu devesse ter dito antes mesmo de termos nos casado.

Otávio gelou com as últimas palavras de Débora, pensando:

"Teria ela algum segredo que ele desconhecia?"

Estava nervoso diante do que iria conversar, mas sabia que de nada adiantaria protelar mais essa conversa.

— Bem, Débora, talvez tenha sido eu o errado em jamais ter querido saber, em detalhes, o que houve com seu antigo namorado. Na verdade, fiquei constrangido em ficar especulando, pois logo que nos conhecemos, você me contou por cima o que havia acontecido, e achei que não seria legal ficar mexendo na ferida, porque poderia fazê-la sofrer e nunca quis isso. Até julguei que seu mal-estar fosse algo passageiro e que não traria sequelas, mas, pelo visto, enganei-me redondamente, já que esse namoro parece ter sido o que de mais importante lhe aconteceu na vida.

E o tempo passou sem que tocássemos nesse assunto, julguei que tudo isso estivesse esquecido e enterrado para você, tanto que cheguei a esquecer por completo do episódio. No entanto, por muitas vezes, tenho notado que você se perturba, por exemplo, quando vamos ao parque Ibirapuera, passear. Outras vezes, percebo claramente que está longe, o pensamento distante, com olhar tristonho.

A princípio, não liguei os fatos e pensava que era a correria do dia a dia, os afazeres, o cansaço que eu via estampado em seu rosto, mas, não, quando comecei a observar mais detidamente, ficou claro que havia algo mais. Tenho sofrido calado há anos, mas não acho justo nos calarmos diante do problema e deixarmos que nosso casamento se transforme num abismo intransponível entre nós. Tenho muito medo de para onde esta nossa conversa poderá nos levar, mesmo assim, estou disposto a ir até o fim.

Débora, que o ouvia atentamente, cerrou os olhos, respirando fundo e pedindo a Deus que a iluminasse naquele momento difícil que eles teriam de enfrentar.

— Otávio, eu não vou negar o quanto Maurício foi

importante em minha vida. Quando eu conheci você, estava ainda muito machucada com a morte dele e acho que foi aí que eu mais errei, pois para me poupar de maiores explicações e sofrimento, contei-lhe por cima uma fase de minha vida, não denotando o quanto ela tinha sido importante e significativa para mim.

— Você ainda o ama, Débora? — perguntou Otávio, à queima-roupa, fazendo com que ela, por um instante, não soubesse o que responder.

— Não, eu não acredito que seja amor, mas também não saberia definir ou atribuir um nome para esse sentimento que vai dentro do meu coração, com relação a Maurício.

Nós vivemos um grande e intenso amor, sim, e posso dizer que ele foi o meu primeiro amor. Tínhamos muitos sonhos e planos para o futuro, porém a vida nos pregou uma peça, daquelas que nunca esperamos, fazendo com que nossos caminhos tomassem rumos opostos. Éramos muito felizes, e todos diziam que tínhamos sido feitos um para o outro. Havia amor, companheirismo, amizade, cumplicidade, enfim, uma afinidade muito grande com a qual nos completávamos. Até que um dia, Maurício meteu os pés pelas mãos, começou a se drogar, mentir para mim, fazendo com que nosso relacionamento ficasse muito abalado, uma vez que perdi a confiança que tinha nele. Daí por diante, tudo começou a ruir em nossa volta, eu não conseguia perdoar seus deslizes, e ele não conseguia sair do mundo das drogas, o que veio a culminar com a nossa separação.

Mesmo amando-o, não conseguia suportar e perdoar sua traição e fraqueza por não conseguir enfrentar o problema no qual havia se enfiado e, por consequência, me arrastado junto. O meu orgulho e o meu amor-próprio ferido falaram mais alto naquela época, talvez até por imaturidade minha, não sei dizer, pois acho que não mudei nesse sentido. Tenho dificuldade de passar por cima de certos valores que tenho como, por exemplo, a questão da fidelidade, da lealdade. Sempre fui sincera e nunca admiti ser enganada.

Nesse momento, Otávio, que olhava atentamente para ela, deixou transparecer um leve sorriso de ironia.

— De que está rindo, Otávio?

— Do que você acabou de falar!

Só nesse instante, Débora se deu conta do que havia falado, pois estava claro que ela, apesar de usar de crivo tão duro com os outros, esquecera-se de usá-lo consigo mesma, uma vez que, nestes anos todos, não estava usando de total sinceridade para com ele. E ela, embaraçada com as próprias palavras, tentou explicar.

— Não, Otávio, é muito diferente, pois em nenhum momento, deixei de ser sincera com você e jamais lhe fui infiel ou desleal. O nosso caso é bem diferente. Estou abrindo meu coração a você porque acho que lhe devo isso. Se não o fiz antes foi pelo fato de não ter-me dado conta do que realmente estava acontecendo. Em nenhum momento, tripudiei ou enganei você.

Eu tive, sim, ao me separar de Maurício, esperança de que tudo fosse passar e que eu pudesse retomar minha vida do momento em que ela havia parado, porém, hoje vejo que dificilmente isso aconteceria, pela minha maneira de ser. Acho que ainda tenho muito a viver e a aprender sobre o perdão e o orgulho.

Quando eu o conheci, não vi em você uma tábua de salvação. Eu, realmente, gostei de você, o seu jeito me encantou. Seu olhar franco, sua clareza em expor suas ideias, sua determinação, seu caráter firme e decidido, fizeram-me acreditar que eu poderia ter uma nova chance de ser feliz. A sua alegria, seu amor por mim e sua vontade de constituir uma família, coisa com que eu sempre sonhei, envolveram-me por completo e assim me deixei conduzir pelo seu entusiasmo. Eu precisava de alguém como você, que me amasse verdadeiramente, que me desse atenção e me enchesse de mimos. Sua maneira de ser me fez feliz novamente, só que de um modo mais maduro e equilibrado, sem os arroubos da paixão que cega, mas de um amor terno, amigo, acolhedor, que me dava proteção e aconchego.

Mas vejo que, mais uma vez, enganei-me com relação aos meus sentimentos, porque hoje, depois que você me deu um xeque-mate de que teríamos que conversar, eu descobri o quanto você é importante para mim. Você não imagina como está sendo difícil esta conversa, pois tremo só de pensar que você possa não me querer mais depois de tudo isso. Hoje, descobri o quanto tenho vivido de ilusões e de um passado que se foi e que não volta mais. Meu coração está aos saltos como, há muito, eu não o sentia.

Débora, até então, tinha contido as lágrimas, mas, nesse momento, tomou as mãos de Otávio e deixou que toda a sua emoção aflorasse.

— Cada vez que você me convidava para ir ao Ibirapuera, eu me sentia mal, pois as lembranças que me acompanhavam, e que tantas vezes eu lutava para afastar, voltavam com mais força ao andar por lugares em que eu havia vivido aquele amor. Isso me incomodava, porque me sentia culpada diante de você e das crianças, pois via o marido maravilhoso que sempre foi, os filhos lindos que temos, o que fazia com que me sentisse indigna de vocês, trazendo-me mais culpa.

Otávio, peço que me perdoe e que me dê uma nova chance ao seu lado. Eu o amo de verdade, meu coração passou a bater mais forte desde o momento em que percebi que poderia perdê-lo. Quero deixar o passado para trás. Não quero mais carregar mágoa nem rancor em meu coração em relação ao Maurício, nem tampouco me entristecer por coisas que eu imaginei que poderia ter vivido com ele e que não vivi.

Meu Deus, eu estava cega em julgar que Deus e a vida tinham sido injustos para comigo. Como é que não pude ver e reconhecer que Deus havia colocado em meu caminho um homem como você?

Em meu coração, cheio de ressentimento, eu só conseguia enxergar as coisas boas que deixei de viver ao lado de Maurício, sem me dar conta de quanta coisa maravilhosa estava vivendo ao seu lado, sem dar o devido valor. Hoje vejo quanto tempo tenho perdido por conta de um passado doloroso, enquanto o presente, bem à minha frente, deixou de ser vivido em sua plenitude. Sei que você tem sido muito paciente comigo, talvez eu nem mereça, mas lhe prometo que, se me der uma nova oportunidade ao seu lado, desta vez não a desperdiçarei por nada deste mundo. Prometo amá-lo e dar a você toda a felicidade que merece. Sinto que estou renascendo para uma nova etapa de minha vida e quero que seja ao seu lado.

Débora soluçava, fazendo com que todo seu corpo estremecesse. Otávio, que também chorava diante de tudo o que tinha ouvido, abraçou-a fortemente, chorando com ela e extravasando toda a emoção que estava sentindo. Ele também teve muito medo de que as coisas não acabassem bem e, pela primeira vez, sentia que Débora estava deixando a vida pulsar de verdade em suas veias e, saber que ela o amava de verdade, fazia-o o mais feliz dos homens.

Otávio permaneceu abraçado à esposa até que ela se acalmasse e, aos poucos, parando de chorar. Afastou-se um pouco, acariciando o seu rosto, com ternura. Seus olhos estavam molhados pelas lágrimas, mas não fez nenhuma questão de enxugá-las e, olhando emocionado nos olhos de Débora, falou:

— Meu amor, eu tinha tantas coisas para dizer, passei o dia todo me remoendo por dentro, imaginando como seria essa nossa conversa. Confesso que, em muitos momentos, eu também tive muito medo de como tudo isso acabaria, pois não estava disposto a continuar um relacionamento pela metade, no qual, muitas vezes, sentia-me como um estranho dentro de minha própria casa, o que me fazia me sentir muito mal e desconfortável dentro do nosso casamento. Eu tentava de todos os modos atingi-la, sensibilizá-la com gestos de carinho, atenção e amor, mas você estava sempre distante, parecendo inatingível, o que me fazia pensar que não me amava e que não era feliz ao meu lado.

Posso dizer que as últimas horas foram intermináveis para mim. As dúvidas, as inseguranças me assaltaram e a tristeza se apoderou do meu coração, fazendo-me viver num verdadeiro inferno.

– E hoje, pela primeira vez, desde que nos conhecemos, sinto que você está comigo por inteira, e que o seu amor envolveu e aqueceu meu coração. Suas palavras me soaram com sinceridade e nada do que tinha a dizer vai ser necessário.

Eu a amo mais que tudo nesta vida, Débora, e acho que Deus a iluminou para que falasse comigo, pois me sinto aliviado, sereno e muito feliz. Quanto a lhe perdoar, não acho que tenho algo a perdoar, pois se você agiu dessa forma, foi porque, de algum modo, eu assim permiti, seja por medo de perdê-la, ou por insegurança, conformismo, não sei bem, mas também isso agora não importa.

E quero lhe dizer que o que mais quero nesta vida é ser feliz ao seu lado e de nossos filhos, pois acredito no amor e sei que sempre há tempo para se recomeçar.

Débora aproximou-se do marido, passando os braços pelo seu pescoço e beijando-o demoradamente. Em seu peito, uma chama ardente lhe dava imensurável alegria, e seu corpo estremeceu quando Otávio, correspondendo àquele beijo, colou o corpo ao seu. Débora que, há muitos anos, não sentia aquela sublime sensação, deixou-se levar pelo desejo que estava ali contido, entregando-se, com muito amor.

No dia seguinte, quando, juntamente com os filhos, estavam tomando o café da manhã, Otávio, muito sorridente, declarou:

— Não irei ao escritório hoje!

— Como não?! Hoje é segunda-feira!

— Eu sei, mas resolvi tirar o dia de folga. Sou meu próprio patrão e acho que posso me dar ao luxo de uma vez na vida ficar ao lado da minha mulher.

— Mas não vai ter problema?

— Fique tranquila. Mais tarde, ligarei avisando. Hoje não tenho que ir ao Fórum e não vai ter nenhum problema, até porque, o doutor Queiroz estará lá o dia todo, e qualquer problema ele resolve, afinal, sócios são para estas coisas também.

— Será que ele não se aborrecerá com você?

— Imagine! Vivo quebrando os galhos dele todas as vezes que precisa sair.

— Fico feliz em tê-lo só para mim — sussurrou Débora ao seu ouvido.

— Eu também. Estava até pensando em tirarmos o dia para namorar, o que acha?

— Acho maravilhoso! Mas, e as crianças? — perguntou Débora.

— Pensei em ligar para minha mãe. Ela irá adorar ficar com os meninos por um dia inteiro. Vive me dizendo que nós nunca os levamos para passar o dia com ela e papai. Além disso, está um dia lindo para ficar na piscina e tenho certeza de que todos, inclusive as crianças, irão adorar a ideia.

— Será que eles não irão atrapalhar? E a escola das crianças?

— E para mamãe e papai existem dias de semana? Esqueceu-se de que, depois que papai aposentou-se, vivem em eternas férias? Quanta à escola, um dia não irá atrapalhar. Eles terão a vida inteira pela frente para estudar.

— Sendo assim, ligue já, pois vou adorar passar um dia diferente junto a você.

E Otávio, feliz e bem-humorado, ligou para eles. Foi dona Olinda quem atendeu.

— Oi, mamãe, sou eu... Otávio. Tudo bem?

Dona Olinda estranhou o telefonema do filho àquela hora da manhã, numa segunda-feira.

— Aconteceu alguma coisa, filho? Perguntou, apreensiva.

— Não, mamãe, está tudo ótimo. É que resolvi tirar o dia de folga hoje e pensei em fazer um passeio diferente com a Débora. Como a senhora e o papai vivem reclamando que nunca deixamos os meninos passarem o dia com vocês, pensei que esta poderia ser uma boa oportunidade.

Dona Olinda, feliz com a inesperada ideia, interrompeu Otávio, dizendo:

— Mas é claro, filho, você não imagina a alegria que nos dá termos nossos netos queridos durante um dia inteiro, só para mimá-los e os estragarmos com todas as guloseimas possíveis. A que horas chegarão?

— Provavelmente em pouco mais de uma hora nós os deixaremos aí. Tudo bem?

— Está perfeito. Enquanto isso, vou pedir a Ana que prepare alguns quitutes gostosos. Quero fazer aquele bolo de chocolate de que o Frederico tanto gosta e também a torta de morango para o Felipe. Vou mandar o caseiro limpar a piscina. O dia está ensolarado, ótimo para eles brincarem à vontade.

— Mamãe, não precisa se preocupar!

— Não é preocupação, filho, é um prazer tê-los aqui conosco. Seu pai vai ficar radiante quando souber. Ter crianças aqui em casa hoje em dia nos faz recordar de quando você era criança.

Otávio era filho único, de família abastada, fora criado com muitos mimos pelos pais, porém cresceu um rapaz independente e nem um pouco caprichoso. Sempre fora muito determinado, aplicado em seus estudos, tendo conseguido uma boa situação financeira por seu próprio trabalho.

Era um advogado brilhante, com uma carreira em franca ascensão. Logo depois que se formara, associou-se a um amigo de seu pai, advogado renomado que, vendo o talento de Otávio, não vacilou em tê-lo como sócio, pois sabia que o rapaz iria longe, além de ser muito amigo de seu pai, seu Geraldo, a quem devia muitos favores.

No começo de sua carreira, também fora muito ajudado pelo pai, homem de negócios, influente em seu meio social e que, sabendo de sua capacidade e competência, recomendava-o a todos os amigos, tendo com isso ganhado fama, prestígio e prosperado rapidamente nos negócios.

Após entregarem as crianças, Débora, sorridente, passou a mão pelo pescoço de Otávio, acariciando-o, e perguntou-lhe:

— E agora, para onde vamos, meu marido?

— O lugar não importa... O que importa é ficarmos bem juntinhos, só nós dois. Mesmo assim, pensei em levá-la até aquele restaurante de que você tanto gosta, para comermos frutos do mar. Depois, podemos passear pela cidade e namorar. O que acha?

— Eu adoraria.

— Dos frutos do mar ou de namorar?

— Seu bobo! — Débora riu prazerosamente.

Ela nunca havia reparado como Otávio tinha senso de humor e que tinha um sorriso encantador. Era como se, durante todos esses anos, tivesse vivido ao lado de um outro homem. Na verdade, Otávio não havia mudado, poderia estar agora mais feliz e solto, mas sempre fora um homem alegre e bem-humorado.

O que aconteceu foi que Débora vivia envolta num mundo de tristeza e melancolia velada, que não a deixava enxergar o verdadeiro homem com quem tinha se casado.

No seu íntimo, agradeceu a Deus por ter-lhe dado uma nova chance de poder não só descobrir o marido que tinha, como também experimentar a alegria e o prazer que essa redescoberta estava lhe proporcionando, fazendo-a sentir-se mais viva do que nunca.

Tiveram um dia maravilhoso, com Otávio cobrindo-a de carinho e atenção, fazendo-a sentir-se como uma rainha e, quando estavam indo buscar as crianças, Otávio estacionou o veículo e lhe disse:

— Quero lhe pedir uma coisa, Débora.

— Pois peça! Sou toda ouvidos — respondeu, procurando permanecer séria.

— Você quer se casar comigo novamente?

Débora não esperava aquelas palavras, o que a deixou muito emocionada. Com os olhos marejados de lágrimas, balançou a cabeça afirmativamente, dizendo:

— Sim, Otávio, é o que mais quero nesta vida.

Abraçaram-se e, num longo e apaixonado beijo, deixaram-se levar por aquela onda de amor que pairava no ar naquele momento. Era como se os anjos estivessem conspirando positivamente para que aquele reencontro fosse fortalecido pelo verdadeiro amor que os unia.

capítulo
VINTE E OITO

Maurício, a cada dia que passava, sentia-se mais fortalecido e bem disposto no plano espiritual. Quase não sentia mais dores pelo corpo, porém ainda estava sob severo tratamento para poder restituir-lhe a saúde do perispírito e o equilíbrio da mente, tendo em vista o estado deplorável em que chegara ali. Ainda trazia as marcas do acidente que o fizeram desencarnar, às quais se somaram toda a crueldade de Ratrus, que ainda lhe davam certo mal-estar.

André, sempre que podia, ia visitá-lo, o que lhe trazia grande alegria por poder compartilhar da companhia de quem ele considerava seu melhor amigo. Aproveitava esses momentos para contar a André a respeito dos seus progressos e dos novos aprendizados, o que era recebido com grande entusiasmo por parte do Espírito amigo que, sinceramente, desejava ver o amigo livre de tanta negatividade e sofrimento.

Por outro lado, no Centro Espírita, André, que era o mentor espiritual daquele abençoado local, mantinha os trabalhadores da casa, incluindo os pais de Maurício, informados de sua evolução e progresso. Seu Jordão e dona Eunice aguardavam, ansiosos, o dia em que poderiam receber a visita de Maurício. Mas só de saberem que o filho estava encaminhado e sendo tratado já lhes trazia um pouco de paz, pois viviam oprimidos e angustiados desde que souberam que o filho não estava bem.

Maurício estava sentado no jardim tomando sol quando André chegou para mais uma visita. Ao vê-lo chegar, sorriu de felicidade, abrindo-lhe os braços para um abraço.

– Bom dia, Maurício! Vejo que está aproveitando esta linda manhã de sol!

– Bom dia, meu amigo André! Venho aqui todas as manhãs. Os médicos dizem ser necessário, e eu, particularmente, gosto muito.

– E como tem passado?

– Posso dizer que este lugar tem sido um paraíso para mim, onde tenho recebido o carinho, a atenção e a dedicação dos que aqui trabalham. São extremamente gentis e amorosos, mas não deixam de ser enérgicos quando necessário, sempre de maneira amorosa. E tenho me esforçado bastante em fazer tudo o que me pedem, pois sei que isso é o melhor para mim.

Já não sinto mais dores, nem aquele terrível mal-estar que me acompanhou desde que desencarnei. Começo a ter vontade de passear por aí, conversar com as pessoas, trocar ideias com elas. Meu orientador diz que, em breve, poderei fazer tudo isso e muito mais.

Ele tem conversado muito comigo, me ensinado muita coisa, e eu estou adorando, pois sempre tive muito gosto em aprender coisas novas. Aqui estou entrando em contato com os desígnios de Deus e confesso que tenho me encantado com algumas leituras que tenho podido fazer.

Ainda tenho muitas dúvidas sobre muitas coisas e, na

medida do possível, ele tem-me esclarecido. Não vejo a hora de estar completamente curado, pois quero trabalhar, estudar, ser útil enfim.

Fez pequena pausa e perguntou:

— Sabe qual é o meu maior sonho, André? Queria ser como você.

— Por que como eu?

— Queria poder ajudar pessoas, assim como você faz. Se não fosse pelo seu trabalho perseverante, paciencioso, eu não estaria aqui hoje. Será que, algum dia, poderei vir a ser um trabalhador como você?

— Acredito que sim, Maurício! Tudo irá depender de como vai se sair daqui para a frente. Todos aqui têm oportunidade de melhora e progresso e, desde que esteja disposto e empenhado na ajuda ao próximo, certamente que poderá, mas, para isso, terá que se preparar antes. Não adianta só ter vontade, tem que fazer por merecer. É como na Terra, ninguém sai doutor sem antes ter passado pelos bancos da Universidade, certo?

— Certo. Mas estou decidido e farei o que for necessário para poder realizar esse trabalho. Quero poder ajudar pessoas que, como eu, envolveram-se com drogas, alcoolismo e suicídio. Em todos esses anos de sofrimento, achei que não havia aprendido nada de bom.

Hoje, vejo que estava enganado, tenho uma grande bagagem de vivências e experiências que não se perderam. Meu orientador tem-me ajudado a resgatar os fragmentos de existências passadas, quando tenho podido observar as minhas falhas, os meus erros, minhas fraquezas, e também aprendido sobre como posso modificar a minha consciência e querer fazer coisas boas que venham a se somar às poucas qualidades que possuo.

Acho fantástico saber que a morte da matéria não é o fim de tudo como eu, erroneamente, imaginava, quando encarnado. As possibilidades na vida espiritual são maravilhosas. Quantas coisas boas nos estão reservadas desde que tenhamos o merecimento para vivê-las!

Sabe, André, um mundo novo vem se abrindo para mim e quero aproveitar cada minuto desta minha passagem por aqui. Agora, sei que estive parado na erraticidade por muito tempo, mas tudo isso passou, sinto-me forte, feliz, com muita coragem e disposição para cumprir minhas tarefas com amor e muita dedicação. Não sei nem como agradecer a oportunidade que Deus está me dando, pela Sua bondade e misericórdia.

— Pois Deus, nosso Pai, Maurício, só quer o bem de Seus filhos, e pode ter certeza de que Ele está muito feliz e orgulhoso por vê-lo assim tão bem. A melhor forma de agradecimento é você amar seus irmãos como a si mesmo, ser bondoso e caridoso, ter sua fé inabalável Nele, sabendo que mesmo nas horas difíceis Ele está junto de nós, ajudando, orientando, pois Ele faz sempre o melhor.

— Sabe, André, não vejo a hora de poder reencontrar meus pais e poder tranquilizá-los de que estou bem. Sei o quanto sofreram, até hoje, por mim.

— Estamos preparando esse dia, que não deve demorar a chegar. Acredito que você já tenha condições para esse reencontro. Tudo está sendo preparado com muito carinho para essa reunião.

— Será que, nesse encontro, eu poderei rever Débora também?

— Não sei se isso será possível, pois, como sabe, ela está casada, tem filhos, parece ter encontrado a felicidade, e não queremos atrapalhar em nada a sua vida. No entanto, faremos o que estiver ao nosso alcance, afinal, ela faz parte desse ciclo que deve se fechar definitivamente.

— Nem me passou pela cabeça atrapalhar a vida dela, longe de mim! Eu só quero poder pedir perdão a ela por todo o mal que lhe causei. Mas torço para que tenha encontrado um homem que a ame, a respeite, e que tenha construído uma família como ela tanto sonhava.

— Entendo o que deseja, Maurício, e tudo faremos para que isso possa acontecer. Há muito tempo, seus pais não têm contato com ela, por isso não sabemos como reagirá ao convite que eles pretendem lhe fazer.

* * *

Sandro continuou a visitar Rogério no hospital psiquiátrico todos os dias, incansavelmente, sem ver nenhum progresso em seu estado clínico. Mesmo quando estava mais calmo, não conseguia dizer uma frase que tivesse lógica. Sandro, sempre que chegava, insistia em perguntar se sabia quem era ele, na esperança de que o reconhecesse, mas Rogério olhava para ele confuso, sem entender a pergunta, e respondia com uma palavra ou uma frase desconexa.

Apesar de tudo, Sandro nunca deixou de ir ver o amigo que, para ele, jamais teve qualquer posicionamento maldoso. Bem pelo contrário, quando Sandro se apertava por qualquer motivo, Rogério sempre o ajudava. E pelo fato de ser tão ligado a ele, Sandro vivia muito triste e acabrunhado por ter perdido o amigo daquela forma. Já não via graça em mais nada! A vida tinha ficado cinzenta para ele, pois doía demais ver Rogério naquele estado quase vegetativo, parecendo um zumbi.

Por sua vez, os pais de Rogério, vez ou outra, vinham visitá-lo. Conversavam com o médico, com os enfermeiros, mas a resposta era sempre a mesma: quando tentavam diminuir os medicamentos, Rogério se agitava, e isso acontecia com certa frequência, sendo necessário, novamente, aumentar as doses.

Havia ainda o agravante de que, em muitos momentos,

Rogério resistia em tomar as medicações e, na medida em que o enfermeiro insistia, tornava-se agressivo. Como era um homem forte, precisavam de três a quatro funcionários para contê-lo.

Nesses momentos, naturalmente, ele precisava de doses extras de medicações, fato que acabava por agravar seu estado, passando dias sedado. Tudo isso ocorria sob o controle e o olhar de Ratrus e seu bando, que não lhe davam um minuto de trégua. O que se transformou num ciclo vicioso, pois Ratrus, em sua sede de vingança, via em Rogério o responsável e o culpava por não ter feito sua parte no trato, fazendo com que se consumisse de ciúmes, vendo Débora feliz, junto ao marido e aos filhos, o que só fazia crescer dentro de si o ódio por Rogério.

Dessa forma, Ratrus manteve Rogério sob sua vigilância, não permitindo nenhuma ajuda para que ele melhorasse. Ratrus tornara-se um especialista no que dizia respeito às maldades, aprisionamentos e obsessões, que influenciavam suas vítimas de tal forma a ponto de enlouquecê-las. Envaidecia-se do poder que tinha sobre seus subjugados. E não pretendia sair dessa vida, pois gostava de como agia e de ter Espíritos e pessoas fracas, que ele perseguia a fim de fazê-las prisioneiras. Esse mundo de escuridão, de crueldade, de maldades e subjugação o fazia sentir-se poderoso. Continuaria a ser chefe de falange, pois sabia que era respeitado por muitos.

Rogério também contava com mais um agravante: outros Espíritos, que haviam desencarnado por conta de overdose, acidentes, suicídios, e que tinham se tornado viciados pelo próprio Rogério, agora, encontrando-se sob péssimas condições físicas e psíquicas, atraíram para si o rancor, o ressentimento e, por que não dizer, o mesmo sentimento de vingança daqueles que entendiam que, se estavam naquela difícil condição atual, era por culpa e responsabilidade dele.

Rogério sempre fora ardiloso, persuasivo, carismático, e sabia como encantar as pessoas que via com potencial para se tornar um viciado e não poupava esforços quando a intenção era aliciá-las e ganhar dinheiro. Desta forma, o que estava passando hoje, nada mais era que estar colhendo os frutos do que havia plantado durante sua existência.

Assim, nesta encarnação, o destino de Rogério estava selado por todas as circunstâncias adversas e hostis que ele mesmo criara ao seu redor e, muito provavelmente, haveria outras reencarnações a fim de poder resgatar e passar pelas provações necessárias ao necessário aprendizado.

capítulo
VINTE E NOVE

O tempo seguiu seu curso, e Maurício se tornara desembaraçado, desenvolto, alegre, sempre com um sorriso nos lábios, pronto a servir a todos com muito amor e boa vontade. Estava sempre disposto e se tornara um grande estudioso da doutrina espírita e do Evangelho de Jesus.

Preparava-se com grande afinco para, um dia, se Deus assim o permitir, poder fazer parte de um grupo de socorristas, como o que André liderava e por quem tinha imensa admiração e respeito. Ainda mantinha o firme desejo de poder falar com seus pais e com Débora para poder pedir-lhes perdão.

No outro extremo da cidade, seu Jordão, já aposentado, e dona Eunice levavam uma vida simples e pacata, fazendo seu trabalho no Centro Espírita, no qual tinham grande alegria e satisfação. Desde a perda do filho, mesmo com a certeza de que Maurício se encontrava bem, eles jamais conseguiram superar a dor da perda do filho amado e querido, que fora a alegria de suas vidas. Hoje, tinham a resignação e a esperança de que, caso Maurício pudesse vir vê-los na casa espírita, esse seria o momento de maior alegria da vida deles, desde a sua morte.

Também tinham a certeza de que, quando desencarnassem, seguiriam ao encontro do filho amado.

Débora tinha encontrado, enfim, um ponto de equilíbrio emocional e, consequentemente, sentia-se mais feliz ao lado de Otávio, embora, em seu íntimo mais profundo, sentisse que faltava algo, pois pensava que tinha muitas coisas a dizer a Maurício, que ficaram detidas dentro do seu coração. Sentimentos que nem ela mesma saberia como expressar se tivesse tido a possibilidade de dizer a ele, se tivessem tido tempo de conversarem. Mas cada vez que pensava nisso, em seguida, entristecia-se, pois sabia que não haveria esse encontro, essa conversa, afinal, Maurício estava morto! E isso para ela era algo definitivo e absoluto.

Débora não era dada a essas coisas de Espiritismo. Não duvidava, mas também não acreditava, por exemplo, que uma pessoa que havia morrido pudesse comunicar-se com alguém que estivesse vivo. No fundo, tinha muito medo a esse respeito, porém, respeitava os que seguiam essa doutrina.

Quando dona Eunice entrara em contato com ela, tempos depois da morte de Maurício, e lhe fizera o convite de ir com eles à casa espírita, ela recusara, pois não se sentiria à vontade num local como esse, desculpando-se. Depois desse dia, nunca mais teve notícias deles e também não quis manter um vínculo, pois isso a machucaria demais, sabendo que tudo ali, naquela casa, lembrava o namorado, e ela precisava esquecê-lo. Já bastavam as lembranças tão intensas que ainda tinha dele.

※ ※ ※

Maurício viu quando André chegou, acompanhado de seus companheiros, e avistou, um pouco mais à frente, o Dr. Mauro, vindo em direção ao seu grupo. Isso lhe chamou a atenção. Nesse momento, estava no jardim, lendo e estudando o *O Evangelho Segundo o Espiritismo*. Gostava de refletir sobre a doutrina e depois tirar dúvidas ou indagar junto ao seu orientador algo que não havia entendido.

Em suas reflexões, inúmeras vezes, pegou-se pensando em como sua vida teria sido diferente se soubesse como funcionava o plano espiritual! Ou que existia vida após a morte! Que se tivesse sido orientado sobre as armadilhas da vida, dos Espíritos infelizes que se aproveitavam de momentos em que baixamos nossa guarda, abrindo campo para que eles nos influenciem a tomar decisões erradas!

Ao mesmo tempo, ficava maravilhado em ver quantas coisas tinha aprendido e conquistado durante o tempo em que se encontrava nessa colônia de refazimento. Maurício sempre fora ávido em estudar e obter novos conhecimentos, o que muito vinha contribuindo para sua evolução, que estivera tão comprometida e seriamente ameaçada nos últimos anos em que passara aprisionado na zona umbrática.

Sentia-se cada dia mais fortalecido. Era como se um grande véu tivesse sido retirado dos seus olhos e seu campo de visão fosse, passo a passo, descortinando-se, o que o deixava mais sensível, mais atento, mais perceptivo. Agora compreendia o que tinha acontecido naquela manhã em que prestara o vestibular e que se vira transportado à dimensão espiritual, onde se sentira como se estivesse voando pelo infinito.

E estava tão abstraído que não percebera quando André, seu amigo querido, e o Dr. Mauro aproximaram-se dele.

— Vejo que está num momento de profunda reflexão, Maurício! — afirmou André, num tom exclamativo e cordial.

Maurício, que se encontrava absorto em seus pensamentos, teve um sobressalto.

— Queiram me desculpar, Dr. Mauro, e você, meu querido amigo André.

André sorriu de volta, retribuindo a satisfação que também sentia por estar ali com ele. E também porque sua presença não era somente mais uma visita. Desta vez, André trazia uma notícia que estaria próxima de se efetivar e que ele não sabia como Maurício reagiria quando lhe contasse. Tinha ciência de que a notícia que o trazia ali era de forte impacto ao amigo, mas que, por outro lado, se tudo corresse como esperado, seria a coroação de mais um ciclo que se fecharia, e de um novo que se abriria.

Sem mais delongas, André tomou a palavra.

– O que me traz aqui hoje, Maurício, diz respeito aos seus pais.

Maurício ficou sério e apreensivo.

– O que tem a me dizer, André? Diga logo! Assim me deixa preocupado! Aconteceu alguma coisa com eles?

Os olhos de Maurício ficaram marejados pelas lágrimas.

Desde que havia sido resgatado do umbral, Maurício sonhava em poder reencontrar os pais. Por muitas vezes, ele havia insistido com seu orientador, indagando-o sobre quando ele poderia vê-los e se poderia se comunicar de algum modo com eles. Maurício sabia que os pais trabalhavam na casa espírita na qual André era o mentor, mas a resposta era sempre a mesma:

– Calma, meu rapaz! Tudo tem a sua hora!

E Maurício, sabendo dessa máxima, baixava a cabeça, de modo a entender que esperaria o tempo que fosse preciso. Também queria poder falar com Débora, mas nem ousava questionar sobre isso.

– Bem, Maurício, vamos nos sentar um pouco para conversarmos. Seus pais sofreram uma fatalidade do destino. Foi um acidente doméstico que culminou com a desencarnação deles. Foi por asfixia.

– André, que modo horrível de morrer! Por que teve de ser assim tão trágico?

– Acalme-se, Maurício, Na verdade, nada sofreram.

Haviam esquecido de desligar o gás e desencarnaram enquanto dormiam. Por sorte, não houve nenhuma explosão, porque um dos vizinhos, ao sentir o forte cheiro do gás, soube como agir com segurança.

Maurício respirou fundo, procurando colocar as ideias no lugar, e André continuou:

— Temos visto todo o seu empenho e grandes resultados em suas atividades e estudo. Tem feito tudo com muito afinco e determinação! Sendo assim, estivemos conversando com o Dr. Mauro e seu orientador, e todos juntos chegamos à conclusão de que você já tem condições de estar presente quando seus pais despertarem aqui nesta Colônia.

Maurício foi tomado por uma forte onda de emoção e não conteve o choro. Então, pensava, "irei ter a felicidade de poder receber meus pais... De poder abraçá-los...".

— Ah! Ia me esquecendo de dizer que você terá também um encontro com a Débora.

— Pelo amor de Deus, André! Você não vai me dizer que...

— Ela não irá desencarnar, Maurício. Após dormir, ela se desdobrará e será conduzida por nós até você para que possam conversar e deixar quaisquer mágoas ou ressentimentos para trás, perdoando-se um ao outro e desatando todas as amarras.

Maurício estava perplexo! Eram muitas emoções para um só dia!

— Meu Deus, mas isso é maravilhoso! Deus tem sido bom demais comigo! Nem sei se mereço tanto!

— Se está recebendo, certamente, é por ser merecedor, Maurício! Deus, nosso Pai, é misericordioso, sim, mas acima de tudo, é justo!

— Sendo assim, só posso agradecer por tudo o que vocês

todos têm feito por mim. Espero, um dia, poder retribuir de algum modo.

✷✷✷

Dona Eunice e seu Jordão haviam acabado de despertar num quarto hospitalar da colônia espiritual, cada um em uma cama. E se encontravam sendo atendidos por um médico. Não conseguiam ainda compreender bem o que lhes estava acontecendo.

Nesse momento, André e seus companheiros, incluindo Maurício, um pouco mais afastado, entraram no aposento. André, à frente do grupo, cumprimentou-os, e eles educadamente responderam. E dona Eunice foi a primeira a falar:

— O senhor, quem é? O que aconteceu comigo e com meu marido? Parece que estamos num hospital, e não nos lembramos de nada que possa nos ter acontecido.

Maurício ficara do lado de fora do quarto e esperaria um sinal de André para se aproximar.

— Pois vou me apresentar, dona Eunice.

A mulher, intrigada, retrucou:

— Eu não o conheço! Como pode saber o meu nome?

Seu Jordão assistia a tudo calado, mas tinha também um ar de indagação no rosto, esperando o que André iria dizer.

— Eu sou André, o mentor da casa espírita que frequentaram por anos.

Foi a vez de seu Jordão indagar:

— Como assim... frequentamos?

— Pois é, meus queridos e muito amados amigos, hoje venho não somente lhes fazer uma visita. Hoje vim para recebê-los.

Dona Eunice, num misto de surpresa e alegria, começou

a chorar, pois entendeu de imediato que tinham desencarnado e queria saber o que viria depois, na medida em que sabia, pelos seus estudos da doutrina, que haveria uma enorme chance de poderem ver Maurício. O que jamais poderia imaginar era que Maurício estava logo ali e que, em breve, estaria com eles.

Passado o primeiro momento de perplexidade dos dois, André quis saber como estavam se sentindo.

— Estou meio zonzo, com tontura, um pouco sufocado — respondeu seu Jordão, sendo o mesmo confirmado pela esposa.

André, então, contou-lhes o que ocorrera e tranquilizou-os, afirmando que aquela sensação logo iria passar e, nesse mesmo momento, sinalizou para que Maurício se aproximasse e o que veio a seguir foi um dos momentos mais emocionantes já vividos por André e por todos que ali estavam. Maurício veio se aproximando devagar até eles e a emoção tomou conta de todo seu ser. Seus pais agora estavam ali, a poucos metros dele! Nada suplantaria esse momento em sua vida.

— Mãe... Pai...

Simultaneamente, foi como se um raio os tivesse atingido, num misto de emoção, alegria, choro e soluços. Todos que também ali estavam assistiam àquele momento com lágrimas nos olhos. André elevou o pensamento a Jesus, rogando por sua bênção e luz àqueles que estiveram separados por tantos anos e agora se reencontravam.

Maurício, com o rosto lavado pelas lágrimas que caíam copiosamente, ajoelhou-se para abraçá-los, dizendo:

— Mãe, pai, perdoem-me! Perdoem-me pelo que fiz e por tudo de ruim que eu fiz vocês passarem.

Dona Eunice também soluçava, agora abraçada ao filho, juntamente com seu Jordão. Deus estava proporcionando o que eles esperaram por longos anos, mas agora, que eles estavam ali juntos, todo o tempo de amargura e dor, como num passe de mágica, ficou para trás.

Seu Jordão, voz embargada, disse:

— Filho! Você não imagina o quanto esperamos por este dia! Quantas noites maldormidas! Quantas perguntas fizemos, sem obter resposta! Buscamos ajuda espiritual na esperança de fazer um contato com você, mas, com grande pesar, ficamos sabendo, há algum tempo, que você tinha sido encontrado num lugar horrível, onde ficou desde sua morte.

— É verdade, pai. Devo todo o bem que tenho recebido ao André, que não mediu esforços para me encontrar e me tirar daquele lugar.

— Não, Maurício — interpelou André —, fizemos nossa parte, mas sem sua ajuda, sem sua força, não teríamos conseguido tirá-lo de lá. Temos de agradecer a Deus e a Jesus por terem nos concedido a bênção de tê-lo encontrado e de hoje podermos ter a oportunidade desse encontro de vocês três.

Dona Eunice afastou o rosto para poder olhar melhor o filho.

— Meu coração se partiu quando você se foi. Não teve um único dia em que não tivesse derramado lágrimas pela saudade que apertava meu peito. Meu coração de mãe me dizia que você estava sofrendo e eu me desesperava porque não tinha o que fazer. Chorava escondida do seu pai para que não me visse assim, pois eu sabia o quanto ele se deprimia em me ver destruída. Sabe, filho, eu me revoltei contra Deus, porque não entendia e não aceitava o fato de Ele ter permitido que você tivesse partido e nos deixado. Eu pensava que Deus não podia ser nosso Pai amoroso, na medida em que tirava o único bem que tínhamos. Eu e seu pai fomos buscar ajuda espiritual porque não víamos mais razão de viver. Era como se tivéssemos morrido com você. Eu pensava, mesmo depois de tantos anos de trabalho na casa espírita, em que passamos a nos dedicar aos que vinham nos pedir ajuda, que Deus deveria proibir que pais enterrassem seus filhos. Os filhos deveriam enterrar seus pais, e não o contrário!

— Não, mãe, Deus é misericordioso, tanto que estou aqui, estou bem. Hoje, sei que fiz escolhas erradas e não tive forças para seguir pelo caminho do bem que vocês me ensinaram. Envolvi-me com gente da pior espécie, traficantes, pessoas altamente viciadas em vários tipos de drogas. Pessoas que não tinham um norte, um sonho, um projeto a seguir, não tinham nada a perder. Eu tinha, pois vocês me criaram para o bem, mas eu não soube lidar com minhas escolhas, perdi-me no caminho, não quis buscar ajuda, julguei-me autossuficiente. A Débora me implorou para que eu fosse me tratar. Eu até fui a um médico psiquiatra, que me propôs internação, e eu desisti da ideia, até porque, não queria que vocês soubessem de nada. Não queria dar essa decepção a vocês, porque não mereciam passar por isso!

— Mas, filho — perguntou seu Jordão —, por que não nos contou? Você sempre foi tudo para nós! Vivíamos para você, trabalhávamos pensando no seu futuro, tínhamos tantos planos...

— Pai, hoje sei o quanto sofreram e tudo que passaram. Infelizmente, não há como voltar no tempo e reparar todo o mal que lhes causei.

Dona Eunice, tomada novamente pela emoção, lágrimas correndo pela face, num gesto amoroso, levantou-se lentamente e, passando a mão pela cabeça de Maurício, falou: — Filho, não precisa falar mais sobre tudo isso. Nós o amamos muito! Poder olhar para você, vê-lo bem, saudável, sereno... O que mais, meu Deus, uma mãe pode desejar?

— Estamos juntos agora, filho — complementou seu Jordão —, e isso é o que importa. E poderemos trabalhar todos, a serviço de Jesus.

capítulo
TRINTA

Naquela noite, seu José, dirigente do Centro Espírita, adormeceu profundamente, desdobrou-se e encontrou André, que lhe narrou como fora o encontro de Maurício e os pais e de quão comovente e emocionante foi vê-lo entrar no aposento em que eles se encontravam, quase como um menino de cinco anos, que fizera algo errado e não sabia como pedir desculpas aos pais. Foi de fato um momento muito bonito! André também lhe relatou como se sentia privilegiado por ter participado de um resgate tão iluminado.

— Eles mereciam — falou seu José —, pois fizeram muito para merecer essa bênção divina. Apesar de tanto ranger de dentes e tantos momentos dolorosos, o bem venceu novamente. Graças à bondade e à generosidade de Deus.

— E agora, André, o que falta para fechar esse processo?

— Agora, para encerrarmos o acompanhamento de Maurício, haverá uma conversa entre ele e Débora, que se dará pelo desdobramento dela.

— Que coisa boa! E quando será isso?

— Estamos arranjando para daqui a dois dias, quando Maurício já estará mais refeito das emoções vividas com os pais.

— Ficarei orando e enviando boas vibrações para esse encontro, para que, finalmente, todos os envolvidos nessa saga familiar possam descansar em paz.

— Seu José despertou, no dia seguinte, renovado e feliz pela conversa que tinha tido com André enquanto dormia, encontro este que muito agradeceu a Deus, pelo fato de se lembrar com detalhes, o que raramente acontece.

Quando o início da noite seguinte chegou, seu José já se encontrava no Centro Espírita, em oração. André e seus companheiros também já se encontravam a postos, limpando e purificando o ambiente para receber os que ali iam chegando. Às dezenove horas, pontualmente, o Centro encontrava-se lotado, tendo que ser providenciadas mais algumas cadeiras extras para acomodar a todos.

Os trabalhos foram iniciados, e seu José agradeceu a presença de todos os encarnados e desencarnados para mais um momento de reflexão e de trabalho, a fim de ajudar os que ali se encontravam em busca de consolo, conforto, luz e direcionamento para suas dores e aflições. Seu José pediu a todos para rezarem um Pai Nosso e que procurassem recolher-se dentro de si mesmos, pensando no que tinham vindo buscar nessa noite, naquela casa de oração.

Seu José aguardou alguns minutos e começou a falar:

— Bem, amigos, aqui estamos reunidos em nome de Jesus, rogando ao Pai que nos ajude em mais uma tarefa. Antes de iniciarmos o trabalho com nossos médiuns, aqui nesta mesa, eu gostaria de poder dividir com todos vocês a imensa alegria que, na noite anterior, vivenciei, durante um desdobramento espiritual, quando tive a grata satisfação de estar juntamente com André, nosso mentor aqui presente, visitando nossos amados amigos dona Eunice e seu Jordão que, após desencarnarem, foram encaminhados a uma colônia de refazimento, para depois seguirem para sua próxima jornada no plano espiritual.

Também me foi dito por André que Maurício, filho de dona Eunice e de seu Jordão, desencarnado há muitos anos, teve a permissão de estar presente nesse momento, proporcionando uma alegria infinita a seus pais, que muito ansiavam por esse encontro.

André, nesse momento, passou a inspirar as palavras do dirigente do Centro:

– "Temos de agradecer ao nosso Pai por ter-nos concedido esse imenso privilégio, mostrando-nos, através de situações como essas que acabamos de compartilhar, que Ele está no leme de tudo em nossas vidas.

Então, meus queridos amigos que aqui se encontram, não deixemos de viver o que Ele nos oferece, não nos acovardemos diante da batalha que se avizinha diante de nós, não esqueçamos os conselhos que nos são dados pelos bons Espíritos, que são os mensageiros de Deus, para fazermos as nossas reformas íntimas, que eles nos propõem. Deus sempre sabe o que faz e o que coloca em nosso caminho, devemos sempre encarar como uma nova oportunidade de aprendizado."

Os médiuns da casa intimamente agradeciam, muito emocionados, pois acompanharam todo o sofrimento do casal. Muitos dos presentes emocionaram-se, deixando que lágrimas corressem livremente pelo rosto. E assim, seu José deu por aberta a sessão, propriamente dita, para que os médiuns pudessem dar passagem aos Espíritos ali presentes. Tudo correu normalmente, muitos irmãozinhos foram assistidos e encaminhados para o plano espiritual enquanto outros médiuns psicografaram mensagens de otimismo a todos ali presentes.

※※※

Na manhã seguinte, dona Eunice e seu Jordão já despertaram felizes, sabiam que Maurício viria visitá-lo logo mais. Estavam sentindo-se bem, o mal-estar havia melhorado muito, e estavam ansiosos para sair do quarto, pois queriam saber como era do lado de fora, se era mesmo como eles haviam lido nos livros espíritas.

Enfim, André chegou com Maurício para a visita tão aguardada por seus pais.

E depois de todas as demonstrações de carinho, Maurício voltou ao assunto que havia ficado interrompido no dia anterior, esclarecendo aos pais quais foram os motivos que culminaram com o desfecho trágico do seu suicídio. Maurício tinha muito claro que fraquejara e que não conseguira reparar junto aos que havia ultrajado e destruído numa vida anterior. Sabia que teria de retornar à vida terrena, no momento que seria designado por Deus para, então, fazer novos acertos e novas conjugações com aqueles com quem ficara em débito.

Foi assim que seu Jordão e dona Eunice puderam entender o porquê dos fatos se sucederem de modo tão doloroso. Desencarnados, seus sentimentos e olhares para com Maurício foram se modificando. Agora, olhavam-no como a um irmão muito amado e querido, tão especial, com o qual puderam compartilhar, mesmo que por poucos anos na Terra, a companhia.

Tanto Maurício quanto dona Eunice e seu Jordão ainda estavam sensibilizados por demais com os últimos acontecimentos e com as novas descobertas. Ao mesmo tempo em que sentiam-se felizes, por estarem reunidos ali naquele momento, podendo esclarecer, bem como serem esclarecidos por André, de que Deus nos reserva sempre a condição de podermos retomar o trabalho que ficou interrompido.

Também vale ilustrar que a vingança é sempre algo desprezível e abominável. Que tanto Ratrus quanto Rogério, em se julgando poderosos por fazerem justiça com as próprias mãos, haviam comprometido, de modo inconcebível, inconsequente e irresponsável, suas próximas reencarnações. Somente a Deus cabe julgar, e a ninguém mais foi outorgado esse poder. A todos os seus filhos, Deus permite o uso do próprio livre-arbítrio, da maneira que lhe aprouver, entretanto, a todos que transgredirem Suas leis, serão pedidas as explicações de como fizeram uso do mesmo, bem como de que forma esses débitos serão cobrados. Desta forma, ciclos se fecham, para que novos sejam abertos.

Vai daí que, na vida terrena, as pessoas ficam chocadas, indignadas e revoltam-se por não entenderem por que alguns recebem tanto e outros nada. Da disparidade entre classes sociais surgem as guerras, brigas sem fim, famílias desajustadas, situações de flagelo, mortes sem explicação plausível, a forma equivocada de alguns que, tendo o poder nas mãos, fazem mau uso dele ou o usam em causa própria. Grandes catástrofes e tragédias, assassinatos, suicídios, holocausto. Crianças que já nascem em situações de saúde crítica, levando uma vida miserável, outras abaixo da linha da pobreza, em campos de refugiados o que, aos olhos dos que estão na Terra, encarnados, a maioria sem conhecimento das verdades espirituais e da justiça de nosso Pai, parece ser uma injustiça sem causa e, então, blasfemam contra Deus e se perguntam: que mal poderia ter feito essa criança para sofrer dessa forma? Não passa de um anjo? Será?! Se veio desta ou daquela forma, certamente veio expiar seus débitos ou, talvez, sendo um Espírito mais elevado, propôs-se a isso para ensinar aos homens, pelo bom exemplo da resignação e da fé.

Poderíamos passar horas ilustrando todas as "injustiças" que o homem diz passar e vivenciar na terra, mas que, aos olhos de Deus e de seus mensageiros, sabemos possuir um equilíbrio calculado, sendo que nada passa despercebido aos olhos do Criador. Ninguém é preterido ou esquecido por ele. A cada um só é dado o fardo que ele próprio, um dia, se dispôs a carregar. Para Deus, todos estão em pé de igualdade, e ninguém é favorecido em Seu rebanho. Obviamente que o homem, em suas limitações, não consegue ter essa visão tão simples, ao mesmo tempo tão complexa. Por isso, a Terra é o local ideal para a evolução dos Espíritos encarnados a ela ligados. Mas é bom que se frise que Deus não é punitivo e sempre dará uma nova chance àquele que sinceramente se arrepender dos males que fez e dos débitos que contraiu.

capítulo
TRINTA E UM

Finalmente, chegou o dia em que Maurício e Débora teriam a oportunidade de se encontrar no plano espiritual. Débora, como de costume, levou os filhos à escola, voltou para casa, fez algumas recomendações à empregada e recolheu-se. Já deitada, sentiu-se irrequieta. Desde cedo, tinha tido algumas palpitações e tremores que, na verdade, costumava sentir quando estava envolta por sentimentos do passado. Preocupou-se, de repente, que os fantasmas do passado voltassem a importuná-la, agora que sua vida tinha-se tornado prazerosa ao lado de Otávio e que vigiava-se para que qualquer lembrança de Maurício, que por ventura lhe atravessasse a mente, fosse varrida imediatamente.

Ainda pensando sobre isso, adormeceu, estava particularmente cansada, pois havia duas noites que não dormia direito já que Felipe estava gripado e com bastante tosse, que piorava à noite, fazendo-a levantar-se várias vezes para assisti-lo.

Nesse momento, André aproximou-se dela a fim de levá-la até Maurício. Débora, em Espírito, vendo André, indagou o que queria com ela e o que fazia ali. André explicou-lhe qual era o seu intuito, pedindo permissão para levá-la até Maurício. Num primeiro momento, ficou apreensiva, mas, em seguida, concordou em acompanhá-lo. Entendeu que seria importante para eles aquele encontro para que pudessem conversar e para que ela, finalmente, pudesse compreender e obter respostas a tantas perguntas que ainda a inquietavam.

Maurício a esperava num campo imenso de girassóis, que se perdia no horizonte, e Débora ficou maravilhada com aquele cenário. Jamais havia visto algo tão maravilhoso, percebendo, logo adiante, um lindo jardim que imediatamente fez com que ela se remetesse ao parque Ibirapuera em São Paulo, cenário tantas vezes visitado por eles.

Avistou Maurício vindo em sua direção, o que fez seu coração bater mais fortemente. Emocionou-se, ficando com os olhos marejados de lágrimas ao vê-lo tantos anos depois. Débora achava que estava sonhando, porque via que os dois continuavam jovens como quando namoravam. Foi Maurício quem disse a primeira palavra.

– Débora, que prazer infinito poder vê-la depois de tantos anos! Você continua linda!

– Você também não mudou nada! Como é bom sonhar com você neste cenário lindo! Muitas vezes, tive sonhos ou, melhor dizendo, pesadelos horríveis com você, depois de sua morte, nos quais me pedia ajuda e era como se eu fosse cega, pois eu o ouvia pedir por socorro, mas, para meu desespero, não conseguia enxergá-lo. Era angustiante demais! Eu acordava no meio da noite com o corpo molhado pelo suor, o coração parecendo que ia saltar pela boca. Muitas dessas noites, eu não conseguia mais dormir por ter medo de voltar a ter o mesmo pesadelo. Porque ele era recorrente, não mudava em nada, era sempre o mesmo.

– Pois eu posso lhe dizer que você não está sonhando

agora e que seus pesadelos eram reais. Eu, de fato, nos poucos momentos de lucidez no lugar em que me encontrava, clamava por socorro, ora a você, ora a minha mãe. Mas o socorro não vinha.

— Como assim? Não estou entendendo, Maurício!

— Por favor, sente-se aqui, Débora, porque é uma longa história que tenho a lhe contar.

Débora sentou-se sem tirar os olhos de Maurício. Tinha medo de piscar e ele sumir da sua frente. Maurício percebeu a sua inquietação e bem a interpretou:

— Não se preocupe, Débora, não irei sumir como fumaça.

— Como pôde saber o que eu pensava?

— Ainda não consigo ler pensamentos e penso que apenas adivinhei a sua preocupação. Afinal de contas, sou apenas um Espírito.

— Maurício, por favor, não brinque assim comigo. Você sempre soube que nunca acreditei nessas coisas, e que morro de medo também.

— Sim, eu sei, mas não precisa temer nada, Débora. Existe vida além da morte, e eu, aqui na sua frente, sou a prova viva disso.

— Como pode ser isso? Se você é um Espírito, e eu estou aqui falando com você... Meu Deus, isso quer dizer que eu também morri? – perguntou Débora, desesperando-se.

— Acalme-se, você não morreu! O que está acontecendo aqui é algo que se chama desdobramento. Enquanto seu corpo se encontra adormecido, seu Espírito foi trazido até mim para que pudéssemos ter essa conversa, para que ambos possamos, cada qual, seguir o seu próprio caminho, aliviado e em paz.

— E o que vai acontecer depois?

— Você retornará ao seu corpo, mas não terá uma viva lembrança, algo de real, apenas sentirá um alívio e uma paz com relação à minha pessoa, jamais sentida antes. Posso lhe assegurar que, depois deste encontro, nunca mais será a mesma. E não temerá mais nada, quando lembrar-se de mim.

— Quer dizer que não irei me lembrar desta nossa conversa?

— Isso mesmo. Ficará com um conhecimento, no inconsciente, de tudo o que foi dito aqui, mas não se lembrará de nada. Isso ocorre para que você não se perturbe, não se aflija, não ligue fatos a pessoas, que ainda permanecem na Terra como você. Mas lhe afirmo que viverá muito melhor daqui por diante, sentindo-se mais serena e mais leve. Talvez se lembre de que sonhou comigo, mas não do que conversamos, apesar de que há situações em que a pessoa se recorde exatamente como foi.

Depois de um pequeno silêncio, continuou:

— Sei que errei por demais com você, Débora. Sei também que você tem uma série de coisas que quer tirar a limpo comigo. Pois quero que diga e pergunte tudo o que ficou aí, guardado por tantos anos em seu coração.

Diante dessas palavras de Maurício, Débora começou a chorar, pois agora que podia, estava tão perturbada, que não conseguia pôr os pensamentos no lugar e dizer tudo o que sentia. Procurou, então, respirar fundo para se acalmar e organizar os pensamentos.

— Pois bem, Maurício, penso que você deve saber o que vai dentro do meu coração.

— Sim, eu sei. Mas quero que você coloque em palavras, para que se liberte emocionalmente de quaisquer traumas, ressentimentos, mágoas e decepções que teve comigo, durante nosso namoro.

Quero pedir perdão a você por tudo de ruim que a fiz passar. Eu agi de forma inconsequente, fui imaturo, moleque e irresponsável com você, mas juro que você foi a única mulher que eu amei verdadeiramente. Hoje sei dos motivos que me levaram a decair tão repentinamente. Também quero lhe dizer que desejo, do fundo do meu coração, que seja muito feliz ao lado de seu marido e de seus filhos. Você tem uma família linda! Um marido que a ama, respeita e que sempre a valorizou.

E, assim, Maurício discorreu sobre toda a sua história, contando a Débora o que ele havia feito em outra vida com ela, sem omitir nenhum fato. Contou-lhe quem tinha sido Rogério, quem era Ratrus, como tudo aconteceu. Das contas que tinha a pagar a Rogério, do porquê de Rogério ter entrado na vida dele e o arrastado para as drogas. Da sua dificuldade em pedir ajuda, em sair do vício. Do quanto era despreparado e imaturo para lidar com situações tão adversas. Disse também que ela não aceitou participar de nada que viesse de Ratrus ou de Rogério, mesmo antes de reencarnar, pois não tinha ódio no coração, e que havia perdoado seu assassino, no caso, ele próprio, Maurício. Mesmo diante de tudo o que ele fez com ela, Débora decidiu por essa posição, não contraindo novas dívidas e tendo, portanto, a bênção de construir uma família digna e feliz.

Débora ouvia tudo calada, de cabeça baixa, mas sem nenhuma revolta em seu coração. Tinha tantas coisas a dizer, mas, após tudo o que ficou sabendo por Maurício, simplesmente sentia-se aliviada por aquele assunto. Não sentia mais nenhuma necessidade de confrontá-lo, ofendê-lo, responsabilizá-lo. De repente, ficou tudo muito pequeno! Sem sentido! Aquele Maurício que estava ali à sua frente nada tinha a ver com o garoto que um dia namorou.

— Sabe, Maurício, hoje, aqui com você, vejo que as coisas não são e não se dão como pensamos. Vejo que os valores que tenho, os conceitos religiosos em que fui criada, estão muito distantes dessa realidade que aqui me deparo. E espero, quando retornar para meu corpo físico, poder ao menos levar comigo o sentimento, a intuição de que devo mudar muitas coisas em minha vida, no que se refere ao mundo espiritual, ao estudo dessa doutrina espírita. Hoje, recebi uma grande lição de que não podemos e não devemos julgar o que não conhecemos.

— Fico feliz, Débora, que pense assim. Você sempre foi ponderada e justa e tenho certeza de que irá reavaliar seus conceitos, fazendo o melhor pelos que ama.

Nesse momento, André aproximou-se, pedindo para que se despedissem, pois teria de levar Débora de volta. Maurício levantou-se e Débora também. Olharam-se profundamente, um nos olhos do outro, sem dizer uma única palavra. Em seguida, Maurício pegou as mãos de Débora, segurou-as entre as suas e as beijou suavemente, dizendo:

— Jamais abra mão da sua felicidade, pois ela é o seu maior tesouro!

E Débora, olhando nos olhos dele, que continuavam muito expressivos, também beijou suas mãos, agradecendo pela oportunidade que ela tivera e pelo que tinha conseguido aprender com ele naqueles momentos.

— Siga em paz seu caminho, Maurício. Sei que irá realizar grandes obras daqui por diante. Vejo que mudou muito, e para melhor.

— Graças a Deus, nosso Pai, que me deu uma nova oportunidade de recomeçar. Vá em paz, Débora.

Débora, levada de volta, reassumiu seu corpo físico, despertando em seguida. Ficou pensativa, lembrando-se de que tivera um sonho muito vívido, quase real, com Maurício. Sentia-se leve e feliz como jamais se sentira antes. Agradeceu intimamente a Deus, levantou-se, tomou um banho e, durante esse banho, teve uma forte inspiração de começar a estudar sobre a doutrina espírita. Sentiu uma grande necessidade de encontrar respostas, não mais com relação a Maurício, mas para a sua vida como um todo. Lembrou-se de Otávio com amor e agradeceu por tê-lo encontrado e ter tido com ele filhos amorosos e saudáveis. Sentia-se agora uma mulher realizada. E esse sentimento fez com que se sentisse uma mulher mais forte e mais segura de si. E permaneceu com ela uma forte sensação de que aquele sonho viera para reorganizá-la interiormente. Não sabia dizer o quê, mas algo de muito significativo se modificara dentro dela para sempre.

E assim, Maurício, sereno e esperançoso, pôde, finalmente, desatar as próprias amarras... E dar seguimento aos seus novos propósitos e tarefas que o aguardavam no plano espiritual.

FIM

Nota da autora: Quanto aos personagens Rogério e Espírito Ratrus, com certeza, com as bênçãos de Deus e o auxílio da Espiritualidade Maior, ambos, com o devido tempo, também acabariam por se conscientizar do equívoco assumido, conquistando, dessa forma, a liberdade que o perdão propicia a todos aqueles que, compreendendo as Leis Divinas, recomeçam um novo caminho através do amor e da dedicação em prol dos mais necessitados.

IDEEDITORA.COM.BR

✳

Acesse e cadastre-se para receber
informações sobre nossos lançamentos.

TWITTER.COM/IDEEDITORA
FACEBOOK.COM/IDE.EDITORA
EDITORIAL@IDEEDITORA.COM.BR

ide

IDE Editora é apenas um nome fantasia utilizado pelo Instituto de Difusão Espírita, entidade sem fins lucrativos, que promove extenso programa de assistência social, e que detém os direitos autorais desta obra.